Niezwykła Szkoła na wygnaniu

1941 - 1951

A Remarkable School in Exile

Niezwykła Szkoła na Wygnaniu

1941 - 1951

A Remarkable School in Exile

All rights reserved. No part of this publication may be reproduced, stored in a retrieval system or transmitted in any form or by any means, without the written permission of the copyright owners.

© Koło Byłych Uczennic Żeńskiego Gimnazjum i Liceum
   im. Marii Curie – Skłodowskiej w Scone Palace, Dunalastair House and Grendon Hall.

ISBN   0 9545100 0 3

Printed by:
Veritas Foundation Publication Centre
63 Jeddo Road
London W12 9EE
U.K.

London 2003

Dedykacja

Drogim Kapelanom, Profesorom i Wychowawcom
z wdzięcznością za przekazaną wiedzę i miłość do Ojczyzny.

„Szukajcie prawdy jasnego płomienia!
Szukajcie nowych, nieodkrytych dróg...
Za każdym krokiem w tajniki stworzenia
Coraz się dusza ludzka rozprzestrzenia,
I większym staje się Bóg !"

A. Asnyk

**Scone Palace-Dunalastair House-Grendon Hall
Pierwsze Polskie Gimnazjum Żeńskie
im. Marii Curie-Skłodowskiej
w Wielkiej Brytanii
1941-1951**

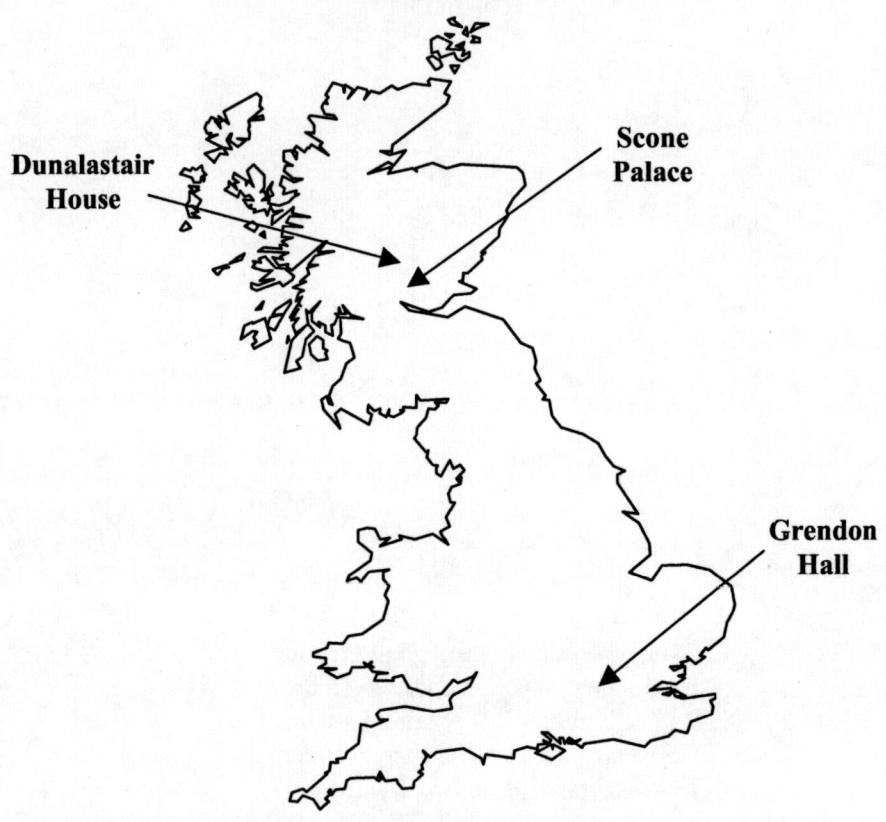

Dunalastair House

Scone Palace

Grendon Hall

**Scone Palace-Dunalastair House-Grendon Hall
The Marie Curie-Skłodowska First Polish Grammar School
and Lyceum for Girls
in Great Britain
1941-1951**

Podziękowania od Redakcji:

Serdecznie dziękujemy Jego Ekscelencji Ks. Arcybiskupowi Szczepanowi Wesołemu za napisanie Wstępu do naszej książki oraz za poparcie naszej prośby o uzyskanie finansów od Fundacji.

Dziękujemy PAFT - Polonia Aid Foundation Trust - za dotację finansową na częściowe pokrycie kosztów wydania książki.

Pierwsza część książki oparta jest na „Biuletynie" wydanym na 50-lecie powstania Szkoły.

Jesteśmy wdzięczne Krysi Bernakiewicz-Kosibie, Dance Ruchaj-Bogdanowicz-Rosco i Hali Tomaszewskiej-Klimackiej za pomoc w przygotowaniu zdjęć i tekstu do druku oraz za pozytywne uwagi i sugestie. Ich entuzjazm i spontaniczna pomoc były bodźcem w naszej pracy.

Gorąco dziękujemy Basi Matuchniak, za bezinteresowną pomoc w końcowym etapie przygotowań książki do druku.

Serdecznie dziękujemy Adamowi Nowickiemu, za wprowadzenie nas w trudne tajniki pracy komputrowej i poświęcenie nam wiele czasu i wysiłku. Wydanie tej książi bez jego pomocy technicznej byłoby niemożliwe.

Praca zbiorowa .Artykuły przysłane przez nasze koleżanki do umieszczenia w książce są prawie wszystkie w oryginalnym brzmieniu.

Franciszka Migdał-Leduchowicz
Emilia Nowicka-Knapczyk

SŁOWO WSTĘPNE

Jego Ekscelencja Arcybiskup SZCZEPAN WESOŁY
23/08/2001

Śledząc historię emigracji polskiej widzimy, że wszędzie tam, gdzie osiedlili się Polacy pierwszą wspólną budowlą był Kościół, a zaraz obok niego była szkoła. Emigranci byli bardzo uczuleni, by wykształcić swoje dzieci. Zależało to od warunków kraju osiedlenia. Inne były np. warunki w Ameryce Północnej, gdzie emigranci osiedlili się w zwartych dzielnicach, a inne były np. w Ameryce Południowej, gdzie osadnicy mieszkali rozproszeni na swoich działkach. Jednak mimo rozproszenia jedną z pierwszych wspólnych budynków była szkoła, czasami tylko jedno czy dwu klasowa.

Trudno się więc dziwić, że wszędzie tam gdzie przebywała emigracja po wrześniu 1939 roku powstawały szkoły. Była szkoła na Węgrzech. Zostało założone gimnazjum we Francji. Podobnie w krótkim czasie po przybyciu emigracji i wojska do Wielkiej Brytanii już w 1941 roku powstało gimnazjum i liceum w Szkocji.

Później, gdy powstała Armia Polska w Sowietach, a zwłaszcza po ewakuacji Armii Polskiej na Środkowy Wschód w bardzo krótkim czasie zorganizowano szkoły w Iraku, Libanie, Palestynie. Szkolnictwo rozwinęło się we wszystkich osiedlach polskich w Afryce i Indiach.

Jeszcze przed zakończeniem działań wojennych we Włoszech Gen. Anders zezwolił na zorganizowanie Kursów Maturalnych dla tych żołnierzy, którzy mieli przerwane gimnazja i licea przez wypadki wojenne. Zresztą 3 i 5 dywizja II Korpusu miały również zorganizowane gimnazja i licea. Wśród żołnierzy, a zwłaszcza wśród oficerów, było wielu z dyplomami uniwersyteckimi, którzy mogli podjąć nauczanie i to na wysokim poziomie.

Niniejszy pamiętnik opisuje dzieje takiego gimnazjum i liceum, które powstało w 1941 roku wraz z internatem dla dziewcząt w Szkocji, później przeniesione do Anglii.

W czasie wojny, myśleliśmy wszyscy że po jej zwycięskim zakończeniu wrócimy wszyscy do Ojczyzny. Dlatego program nauczania i podręczniki były oparte na programach z okresu niepodległości.

Dopiero gdy okazało się, że po umowie jałtańskiej powrót do Ojczyzny dla wielu będzie niemożliwy programy nauczania trzeba było dostosować do wymogów angielskich. Przedstawiona tu historia szkoły jest właściwie historią naszych wojennych przejść. Uczennice najpierw były z tej fali emigracji, która przeszła przez Rumunię, Węgry i Francję. Potem przybyły uczennice spośród tych którym udało się wyjść z wojskiem ze Sowietów. Później już gdy uwalniano Europę przyszły jako uczennice tzw. „Akaczki" z uwolnionych obozów jenieckich w Niemczech, czy jeszcze później dziewczęta DP (Displaced Persons).

Dobrze się stało, że grono dawnych profesorów i uczennic podjęło inicjatywę, by upamiętnić dzieje szkoły wzbogacone wspomnieniami uczennic. Jest to część naszych polskich wojennych dziejów. Może dziś po ponad półwieku mało znanych, dlatego koniecznie należy je przypomnieć i przekazać potomności. Jest to część dziejów Ojczyzny. Mówi historia tej szkoły, o wysiłku i oddaniu wielu pedagogów, by przekazać wiedzę, w warunkach trudnych i tak odmiennych od normalnych warunków szkolnych. Ukazują one zapał do nauki polskiej młodzieży, która pragnęła zdobyć wiedzę nie tylko by ubogacić swoją osobowość, ale by służyć Ojczyźnie. Szkoła przede wszystkim kształciła i wychowywała. Równocześnie jednak była również propagatorem polskich osiągnięć kulturalnych wśród szkockiego i angielskiego społeczeństwa. Młodzież była ożywiona gorącym duchem patriotycznym. Wspomnienia te mówią o wielkim patriotycznym zaangażowaniu pokolenia profesorów i pokolenia młodzieży. Może posłużą one jako przykład również dla dzisiejszych pokoleń.

SPIS TREŚCI

CZĘŚĆ I

Historia Szkoły - 1941-1951:
    Scone Palace 14
    Dunalastair House 17
    Grendon Hall 29
Osiągnięcia egzaminacyjne uczennic 50
Lista grona i pracowników Szkoły 56
Życiorysy profesorów:
    Mgr Janina Płoska 59
    Mgr Helena Romiszowska 61
    Ks. Prałat Kazimierz Krzyżanowski 62
    Ks. Prałat Józef Gołąb 68
    Prof. Henryk Nowacki 70
    Prof. Maria Dąbrowska 71

CZĘŚĆ II

Wstęp Mgr Heleny Romiszowskiej 76
Przemówienie prof. Zawadzkiej-Miluć 77
Zarys działalności Koła 1970-2003 80
Rok 2000:
    Wspinaczka na Schiehallion 90
    Wizyta do Grendon Hall 92

CZĘŚĆ III

Życiorysy uczennic Szkoły 96
Zasłyszane 161
Lista uczennic 170
Zdjęcia .... 176+

Książka po angielsku 177

CONTENTS

Acknowledgements 178
Dedication 178
Forward by Archbishop Szczepan Wesoły 179

CHAPTER I

History of the School - 1941-1951
    Scone Palace 182
    Dunalastair House 185
    Grendon Hall 194

Biographies/Autobiographies of teachers:
    Janina Płoska 205
    Fr. Kazimierz Krzyżanowski 207
    Fr. Józef Gołąb 212
    Henryk Nowacki 214
    Maria Dąbrowska 216
    Agnes Martinet and J. Thomson 215

CHAPTER II

Life of the 'Scone-Dunalastair-Grendon' Association in Polish only. Please refer to page 80

CHAPTER III

Autobiographies of some former pupils 224

CZĘŚĆ I

POWSTANIE SZKOŁY

SCONE PALACE 1941 - 1951

Jeszcze daleko było do późniejszej bogatej rozbudowy szkolnictwa polskiego na obczyźnie, pod opieką Armii Polskiej, jeszcze - poza tajnym i pół tajnym nauczaniem w Kraju oraz powstałą we Francji szkołą polską (dziś Gimnazjum i Liceum w Es Ageux pod Paryżem) szkoły polskie tego typu w ogóle nie istniały, jeszcze młodzież polska, wywieziona do Rosji, która później na lata całe stanie się rezerwuarem uczniowskim naszych szkół, była pozbawiona nie tylko nauki polskiej, ale nieraz i słowa polskiego - kiedy pismem Urzędu Wychowania Narodowego z dnia 18-go lutego 1941 r. powołane już zostało do życia Liceum i Gimnazjum Żeńskie im. Marii Curie-Skłodowskiej dla uczennic polskich na obszarze Wielkiej Brytanii.

PIERWSZE KROKI

W dniu 17-go marca 1941 r., w starym szkockim pałacu Lorda Mansfield'a, w miejscowości zwanej Scone Palace, w hrabstwie Perth, gdzie niegdyś koronowali się królowie szkoccy, odbyło się pierwsze posiedzenie Rady Pedagogicznej nowo –powstałej-szkoły. Grono nauczycielskie – wraz z dyrektorką - liczyło tylko pięć osób. Podręczników i książek nie było. Gmach nie należał w całości do Polaków. Musiało się go dzielić ze szkocką szkołą prywatną z Edynburga, ewakuowaną na czas wojny.

Pierwszą dyrektorką szkoły zastała p. A. Małuska. Już na pierwszym posiedzeniu opracowano plan organizacyjny i podzielono rok szkolny na okresy tak, by - możliwie - roczny materiał naukowy wyczerpać już do końca sierpnia i dalsze lata szkolne prowadzić zgodnie z programem normalnym.

Język angielski - w drodze eksperymentu - zdecydowano studiować wspólnie z uczennicami sąsiadującej szkoły brytyjskiej. Klasy poczęto otwierać stopniowo - od najwyższej ku niższym. Dnia 17-go marca otwarto więc klasę II licealną (14 uczennic),

19-go maja klasę licealną (8 uczennic), oraz IV gimnazjalną (6 uczennic), 9-go czerwca III gimnazjalną (7 uczennic), 1-go lipca II gimnazjalna(11 uczennic), wreszciel-go października I gimnazjalna (6 uczennic). Zakład początkowo liczył zaledwie 56 uczennic, co zresztą na warunki lokalowe nie było wcale za mało.

CHARAKTER SZKOŁY

Szkole chciano początkowo nadać raczej kierunek praktyczny. Jednak na piątym posiedzeniu Rady Pedagogicznej, 12-go maja 1941 r. w gronie podwójnie już licznym (10 osób) i w obecności Kierownika Wydziału Szkolnego Urzędu Oświaty i Spraw Szkolnych, Dr. Fr. Lenczowskiego, ustalono typ gimnazjum ogólnokształcącego i liceum humanistycznego. Za podstawę nauczania przyjęto polski program przedwojenny. Z powodu zupełnego braku podręczników nauczycielstwo przeszło na opracowywanie skryptów z każdego przedmiotu.

Pod względem wychowawczym młodzież nie była łatwa. „Uczennice zakładu" - pisze sprawozdawca – „przeszło 2 lata spędziły w anormalnych warunkach wojennych, przebywały w różnych środowiskach, przechodziły najrozmaitsze przeżycia wojenne, wszystko to odbiło się bardzo na sposobie podejścia do różnych zagadnień życiowych oraz na zachowaniu się samej młodzieży, która wykazuje dużo samodzielności." Jednakże stwierdzona ogólnie duża chęć wszystkich uczennic do nauki i wynikające z niej coraz usilniejsze pokonywanie wszelkich w tym względzie trudności stopniowo podnosiły poziom szkoły i doprowadzały do nadania jej charakteru szkoły jednolitej.

Niezawodnym sprawdzianem osiągniętych wyników okazał się pierwszy egzamin dojrzałości, w grudniu 1941 r., czyli po ośmiu miesiącach pracy szkolnej. Wszystkie uczennice najwyższej klasy zostały doń dopuszczone i wszystkie go złożyły z wynikiem pomyślnym.

ROZBUDOWA ŻYCIA SZKOLNEGO

W miarę jak charakter życia szkolnego stawał się bardziej jednolity, zaczęły się rozwijać różne działy pracy tak szkolnej, jak i pozaszkolnej. Już w czerwcu 1941 r. powstało harcerstwo, we wrześniu uruchomiona została, skromna jeszcze, bo ledwie 639 tomów licząca, biblioteka), w październiku otwarto kaplicę szkolną oraz powołano do życia Sodalicję Mariańską i Koło P.C.K. W listopadzie - świetlica zapoczątkowała swą pracę, w grudniu zaś przystąpiono do organizacji chóru szkolnego. Powstało nadto jeszcze koło chemiczno-fizyczne i kółko taneczne, a całość organizacyjną życia pozaszkolnego objął samorząd szkolny.

Mimo trudnych warunków wewnętrznej pracy szkolnej nie ograniczono działalności do jej tylko ram. W listopadzie 1941 r. zorganizowano kurs języka polskiego dla młodzieży polskiej ze szkół szkockich oraz kurs języka i kultury polskiej dla Szkotów. Frekwencja, co prawda, na kursach tych nie była liczna, nie przekroczyła bowiem nigdy 20 osób, powstanie ich jednakże pozostanie dowodem najlepszych chęci ze strony samej szkoły.

TRUDNOŚCI

Największa trudność wynikała z konieczności dzielenia lokalu z inną, obcą szkołą i że nie istniał kontrakt który by ściśle precyzował zakres praw szkoły polskiej do użytkowania gmachu. W miarę rozwoju życia zakładowego dochodziło do nieporozumień. W pewnym momencie nieporozumienia tak przybrały na sile, że myślano nawet o konieczności likwidacji szkoły, a napływ nowych uczennic wstrzymano. Z drugiej znów strony zaczęto czynić usilne starania o przeniesienie szkoły ze Scone Palace w bardziej dogodne warunki.

Szkoła cieszyła się dużym zainteresowaniem ówczesnych polskich władz szkolnych. Dwukrotnie w ciągu pierwszego roku jej istnienia odwiedził ją ówczesny Minister Oświaty i Spraw Szkolnych, gen Józef Haller, dwukrotnie - ks. Biskup J. Gawlina, wreszcie 3 grudnia 1941 r. szkoła gościła Prezydenta Rzeczypospolitej, W. Raczkiewicza. Po czym potrzeby szkoły zostały zrozumiane, a jej starania poparte. Od października 1941 r. nowy dyrektor szkoły, Dr Mieczysław Pawłowski, otrzymał w dniu 16 kwietnia 1942 r. zarządzenie przeniesienia szkoły do Dunalastair House.

DUNALASTAIR HOUSE 1942 - 1948

Nowy gmach szkolny, położony w górach Grampianach, niedaleko Pitlochry, w hrabstwie Perth, z malowniczym widokiem na dolinę rzeki Tummel i jej przełom pomiędzy jeziorami Rannoch i Tummel, początkowo wzbudził szczery zachwyt. Pięknego szkockiego pałacu o 43 większych i mniejszych komnatach szkoła nie musiała już dzielić z nikim. Miała gmach cały do własnego tylko rozporządzenia. Mogła więc rozbudować się i urządzić o wiele wygodniej niż dotąd. Grono nauczycielskie w roku 1942 powiększyło się do 13 osób, a personel administracyjny do pięć osób. Szkoła miała obecnie 60 uczennic w 4 gimnazjalnych i 2 licealnych klasach.

W nowych warunkach życie szkolne, organizowane już zupełnie samodzielnie, zaczęło nabierać wyrazu charakterystycznego dla szkół polskich. Nie tylko w klasach, przyozdobionych przez uczennice, w duchu czysto polskim, zaopatrzonych w ławki, oraz tablice szkolne, własnoręcznie wykonywane przez nauczycieli, lecz promieniowało również z kaplicy i świetlicy, biblioteki i pracowni fizyczno-chemicznej, humanistycznej i geograficzno-przyrodniczej.

Życie w organizacjach rozwijało. Poza samorządem z sekcjami administracyjno wychowawczo samokształceniową, informacyjną o kraju oraz imprezową - działały teraz na obszarze szkoły Sodalicja Mariańska, drużyna harcerska, P.C.K. oraz kółka literackie i chemiczno-fotograficzne. Istniał chór szkolny. Prowadzono też systematycznie gry, zabawy oraz tańce, przede wszystkim narodowe. Ponadto - później już - zorganizowano przy szkole Oddział Studentów Polaków w Wielkiej Brytanii, do którego przystąpiły wszystkie absolwentki i uczennice obu klas licealnych.

W trosce o pożyteczną rozrywkę dla młodzieży, raz w tygodniu dawano pokazy filmowe w jadalni szkolnej.

Wiele uwagi poświęcono obchodom rocznicowym i innym imprezom, podkreślającym polski charakter szkoły. Obchodzono więc uroczyście Święto Niepodległości, Powstanie Listopadowe, Święto Morza oraz 3-go Maja. Urządzono wieczór Marii Curie-Skłodowskiej oraz poranek Kopernika. Były również wieczorki literacki, Sodalicji Mariańskiej, czy też urządzane przez poszczególne klasy.

Wyjeżdżano z tego rodzaju imprezami również poza szkołę. Parokrotnie występowano w Szpitalu Wojennym Nr. 1, dano w Glasgow pokaz polskich tańców ludowych, urządzono wieczorek w Korpusie w Falkirk oraz dla Szkotów w Kinloch-Rannoch, wreszcie wzięto udział w kilkudniowym Zjeździe Młodzieży Alianckiej.

Zainteresowanie szkołą ze strony polskich władz szkolnych i społeczeństwa szkockiego trwało w dalszym ciągu. Kronika szkolna z tych czasów wymienia czterokrotną wizytację ówczesnego Ministra Oświaty, gen. J. Hallera, pięciokrotną wizytację Kierownika Wydziału Szkolnictwa, dwukrotną wizytę z ramienia Ministerstwa Dokumentacji i Informacji, ponadto wizytę ks. biskupa Radońskiego, inspektorów szkolnych z ramienia 'Board of Education', dziennikarzy angielskich, dziennikarki amerykańskiej, lotniczej czołówki filmowej itd.

Wszystko to, oczywiście, odbywało się tylko na marginesie pracy szkolnej, która wyniki swoje wykazała w maturze, gdy na dziewięć zdających zdały egzamin wszystkie, podczas gdy eksternistyczny egzamin maturalny, zorganizowany dwukrotnie przy szkole, w pierwszym wypadku dał pięć matur na 19 zdających, w drugim - dziesięć na 27.

PRÓBY KOEDUKACJI

W tym czasie również wprowadzono, częściowo z konieczności, częściowo może i tytułem próby, koedukację w klasach najmłodszych. W drugim półroczu szkolnym przybyło ośmiu uczniów, którzy, pomimo, że nie wykazywali wychowania społecznego, to jednak w ciągu pobytu w zakładzie dostosowali się do obowiązków szkolnych, zżyli się z sobą, stali się karni, posłuszni, obowiązkowi, i stosunek ich do koleżanek był najzupełniej poprawny.'

Ten charakter koedukacji został utrzymany do roku 1943/44, ale tylko w klasie najmłodszej, uczniów bowiem z klasy II przeniesiono w ciągu półrocza do Państwowego Liceum i Gimnazjum Męskiego w Glasgow.

W roku następnym klasa najniższa jeszcze miała dwóch uczniów, lecz od roku 1945/46 prób koedukacji całkowicie zaniechano.

ZMIANA DYREKTORA I PERSONELU NAUCZYCIELSKIEGO

Z początkiem roku szkolnego 1943/44, bo 20-go lipca 1943 roku, nastąpiła zmiana na stanowisku dyrektora zakładu. Stanowisko to powierzono p. Zofii Niedźwieckiej, absolwentce W. S. H. z Warszawy. Zaszły też ogromne zmiany w składzie personalnym nauczycielstwa, bo zaangażowano aż osiem nowych sił tak, że z dawnych pozostały jedynie cztery osoby. Dokonały się również przemiany w składzie uczennic. Do zakładu zaczęły napływać dziewczęta, które przeszły przez Rosję i miały kilkuletnią przerwę w nauce. Młodzież ta - w 70% dzieci wojskowych, w 7% zupełne sieroty – pochodziła z rozmaitych środowisk, i po przejściu różnych kolei życia tułaczego, wyrobiła sobie specyficzne wojenne nastawienie życiowe, posiadała pewne braki w wychowaniu, i była dość oporna wobec wszelkich przepisów. Jak się okazało, cechowała ją religijność, dobroć serca oraz w większości pracowitość i docenianie wartości nauki. Dzięki czemu utrzymano nadal dobrą atmosferę w zakładzie. W wyniku zaś wysiłków całorocznych wszystkie abiturientki (w liczbie dziewięć) zdały egzamin dojrzałości. Z pozostałych zaś uczennic szkoły, na ogólną ilość 69, jedna tylko nie otrzymała promocji do klasy wyższej.

NOWY ELEMENT UCZNIOWSKI

Tymczasem jednak zaszły okoliczności, które musiały czujność wzbudzić na nowo. Rok szkolny 1944/45 nie przyniósł wielkich zmian w gronie nauczycielskim, spowodował natomiast poważne zmiany w szkolnym zespole uczniowskim. Zaczęły mianowicie napływać uczennice z wojska i na ogólną liczbę 68 było z P.S.W.K. 24, przeważnie w klasach starszych. Przyjście ich spowodowało powstanie opinii, że młodzież dzisiejsza przez przejścia wojenne odbiega zupełnie od młodzieży przedwojennej i dlatego jest trudniejsza do prowadzenia i wychowania. Okazało się nadto, że jej stan zdrowotny skutkiem warunków dawniejszego pobytu w Rosji, pozostawiał wiele do życzenia, wymagając stałej a czujnej kontroli lekarskiej, co przy braku własnego lekarza szkolnego nie było zbyt łatwe. Z wdzięcznością należy tu podkreślić życzliwość i pomoc okazywaną szkole przez lekarzy i pielęgniarki Polskiego Szpitala Wojennego Nr.1 w Taymouth Castle aż do czasu jego likwidacji.

Mimo tych trudności wychowawczych końcowe wyniki pracy znów nie budziły zastrzeżeń. W całej szkole zaledwie jedna uczennica nie otrzymała promocji do klasy wyższej, co się zaś tyczy maturzystek - podzielono je na dwie grupy i egzamin odbyto w dwu kolejnych turnusach - dla dawnych dziewięciu uczennic w terminie zimowym 1945 r., dla 10 przybyłych później ochotniczek - na początku roku szkolnego 1945/46.

Życie organizacyjne nie rozszerzało ram działania, tylko Sodalicja Mariańska urządzała imprezy na rzecz jeńców-Polaków, samorząd zaś pamiętał o akademiach w dniach świąt narodowych. Występy młodzieży na zewnątrz ograniczały się raczej do środowisk polskich, jak Szpitala Wojennego Nr.1, czy też żołnierzy polskich przybyłych do Wielkiej Brytanii z armii niemieckiej, do której przymusowo zostali wcieleni. Raz dano dzieciom szkockim pokaz tańców polskich.

Natężenia natomiast nabrała akcja na rzecz młodzieży ze strony świata artystycznego i naukowego. Odbył się więc np. wieczór pieśni i deklamacji w wykonaniu Miry Gorzechowskiej, recital pieśni gallickich Miss Russell-Ferguson, odczyt z przeźroczami A. Wasilewskiego, koncert „Fali Lwowskiej" itd.

O ile wizytacje polskich władz szkolnych ograniczyły się w tym roku do dwóch, o tyle wzrosła ilość wizyt czynników pozaszkolnych, jak ks. biskupa MacGuire z Dundee, ks. Biskupa Radońskiego, lub gen. Głuchowskiego, czy też szkolnych, lecz nie polskich, jak gen. Sekretarza Scottish Education Department, Dr J. Mahay Thearson itd.

PĘD DO NAUKI

W roku 1945 - pomimo że ze szkoły wycofano chłopców - ilość młodzieży zwiększyła się do 82 tak, że ze względu na szczupłość pomieszczeń w internacie musiano przerwać przyjmowanie nowych uczennic do szkoły.

Nowoprzybyły element był niezwykle różnorodny. Sporo przeszło ze szkół polskich spoza Wielkiej Brytanii, inne z Kraju poprzez pracę przymusową w Niemczech lub pobyt w niewoli niemieckiej po upadku Powstania Warszawskiego, czyli w obu wypadkach z długą przerwą w nauce, jeszcze inne wracały ze szkół angielskich.

Największą trudność sprawiały ogółowi łacina i język angielski, tak że musiano dla mniej zaawansowanych urządzać dodatkowe lekcje. Powodowało to brak czasu oraz przemęczenie, skutkiem czego stosunek ówczesnych uczennic do pracy pozalekcyjnej stał się 'raczej bierny i niechętny,' skutkiem czego np. występy zbiorowe ograniczyły się do tradycyjnych już czterech akademii (3 Maja, 15 sierpnia oraz 11 i 20 listopada) z referatami, deklamacjami oraz występami chóralnymi i tanecznymi uczennic.

Z drugiej jednakże strony wysiłek zbiorowy w pokonywaniu uprzednio wspomnianych trudności powodował, że w prędkim czasie, przez zżycie się nowych uczennic z dawniejszymi, wywiązywała się serdeczność koleżeńska, cechowana życzliwością i uczynnością. Rozwinęła się chętna i odruchowa niemal samopomoc koleżeńska, a w dalszym wyniku rok szkolny zakończył się lepiej, niż się powszechnie spodziewano, bo odmówiono promocji do klasy wyższej jedynie pięciu uczennicom, świadectwa zaś ukończenia gimnazjum otrzymały cztery (na ogólną liczbę 18).

Egzamin dojrzałości przeszedł pomyślnie, na 15 zdających, 14 otrzymało świadectwa maturalne.

Wizytacje ze strony polskiej ograniczały się w tym czasie do dwóch, natomiast ze strony brytyjskiej odwiedzano wciąż zakład dość często. Gościł więc tu np. Dr V. A. Kunro, Chief Inspector of Schools, J.S. Brunton, Inspector of Schools, David Howards, Director of Education Perth and Kinross Joint County Committee.

POD NOWĄ DYREKCJĄ

Rok szkolny 1946/47 rozpoczął się pod kierownictwem pani Mgr Heleny Romiszowskiej, która zastępowała chorą dyrektorkę. W dniu 1 grudnia 1946 r. objęła szkołę Mgr Janina Płoska, która dotrwa na tym stanowisku do likwidacji szkoły w roku 1951. Zaszły również poważne zmiany w składzie osobowym nauczycielstwa w którym na dziewięć osób okazały się trzy nowe siły.

W rozkładzie gmachu zaczęła się dawać we znaki niedostateczność pomieszczeń. Gdy od 1 lutego 1947 r. zorganizowano klasę I, jedną z klas musiano ulokować w jadalni. Na infirmerię, pracownię robót ręcznych i salę gimnastyczną nie było wcale miejsca (gimnastyka odbywała się w hall'u lub na boisku). Powstał projekt donajęcia w Kinloch Rannoch dodatkowego domu dla nauczycieli.

W tych warunkach, oczywiście, ilość uczennic nigdy nie mogła przewyższyć 86, stanowiły zaś one element wciąż jeszcze bardzo różnorodny, bo przybyłych z niemieckich obozów pracy i koncentracyjnych było 28, z Kraju po roku 1945 -21, z sowieckich więzień i obozów - 20, z obozów jenieckich - osiem, a tylko reszta mieszkała w Wielkiej Brytanii od roku 1940, przy czym w całej tej gromadzie było 23 półsierot, a siedem sierot.

Mimo jednakże tej różnorodności i w jej wyniku nierównego nieraz poziomu w klasach, mimo ciągłego braku pomocy szkolnych, zwłaszcza w zakresie historii i literatury, i wciąż jeszcze niedostatecznie opanowanej łaciny i angielszczyzny - uczennice dzięki - jak to spostrzega sprawozdanie - swojej samodzielności, inicjatywie, pełni życia oraz wesołości, przy dużym nadto wysiłku, potrafiły uzyskać piękne wyniki pracy. Z dziewięciu uczennic dopuszczonych do egzaminu dojrzałości zdały egzamin wszystkie, z uczennic zaś klas pozostałych, nie promowano tylko dwie. Dla podniesienia wciąż jeszcze niedostatecznego poziomu języka angielskiego w szkole zmieniono system nauczania tego języka, tworząc małe grupy uczennic o jednakowym poziomie opanowania języka angielskiego - zamiast zespołów klasowych. Utrudniło to wprawdzie układanie planu lekcyjnego, lecz dało dobre rezultaty.

Ponadto Komitet do Spraw Oświaty Polaków w Wielkiej Brytanii, który w tym czasie (1 kwietnia 1947 r.) objął opiekę nad szkolnictwem polskim w tym kraju, wyasygnował na prośbę szkoły większą sumę, która umożliwiła szkole zorganizowanie 6 tygodniowego kursu wakacyjnego języka angielskiego. Kurs ten był obowiązkowy dla nauczycielstwa, absolwentek i uczennic. Wykładowców było czterech, z tego trzy osoby spoza szkoły (nauczyciele z Edynburga, Glasgowa i Perth). Uczestnicy kursu pracowali po pięć godzin dziennie przez pięć dni w tygodniu. Kurs dał widoczne wyniki.

Praca pozalekcyjna weszła na nieco inne tory. Ożywiono pracę drużyny harcerskiej i samorządu, a do istniejących już organizacji szkolnych przybyła Spółdzielnia „Jedność" założona 29 stycznia 1947 r., licząca w gronie swych członków 94 osoby. Pod koniec roku szkolnego posiadała już ona - w gotówce i w towarze - kapitał przewyższający

£77.00. Sama nadwyżka dochodów nad wydatkami wyniosła £50.00 i została podzielona częściowo na fundusz społeczny, częściowo zaś na zwroty od zakupów.

Zwrócono również większą uwagę na sport, organizując na zakończenie kursu wakacyjnego „Dzień Sportowy" z tańcami narodowymi, zawodami lekkoatletycznymi i grami sportowymi. Wystawa haftów, sukien, bielizny, zeszytów i map i innych prac uczennic zainteresowała nie tylko rodziców, lecz i sąsiadów szkoły.

Wreszcie otwarto dla prac uczennic łamy pisma, wydawanego na powielaczu przez Szpital Wojenny Nr. 1, „Głosu Taymouth Castle," gdzie uczennice zapełniały 2 lub 3 stronice pod ogólnym tytułem 'Dunalastair ma Głos.' Współudział ten utrzymał się do momentu likwidacji wspomnianego szpitala. Zastąpiono go później „Gazetką Mówioną."

Szkoła w tym właśnie okresie rozwoju, raz tylko wizytowana przez dyrektora Dr Ignacego Wieniewskiego oraz wizytatora Dr H. Ruchałowskiego, wzbudzała wyjątkowe zainteresowanie władz wojskowych. Stąd też miała wizyty:- 3-krotnie Women's Voluntary Services, 2-krotnie organów A.T.S., ponadto zaś gen. Maczka, gen. Glabisza, gen. Sosabowskiego i gen. Montera-Chruściela. Odwiedzili ją też ks. biskup z Dunkeld, Dr Scanlan - raz by udzielić Sakramentu Bierzmowania 19 osobom, drugi raz biorąc udział w szkolnej wycieczce - przedstawiciel Scottish Sunday Express, przedstawicielka Głównej Kwatery Harcerek i wielu innych gości.

Szkoła organizowała w tym czasie dużo wycieczek krajoznawczych oraz wyjeżdżała grupami, czasem z własnymi występami, jak w pokazie tanecznym na wystawie Anglo-Polish Catholic Association w Perth, czy na koncercie szkockim w Fortingale, częściej jednak by korzystać ze znakomitych występów artystycznych, np. z koncertu Toli Korian w Bonskied, z koncertu polskiego w Edynburgu, z koncertu J. Turczyńskiego w Perth oraz przedstawień szekspirowskich w Perth -Hamlet i Sen Nocy Letniej.

Sodaliski spróbowały też sił własnych w zakresie sztuki teatralnej wystawiając „Śluby Panieńskie" Fredry. Harcerki wzięły udział w obozie szkockich Rangers w Crieff, zdobywając tam specjalną pochwałę komendantki obozu i nawiązując ze skautkami szkockimi długotrwałą przyjaźń.

Z okazji zaślubin Królewny Elżbiety uczennice szkoły ofiarowały jej wykonany własnoręcznie komplet podwieczorkowy z haftami

23

kaszubskimi, otrzymując w zamian specjalny list z podziękowaniem z własnym podpisem Królewny.

DZIWNE GIMNAZJUM

Korespondencja własna "Polaka w Indiach" ze Szkocji, lipiec 1946 r.

Dotychczas znałem gimnazja żeńskie wszelkiego typu w Polsce przed-wrześniowej; gimnazja na uchodźstwie: młodszych ochotniczek w Palestynie, gimnazja w Libanie, Iranie, Afryce Wschodniej, Indiach i. t.d. Oraz czytałem o tajnych kompletach szkolnych w Kraju, pod okupacją.

Teraz poznałem gimnazjum i liceum żeńskie, najdziwniejsze, jakie kiedykolwiek chyba istniało.

Rozumiem przez to - skład uczennic i grona nauczycielskiego. Skład - istna mozaika, fantastyczna galeria najrozmaitszego pochodzenia. Można go chyba porównać tylko ze składem niektórych naszych jednostek wojskowych, p. Brygady Karpackiej.

Gimnazjum żeńskie w Dunalastair House, koło Pitlochry w Szkocji, nie sposób porównać z jakimkolwiek innym. To swego rodzaju unikat.

Na pierwszy rzut oka nie jest to widoczne, lecz starczy wejść, w jaką bądź grupę uczennic, aby przekonać się o słuszności tego spostrzeżenia:

Jasia ma wytatuowany sześciocyfrowy numer na drobnej, białej ręce. To z Oświęcimia. Spędziła tam trzy długie, koszmarne lata. Do dzisiaj nie wie, jak zdołała to przetrzymać. Wkłada wiele wysiłku w naukę, która po tylu przejściach idzie tak opornie.

Ewa kuleje nieco. To trwała pamiątka z ucieczki na stronę aliancką. Cztery lata niemal pracowała w Rzeszy jako ofiara łapanki ulicznej w Warszawie. Zimą, ostatniego roku wojny, uciekła z trzema towarzyszkami. Ona jedna zdołała dotrzeć i to ranna w nogę. Składa 'małą maturę' i jest pierwszą uczennicą w klasie.

Kasia nosi z gracją granatowy mundur Pomocniczej Służby Morskiej Kobiet. Jest AK-aczką, uczestniczką powstania warszawskiego. Tam była kurierką, odznaczoną Krzyżem Walecznych, tu jest nieśmiałą, jasnowłosą dziewczynką, wkuwającą Horacego i Liwiusza.

Wanda walczyła w „Maquis" we Francji. Celowała w sabotażu, zwłaszcza mostowym. Tu pisze sentymentalne wiersze i marzy do księżyca. Jest ponadto niezłym mechanikiem silnikowym w lotnictwie.

Agnieszka i Ziuta pracowały w tundrze archangielskiej, do niedawna zaś w Szpitalu Wojennym jako siostry. Zdają maturę licealną i po otrzymaniu świadectwa dojrzałości, wracają do szpitala.

Mimochodem zaznaczę, że Ziuta po maturze wychodzi za mąż za swego byłego pacjenta.

Hala była świetliczanką w Pułku Pancernym. Obecnie zamierza iść na medycynę. Czy jej się to uda, nie wiem. Jest ochotniczką z Urugwaju. Jej brat poległ pod Bredą, kuzyn niedawno wrócił na swe rancho nad Rio de la Plata.

Dość! Wymieniłem szereg dziewcząt, mniej więcej reprezentujących różne grupy uczennic z rozmaitych ośrodków życia i gehenny Polaków, z rozmaitymi przeżyciami.

Oczywiście, nie wyczerpałem opisu galerii uczennic w Dunalastair House.

Zaczerpnąłem przykłady pierwsze z brzegu, lepiej mi znane.

Stopiły się one w jednej retorcie szkolnej, czas i tempo nauki wymazały niejedne piętna tragicznych kolei życia, a jednaki zapał w pracy zrównał wszystkie te dziewczęta do pozornej roli podlotków.

Szlachetna rywalizacja w nauce dodaje sportowego, zdrowego ducha tym wszystkim "fair girls of Poland"—jak zwie je ludność szkocka. Nieco mniej się śmieją niż ich rówieśniczki w college'ach brytyjskich, lub też ich koleżanki, albo one same, w szczęśliwej Polsce, przed wrześniem.

ECHA PRZESZŁOŚCI

DUNALASTAIR
Wiersz ułożony w 1946/47 roku.

Żegnamy Was w dniu dzisiejszym maturzystki drogie,
Idźcie w świat daleki w nieznany wielką drogę,
Tak jak chciałyście szybko opuścić te mury
Dzisiaj stoją Wam w oczach pewnie szkockie góry
I zamek w Dunalastair samotnie stojący,
Gdzie jeszcze tak niedawno Schiehallion kuszący
Stał cały w bieli, gdyście go żegnały,
I jeszcze z autobusu spojrzenia rzucały.

    Było to tak niedawno, dziś wszystko minęło.
    Zmartwienie o maturze z czasem odpłynęło.
    Teraz stoicie znowu z nieugiętym czołem
    Przed tym co jest zagadką, bo przed życia kołem.
    Lecz wierzcie, że chociaż droga jest stroma i śliska
    Sercami kruszcie głazy, bo cel nie zwaliska.

Nie ten zwycięży co w różach stanie u celu,
Lecz ten co przez ciernie przejdzie, przyjacielu!
Raz jeszcze ostatni żegnamy Was szczerze
Z nadzieją, że pamięć o szkole
Zostanie Wam w sercach i czasem wspomnijcie
I o nas, w przyjacielskim kole!

WIĄZANKA SZKOLNA - PROFESOROWIE

Ks. Lucjan Bernacki
    (późniejszy Biskup Sufragan Gniezna)
Gdy po nauce wolny mamy czas
A do siatkówki aż się serce rwie
Dwóch zawodników na boisko mknie
Jeden duży, drugi mały
Każdy zapał ma wspaniały
    Lecz los z sobą ich nie zbrata,
    Siatka zawsze dzieli ich
    Piłka leci tuż, a on gotów już,
    Macha ręką lecz nie trafia ani rusz.
Choć holendruje i choć podskakuje,
Piłki nie sięga bo za mały jest,
Drugi za to czyni świetny gest,
Piłka mknie, ach, niestety 'out' jest.
    Lecz żadna partia by się nie udała.
    Gdyby nie tych sportowców gra wspaniała,
    Więc kolego przykład z góry bierz
    I po obiedzie na boisko spiesz.

"Wiencis" (*prof. Wieckowski, polonista*)
Pensjonarki siedzą, wykładu słuchają
I do końca lekcji już tęsknie wzdychają,
Profesor wsłuchany w dźwięki własnych słów,
Piękno romantyzmu wbija im do głów.
    Lekcja się już kończy i dzwonek już dzwoni,
    Pan profesor ciągle po obłokach goni,
    Panie profesorze, pauza kończy się,
    Lecz on dalej mówi, nie chce słyszeć, nie.
Drugi dzwonek zabrzmiał, profesor ockniony,
Budzi się z ekstazy, jak gromem rażony,
Jego elokwencji prysła złota nić,
"przecież mam dziś dyżur, Oj, źle może być".

***"Stachnik"** (prof. Stachurski, chemia)*
Nie dręcz, przed nami życia jeszcze tyle,
Nie dręcz, i osłódź nam nauki chwile,
Nie dręcz, nie jesteś przecież taki straszny,
Nie dręcz i na półrocze bądź łaskawszy.

***"Kundzia"** (prof. Grzymirska,. zoologia, anatomia)*
Jest jedna Pani w szkole, która pilnie uczy nas
Że miód zawdzięczamy pszczole,
a w powietrzu fruwa płaz,
Że drapieżce groźne są, stawonogami się zwią,
Jedzą listki i łodygi, na wpół przekrojone.
  Że w jąderku jest komórka, protoplazmą zwana,
  A pierwotniak to jest rurka, tylko że nie szklanna,
  A kto nam nie wierzy, niech do niej pobierzy,
  Ona wszystko mu opowie i rozjaśni w głowie.

Dla p. Przełożonej - walc
  "Nikt mnie nie rozumie tak jak Ty"
Dla p. Martinet *- "My sunshine"*
Dla prof. Bakuna *- "Capri"*
Dla p. Stodolsklej i p. Skoszkiewicz –
  "Ach śpij bo właśnie,
  światło świeci i za chwilę zgaśnie,
  Wszystkie dzieci nawet złe
  pogrążone są we śnie, a wy jedne tylko nie."

GRENDON HALL (1948 – 1951)

Najważniejszym wydarzeniem roku szkolnego 1947/48 było przeniesienie szkoły z dniem 20 kwietnia 1948 r. do Grendon Hall w Buckinghamshire, gdzie już pozostała do końca. Zamiast jednego dwupiętrowego domu, w którym z konieczności musiały się lokować i klasy, i internat, i pokoje dla nauczycielstwa, i pomieszczenia gospodarcze, teraz szkoła otrzymała obszerny dom murowany o 24 salach i pokojach, dwa małe domki murowane o ośmiu pokojach, kompleks chatek mieszkalnych, stajnie, które potem przerabiono na część internatu, kilka baraków, w których pomieszczono kuchnię, jadalnię i salę gimnastyczno-teatralną, schron przeciwlotniczy, wykorzystany na bibliotekę i pracownie, wreszcie garaże, które również przerobiono na magazyny i mieszkania. W specjalnym baraku w ogrodzie pomieszczono kaplicę szkolną, której urok podnosił szczególnie ołtarz z dużym ryngrafem Matki Boskiej Ostrobramskiej na tle Szczerbca i skrzydeł husarskich. Ołtarz ten oddał pod opiekę szkoły 12 Pułk Ułanów Podolskich wraz z ich kapelanem Ks. K. Krzyżanowskim.

Szkoła, więc w pewnym stopniu osiągnęła możliwość rozrostu. Toteż skład nauczycielski zwiększył się o dwie osoby, a uczniowski podniósł się do liczby 120.

Element ciągle był niejednolity. We wspomnianej liczbie 120 było:-30 przybyłych z Libanu, 10 z Afryki, sześć z Palestyny, 7 inną drogą z Rosji, 19 z Kraju po roku 1945, 26 z obozów koncentracyjnych i obozów pracy w Niemczech, pięć z obozów jenieckich, a tylko sześć stanowiło element od 1940 r. 'miejscowy.' Jeśli się zważy, że w tej liczbie było osiem sierot, a 33 półsieroty, praktycznie zaś 15 sierot, bo siedem było takich, które miały w Polsce żyjącego rodzica, trudno się dziwić, iż w psychice młodzieży dały się dostrzec pewne, nawet znaczne, zmiany, że począł się przejawiać brak inicjatywy, nawet u tej młodzieży, która ją przejawiała w Kraju, wzrosła natomiast podatność na wpływy wychowawcze - przy zdobyciu zaufania.

Lepsze warunki pracy musiały - w naturalny sposób - spowodować dążenie do możliwego podniesienia poziomu i stąd znaczne zaostrzenie wymagań. Skutkiem tego okazało się 12 niepromowanych, a 42 wyznaczono dodatkowy egzamin po wakacjach. Do matury z 14 dopuszczono 12 uczennic i wszystkie egzamin zdały.

Zaczęły się na nowo rozwijać i wzmacniać organizacje szkolne. Prócz samorządu, Sodalicji Mariańskiej, harcerstwa i spółdzielni, już na początku roku szkolnego powstał klub angielski "The 33 Club" (nazwany tak od ilości założycielek), w roku zaś 1948 - straż ogniowa, kółko fizyczne i koło sportowe 'Wisła,' które na zakończenie roku szkolnego rozegrało zawody w siatkówkę.

Ogromnie rozwinęła się biblioteka, którą odtąd na stałe objął prof. P. Szendzielorz. Z 4122 tomów wzrosła do 6879.

Wystawa robót ręcznych na zakończenie roku szkolnego wykazała się poważną pozycją eksponatów i wzbudziła wielkie zainteresowanie. Szkoła brała również udział w wystawach robót ręcznych w Women's Institute, Samopomocy Lotniczej i w Orle Białym.

Wzmogły się wizytacje władz szkolnych Komitetu Oświaty. Dunalastair House wizytowali:- Sir George Gater, prezes Komitetu z Mr. F. Harrodem i dyr. S. Szydłowskim, oraz o miesiąc później Dr Ruchałowski, Grendon Hall zaś -Sir George Gater, dyr. Szydłowski, Mr. Bennett dwukrotnie, Dr Wieniewski dwukrotnie, dyr. Borowiecki dwukrotnie, Dr Ruchałowski dwukrotnie, oraz przedstawiciele Działu Administracji Ogólnej.

Jeszcze za czasów pobytu swego w Szkocji szkoła nawiązała przyjazne stosunki z sąsiadami Szkotami oraz z całym szeregiem wybitniejszych społecznie jednostek. Z ciekawych odwiedzin szkoły wymienić można wizytę księżny Athol, prezesa Ligi Wolności Europy, przedstawicielek W. V. S., nawet dwóch - na nasze warunki egzotycznych - studentek Hindusek, interesujących się polską kulturą. Tego rodzaju wizyty w Grendon Hali nie ustały. Przybyli, więc ks. biskup z Nottingham oraz Mr. Frank Savery, b. konsul brytyjski w Warszawie, z min. Homerem. Przede wszystkim jednakże weszła tu szkoła w kontakty z okolicznym szkolnictwem brytyjskim, więc z władzami oświatowymi, z High School w Aylesbury, ze szkołą klasztorną dla dziewcząt pod Aylesbury, z County Library, z Women's Institute, z organizacją Girl Guides.

ZMIANA PROGRAMU NAUCZANIA

Rok szkolny 1948/49 jest już rokiem całkowitej normalizacji i pełnego rozwoju szkoły, czyli dochodzi już do tego stanu, w jakim szkoła ogólnie zdołała się utrzymać do końca swego samodzielnego istnienia.

Grono nauczycielskie wzrosła w tym czasie do 16 osób. Liczba uczennic szkoły (wraz z Kursem Gospodarstwa Domowego) - doszła do 211. Różnorodność składu uczniowskiego nie zmalała, uległ tylko poważnym zmianom stosunek krajów, z których przybyły uczennice. Zamieszkałych w Wielkiej Brytanii od 1940 r. nie było już zupełnie, znaczna większość natomiast, bo - 64, przybyła tu z Afryki. Dalej szły – Liban - 43, Indie - 31, Polska po roku 1945 – 18 osób, obozy koncentracyjne oraz obozy pracy w Niemczech - 14, Palestyna - 13, obozy jenieckie w Niemczech - cztery, oraz Meksyk, Portugalia i Francja po jednej osobie. Liczby sierot - 16 i półsierot - 49, nie zmalały, niestety.

Rok ten był rokiem przejścia na angielski system nauczania. Zastosowano go w pełni do klas pierwszych (gimnazjalnej oraz licealnej) zmiana programu jednak odbiła się na ogół i na wszystkich pozostałych klasach. Zastąpienie języka ojczystego językiem angielskim w nauczaniu wszystkich przedmiotów z wyjątkiem religii, języka polskiego oraz historii polskiej stało się poważnym szkopułem dla młodzieży i dla nauczycielstwa, zwłaszcza, że poziom nadal był nierówny, szczególnie zaś w starszych klasach wykazywał poważne braki.

Związane z tym ogólne przeciążenie pracą nie sprzyjało rozwojowi organizacji uczniowskich. Mimo to istniały w dalszym ciągu: samorząd, Sodalicja Mariańska, drużyna harcerska, „The 33 Club", kółko sportowe „Wisła", nadto zaś powstała spółdzielnia pracy „Inicjatywa" z sekcjami haftu, szycia oraz napraw.

Biblioteka miała już ponad 13 tysięcy książek i czytelnictwo ciągle się rozwijało. Wieczorki dyskusyjne, organizowane w tym czasie dla młodzieży, miewały sporo uczestniczek. Położono duży nacisk na wycieczki i poszczególne klasy zwiedziły Oxford, St. Albans, Zoo w Whipsnade, Londyn, Cambridge, Windsor i Canterbury.

Wzmogła się ilość przedstawień i koncertów dla młodzieży. Więc oglądała młodzież „Displaced Persons" Budzyńskiego, „Świadka" Bulicza i „School for Scandal" Sheridan'a, a klasy licealne były w Stratford-on-Avon na „Winter's Tale" Szekspira. Odbył się „Wieczór pieśni, humoru i muzyki" z Jasińską, Sulikowskim i Markowskim, występ „Baletu Polskiego", oraz koncert szopenowski. Oglądano w kinie szekspirowskiego Hamleta i Henryka V oraz Olivera Twists Dickensa.

Z drugiej znów strony młodzież nie pozostała dłużna, inscenizację „Bajek" Mickiewicza, słuchowisko radiowe „Grażyna" oraz wieczór ku czci Słowackiego, a akademię 3-majową powtarzała w

Gravenhill Hostel, Bicester oraz Great Bowerswood i Hodgemoor Hostels. W Bicester obecnych było około 1500 osób.
Częste kontakty Komitetu Oświaty ze szkołą nadal trwały. Odwiedził szkołę sekretarz gen. Mr. Frank H. Harrod, dyr. Borowiecki i dwukrotnie H. M. I. Marchand i E. Gemborek. Byli też i goście postronni, jak Mr. Newman z Department of Education - Bucks, Mrs. Warmington z W. V. S., Lady Coutown z Girl Guides Movement, Miss Saville i Miss Jones z Ministry of Labour, Reading.

Szkoła ze swej strony utrzymywała i nawiązywała nowe kontakty z okolicznymi szkołami i instytucjami angielskimi. W dużej mierze w wyniku właśnie tych kontaktów w czasie wakacji letnich 33 uczennice przebywały w domach angielskich.

Rok szkolny 1948/49 dał w swoim efekcie tylko 10 uczennic niepromowanych i jedną uczennicę nie dopuszczoną do matury. Egzamin maturalny na 26 dopuszczonych złożyły 24.

PRZY NOWYM SYSTEMIE

W obu następnych latach szkolnych nie zachodzą już jakieś szczególne przełomy, następuje jak gdyby normalizacja życia wewnętrznego.

Nadal trwają dość częste kontakty Komitetu ze szkołą. W roku szkolnym 1949/50 wizytują ją: - Sir George Gater z Mr. Harrodem, dyr. Wieniewski i dwukrotnie dyr. Borowiecki, wiz. Gemberek oraz następca Mr. Marchanda - H.M.I. Pashley. W roku szkolnym 1950/51 - Mr. Harrod i parokrotnie Dr Wieniewski i dyr. Borowiecki oraz Mr. Pashley i następca jego - H.M.I. Mr. Collins. Gości szkoła u siebie dwukrotnie ks. infułata B. Michalskiego na prymicjach ks. Stanisława Borka oraz jako celebranta na uroczystościach Bożego Ciała, które co roku są wielkim świętem w szkole. Również odwiedza szkołę prawosławny Biskup. Z gości angielskich przybywają już nie tylko poszczególne osoby, lecz i całe grupy, np. zespół szkolny z County School w Iver, Heath, który rozegrał z zespołami szkoły mecz koszykówki, dzieci Primary School w Grendon Underwood, dla których wystawiono 2 angielskie komedyjki, Girl Guides z Buckinghamshire, podejmowane przez miejscowe harcerki.

Szkoła wzięła udział w Proteście Narodów w Bicester, dając chór na nabożeństwa polowe i akademię oraz deklamatorki, lub w uroczystościach 3-majowych w Bedford w 1950 r. Ponadto 3-krotnie delegacje uczennic wyjeżdżają na pielgrzymkę oraz ślubowanie, w Walsingham.W innym znów dziale - zespół teatralny powtarza„Wesele na Kurpiach," opracowane na zakończenie roku szkolnego 1949/50,w Marsworth, Fairford i Bicester oraz w szkołach w Lilford, Bottisham i Stowell Park.32 Sodaliskibiorąudział w 1951 r. w Ogólnym Zjeździe Polskich Sodalicji Mariańskich w Londynie.

Większy jednakże nacisk kładzie się stale na to, aby właśnie młodzieży dostarczyć nie tylko rozrywki, lecz i miłego a pożytecznego uzupełnienia studiów.W roku szkolnym 1949/50 mamy, więc: - koncert fortepianowy prof. Dygata i skrzypcowy prof. Cetnara, koncert szopenowski pp. Bieleckiego i Sulikowskiego oraz koncert zespołu Toli Korian, Jasińskiej, „Listy do Matki,"jak też "GrubeRyby" (odegraneprzez zespół amatorski z Marsworth).Toż samo się powtarza iwroku następnym.

Mamy prelekcje Dr Zygmunta Nowakowskiego 1llistopada,prof. Glińskiego o muzyce i prof. St. Kościałkowskiego o polskości kultury Wilna i Lwowa.Mamy cykl prelekcji Dr K. Lanckorońskiej o sztuce. Mamy występy autorskie Beaty Obertyńskiej i Adolfa Fierli, odczyt o Norwidzie Marii Czapskiej, koncert Niemczyka i Sulikowskiego, 3-majowy koncert Sulikowskiego, wieczór kolęd ToliKorianzJerzymKropiwnickim, występ ChóruPolskiegoim. Chopina i potężnej orkiestry uczniowskiej „Tiffin Band"Mr. Pashleya,m. in. grającej i melodie polskie, z przedstawień zaś – „Kroki na Schodach" i „Mąż Przeznaczenia."

Kontaktów młodzieży ze sztuką nie ogranicza się do murów szkoły. Grupy młodzieży wyjeżdżają do Stratford -on-Avon, czy to na „Much Ado About Nothing" lub „Julius Caesar" - z Janem Giełgudem w roku 1950, czy na „Henry III" w 1951 r. Inna grupa uczennic udaje się do O'ford'u na „Pigmalion" Shaw'a lub do Londynu na „Sędziów" i 'Zrzędność i Przekorę," dawane tam w ramach „Dnia Aktora." Roczne wyjazdy na „Dzień Aktora" stały się niejako tradycją szkoły od czasu, gdy w 1948 r. dwa wielkie autobusy zabrały uczennice na „Wesele" Wyspiańskiego. Kontakt z muzyką szopenowską, odnawiamy wyjeżdżając do Marsworth na koncert prof. Dygata.

Życie wewnętrzne - w ramach organizacji - toczy się dalej ustalonym trybem. Nowością jest przerzucenie dokształcania się literackiego młodzieży na świetlicę. Na wieczorach świetlicowych dla klas starszych przeczytano „Wyzwolenie" Wyspiańskiego i „Różę"

Żeromskiego, dla amatorek zaś ze wszystkich klas dano w wybranych utworach sylwetki nowszych poetów, jak Kasprowicza i Staffa oraz zaznajomiono je we fragmentach z „Lilią Wenedą" i „Kordianem" Słowackiego, tudzież „Skąpcem" Moliera.

Wymagania, a stąd i wyniki utrzymywały się ogólnie na jednakowym poziomie.

W roku szkolnym 1949/50 drugą klasę licealną ukończyły 22 uczennice. Ponieważ część ich opuściła szkołę, po egzaminach angielskich i nie mogła zwolnić się z pracy lub opuścić wykładów nie wszystkie przystąpiły do matury polskiej. Świadectwa dojrzałości przyznano 15 abiturientkom, zaś General School Certificate Uniwersytetu Londyńskiego otrzymało 14 absolwentek, z. czego połowa z prawem matriculation (równoznaczne z naszą maturą).

W terminie znów jesiennym roku szkolnego 1950/51 polską maturę otrzymało 13 uczennic na 15 zdających, matriculation - cztery a General School Certificate – sześć. W odsetkach przedstawia się. to następująco:

matura polska:- 1 turnus - 94%
2 turnus - 87%
matriculation: - 1 turnus - 35% ogółu 50% tych,
które otrzymały GSC
2 turnus – 25% ogółu, 40 % tych, które otrzymały GSC
General School Certificate
1 turnus - 70%
2 turnus – 69%

Zaznaczyć należy, że kandydatki przystępujące do egzaminu w 2 turnusie miały za sobą tylko 2 miesiące pracy w klasie II licealnej.

Kilkakrotne egzaminy z języka angielskiego na poziomie tzw. Lower i Proficiency Certificate Uniwersytetu w Cambridge dały w ogólnym wyniku 2 świadectwa Proficiency i 44 Lower Cambridge.

ECHA PRZESZŁOŚCI

'BAJKA'

Barbara Łubieńska kl. 4-ta

Była uczennica, która dwój nie miała
I na wszystkich lekcjach pilnie uważała,
Słabszym koleżankom chętnie pomoc niosła
Objaśniając choćby największego osła.
Była uczennica, co łacinę znała
I z każdej klasówki piątkę dostawała.
Była też i taka, która wciąż wierzyła
Że się coś nauczy i tą myślą żyła.
„I cóż to jest za bajka? Wszystko to być może
Prawda; jednakże ja to między bajki włożę".

GRENDON HALL

Wśród pól i łąk zielonych, nad brzegiem ruczaju,
Na pagórku niewielkim 'ivy'm' oplatany;
Jak szczypiorek na wiosnę zielenią się ściany.
Obszar mieszkalny, niewielki, lecz zewsząd chędogi,
I jadalnię miał własną, na nocleg dwa stogi
Dla gości, co pod strzechą zmieścić się nie mogą
I pod górkę się drapią z wielkim strachem, trwogą.
Brama na wciąż otwarta w gościnę zaprasza;
Przy niej -koza rogata, co gości odstrasza
Od tych gościnnych murów i dwóch stogów siana.

Właśnie słońce wschodziło. Dzień się rozpoczynał
Człowiek słodko marzył, spał lub odpoczywał
Wspominał wakacje, wtem dla uszu przykry
Głos gongu się odezwał.

W tejże chwili rykły surmy cegielni.
Znam je, to hasło wstawania,
Do którego tak skrzętnie Pani nas zagania.
Lecz cóż?-gdy później wstanę, też na apel zdążę,
Umyję się, posprzątam i włosy zawiążę.
O, Panno Święta! Co to? Dzwonek na śniadanie!
Jakże usprawiedliwić swe ciągłe, spóźnianie?....

Porridge'u smak przedziwny, zapach kawy cudny,
Kolor jam'u, woń sera - w słowach wydać trudno.
Migiem się je spożywa. Dalej, na modlitwę
I apel. Nic nowego. Do domu gonitwy
Po zapomniane książki.
W przerwie brzęczy dzwonek.
Koleżanko, wytłumacz technikę koronek,
Głębie tajemnic haftu, dla mnie nie pojęte.
Proszę cię o zadanie. Lecz, czy -masz ściągnięte?
Powoli wszystko ścicha, śmiech milknie w oddali:
Do swych świątyń dumania wszyscy się dostali.
Tu, gdzie przed chwilą było tyle wrzawy, krzyku,
Teraz pusto i głucho jak na mogilniku.
Czasem tylko grzmot srogi zahuczy w oddali.
To matma, proszę pani. Nie, nic się nie pali.
Tak się wyciąga pierwiastki. A echo tej sztuki
Powtarzają dęby dębom, bukom buki.
'Stop talking'-Polak między narodami słynny,
Że na 'English' używa swój język rodzinny.
Dzwonek. Drugie śniadanie. 'Jam' i kromka chleba:
Do obiadu wytrzymać pomóżcie mi nieba!
Łacina. Rzymian walki, plany wyobraźni
Łysawego Cezara-nudzi mnie i drażni.
Szczęściem gong słychać echem z wszystkich klas
Naraz odpowiada mu tysiąc krzyków: ulgi hałas.
Gong ten w każde południe krzyczący z poddasza
Uczennice, staff, psory na obiad zaprasza.

Zebrane za stołami, dwa staje długimi,
Dziewczęta rozmawiają jedne przed drugimi,

Bo na hasło modlitwy i zupę czekają,
Tajemnicze składniki deseru badają.
Wraz zmówiono modlitwę; zaczem wszyscy siedli
I zupy skład nieznany milczkiem żwawo jedli.
Po deserze i zupie jest druga potrawa;
Kartofelki i mięsko, salad á la trawa.
Koniec wieńczy dżemuchna chlebem przekładana.
Na tym kończy się uczta.

Po obiedzie przerwa. Pogoda, deszcz leje,
Pioruny, słońce świeci. Masz lub nie natchnienie,
Każą ci iść na spacer, przynajmniej do bramy.
Dobry ten przykład wszystkie naśladować mamy.
Właśnie rusza po społu towarzystwo całe.
Wesoło jest i gwarnie. Starsze, średnie, małe.
Przodem idzie grono, a młodzież na boku,
Grono szło przed młodzieżą, o jakie pół kroku.
Tak każe przyzwoitość, szkolny regulamin.
Ze surowy-odgadniesz z dziewcząt taktu i min.
Sunie para za parą. Patrzcie, patrzcie, młodzi!
Pamiętajcie, że co dzień na spacer się chodzi.
Już wracają od bramy, już są, widni z dala
A słońce-gość rzadki-błyski nad nimi rozpala.

W rekreacyjnej sali połyskują buty,
Bije blask z jasnych twarzy, świeci się włos suty.
Ryczy radio piosenką jakiegoś murzyna,
Co przed B.B.C. orkiestrą trele swe wycina.

Dzwonek. Cisza dokoła. Gdzieś kukułka kuka.
Kukuleńko powiedz-no ... koleżanka duka.
Z dołu muzyka płynie. Zrazu mdłe brzęczenia,
Lekkie i ciche, kilka cienkich głosów jęczy,
Jak kilka much, gdy z siatki wyrwą się pajęczej.
Lecz ton wciąż nabrzmiewa, pieśnią rozprzestrzenia.
Już sił coraz przybywa, już rozpierzchłe głosy
Łączą się w jedno, chwaląc Boga pod niebiosy.

Poczta. W bramę skręciło auteczko czerwone.
Radość rozjaśnia twarze smutne i zmęczone
Dziewcząt, co wciąż cisną się do poczekalni,
0 zgrozo, z chlebem, miodem, więc prosto z jadalni,
Ciekawe listów, nowin z szerokiego świata:
Kto, z kim kiedy się gniewa, a kto, z kim znów brata.
Dzwonek. Z dala dochodzą koszykówki krzyki:
Nasza piłka!'Bij! Zabij!'-i podobne ryki.
Pani gwizdem uciszyć stara się bój srogi,
1 dziewczęta i piłkę przywołać, do nogi.
Na jutro Biologia, dwie Matmy, Zajęcia.
O różnicy małp i ludzi, ja nie mam pojęcia.
Prędzej na konferencji końcowej uznają,
Ze "krzyżyk", nim równania kiedyś; się zrównają.
A jest ich aż trzydzieści, dziesięć dodatkowych,
A Geometria !Ileż tam theorems nowych!
Jak krótkie odrabianki, tylko dwie godziny...
Równo, spokojnie z wiatrem kołyszą się trzciny.
Słońce ostatnich kresów nieba już dochodzi.
Samolot po błękitnym niebie cicho brodzi.
O cudnie jest na świecie! Już krąg promienisty
Spuszcza się na wierzch boru i już pomrok mglisty
Napełniając wierzchołki i gałęzie drzewa
Cały las wiąże w jedno i jakoby zlewa
Ixy z ypsylonami. Jakżeś wielkim, Boże!
Cudom urody życia któż oprzeć się może?
Jakże trudną jest rzeczą skupić się nad książką
I układać równania w treść mętną i grząską.

Dziewuszki! Na kolację! Słyszycie? Bije gong.
Koniec odrabianek, lecz nie-odrabiania mąk.
Boli głowa z wysiłku, nadmiaru myślenia,
Co powoli prowadzi do wykolejenia.
W jadalni krzyk i hałas; kto silniejszej pięści
Ten zdobywa repetę; już w paszczy kość chrzęści;
Krzyki, harmider, bójki, szkło stłuczone brzęczy;
W kuchni u pana Lisa sto białogłów jęczy,
Że nic nie widać, kto kogo bije, a kto łaja,

Rzekłbyś, że rozwydrzonych diabłów cała zgraja.
Migiem sala już próżna i wnet pierwsza klasa
Na dziedzińcu przed szkołą beztrosko już hasa.

Dzwonek. Modlitwa.
Ta liczy się z sumieniem, ta modły powtarza
Lub fragment dnia szkolnego w skupieniu odtwarza.

Z kaplicy wprost na siatkę spiesz droga młodzieży,
Tam ucz się piłkę ścinać, kopać jak należy.
Siatka to rzecz przyjemna nie tylko z pozoru,
Bo grana prawidłowo, wedle dawnych wzorów
Tak popularnych niegdyś miedzy Rzymianami,
Według których prawideł my w Grendon Hall gramy.
Już stają przeciw sobie dwa przeciwne szańce:
Ksiądz Prefekt, profesory i rożne wybrańce.
Serw srogi, a bek w rogi. Piłka mknie -wysoko
I opada jak jastrząb, zawadziwszy oko.
Miedzy galerią kłótnia wszczyna się zacięta:
Jedni twierdzą, że out był; ci, że piłka ścięta
Przez księdza Profesora potężną prawicę,
Na przeciwną być winna zwrócona stronicę.

Tymczasem przełożeni i inna część zboru
Wychodzą na dziedziniec używać wieczoru;
Zasiadają na przyzbach wysłanych murawą,
Całe grono z posępną i cichą postawą.

W polu koncert wieczorny już jest rozpoczęty
Przez muchy i komary, co tną nosy, pięty.
Hasło dał koń farmerski, pierwszy tenor łąki.
Bekła koza; wtórują z bagien basem bąki.
Wreszcie księżyc swą srebrną pochodnię zaniecił,
Wyszedł z boru i niebo i ziemię oświecił.
Już naprzeciw księżyca gwiazda jedna, druga
Błysnęła, już ich tysiąc, już milion mruga.
Różne gwiazd historyje, które z książki zbadał
Albo -słyszał z podania, Ktoś nam opowiadał,

Ktoś, kto patrzył wysoko, gdzie słonce i gwiazdy,
Wskazywał palcem ruchy i drogę ich jazdy.
Więc ku nim-śmy tęskniły, ku blaskom jasnych mas
I wierzyłyśmy święcie, że one, widzą nas.

Późno jest już. Dziewiąta godzina wybija,
Trzeba iść, bo czasami jak cień się nawija
Czyjaś postać w bieliźnie z papilotem w głowie,
I słowa pełne zgrozy: "Idźcie spać!" wypowie.

Głód kiszki skręca. Ale cóż? wszystko zamknięte
Na cztery spusty. Okna milczą jak zaklęte.
W magazynku zbutwiała cebula, kabaczki,
Po których uganiają myszy i robaczki.

W sypialni krzyk i hałas. Część, już spracowana,
Szła spać wcześniej, ażeby przebudzić się z rana.
Reszta myje się, pluska, pacierze odmawia
Lub na łące zielonej gwiazdy, mostki stawia.
Starsze dziewczęta lekcje powtarzają, jedzą,
Rajcują krytykują, nad lekcjami biedzą
lub z książkami pod głową śpią próżne kłopotu,
Że skończy się ta żmuda. Przyjdzie koniec roku.
Pani gaszeniem światła przerwie konferencje
Wielce pedagogiczne; czasem o łazience
I znaczeniu jej wspomni lub wsłuchana w ciszę
Echa rozmów dziewczynek w pamięci swej pisze.

Okno gaśnie za oknem i cała gromada
Powoli a z westchnieniem w sen błogi zapada.

Wśród pól i łąk zielonych, nad brzegiem ruczaju,
Na pagórku niewielkim, w żywopłotów gaju
Stoi szkolny budynek. Życie jego znałam.
Fragment dnia codziennego częściowo oddałam.

WIĄZANKA SZKOLNA - GRENDON HALL

Melodia:-*"Dwanaście Godzin"*

Dwanaście godzin nad książką codzień
Dwanaście godzin człek męczy się
Dlatego tylko dwanaście godzin
Bo więcej już nie może, ach nie.

Melodia:-*'Gdy wrócisz'*

Nie umiesz, profesor cię zapyta
Na miejsce marsz i kwita
Jak gdyby nigdy nic.
Me największe nieszczęście,
To jest właśnie algebra,
Co mną, wstrząsa jak febra
Ach jak człek męczy się.
Wszystkie alfy i bety,
Obiad zupa kotlety,
Wszystkie porcje proporcje
Pomieszały mi się.

Melodia:-*'Spójrz w górę na morze gwiazd'*

Spójrz jak me serce w strachu drży
Bo nadchodzi już historia, ze aż słabo mi.
Manifesty, konstytucje
Wszystkie daty, rewolucje
Światowej wojny przyczyny
Kładźcie sobie w łepetyny.

Melodia:-*'To samo niebo.'*

Nad Grendon Hall'em to samo niebo
I ten sam uśmiech porannych zórz;

A w mym zeszycie, choć jej nie trzeba
Stanęła dwója z łaciny już.
Infinitivy, Coniunctivy,
Toż to nieszczęście - Boże mnie strzeż;
Accusativy i Genetivy
I na dodatek Gerundia też.

Harcerska melodia

Ach biedna, biedna dola żaka,
Gdy z mapą przyjdzie zetknąć się,
Tu jest półwysep Malacca,
A ten znów, któż to go tam wie.
Tu flora, fauna Ameryki
Goździki, sól, cukier i pieprz,
Sieje się wełnę, bawełnę
I świnie mleczne są tam też.

Melodia: *„W dzień deszczowy i ponury"*

Co z religii dziś zadane
To co było wykładane
Karol Wielki, Pepin Mały
Cóż to znowu za cymbały?
Ale jeśli poprosimy,
Może znowu usłyszymy,
Jak poznawać charaktery
Biorąc mowy i litery,
Jak odnosić się trzeba do ducha,
Co oznacza śmiech - hu ha.
O Mickiewiczu gdybyś przewidział
Jak my się męczyć będziemy
Zgłębiając kunszta twoich arcydzieł
Ballad, sonetów, Grażyny.
Napewno by ci serce zadrżało
Nad nieszczęśliwą dziewczyną,

Pióro by samo z rąk wyleciało
Nie chcąc być dwójek przyczyną.
Do całości wykształcenia (bis)
Potrzebna jest także chemia (bis)
H.O. i S.O. cóż to znowu za chimery (bis)
Lecz ciekawe to jest trochę (bis)
Jak z węgla dostać pończochę, (bis)
Jak ze starej koszuliny (bis)
Wyssać cukier przez maszyny (bis)

Melodia:-'*Stał się cud pewnego razu.*'

Botanika też się przyda oj
Choć z uczeniem jej jest bieda oj,
Wszystkie rody generacje oj,
Zakończone są na a o oj oj oj oj.
Gdy odpowiedź ci przypada oj,
To się, jedno w kółko gada oj,
Amantace i tatace oj,
A tam jeszcze jakieś a o oj oj oj oj.

Melodia:- "*Dadzą mi konika cisawego*"

Kloc, kluski, klocki maszerują,
A tyki patyki zgrabnie przez koniki przeskakują
Pani Lera krzyczy prędzej ruszaj się.
Zwrot w tył, w lewo, w prawo
Nie bądź tak koślawą, wyprostuj się.

Melodia:-'*Oh my Darling Clementine.*'

Płynnie czytaj i akcentuj
"Memory work" i pilnie kuj
Jeśli nie chcesz jeszcze jednej
Do kompletu swoich dwój.

KLASA TRZECIA

Zosia Zawadzka- Dr. Z. Kołosińska

Zaczynamy od szczytu –
Pani dostępuje tego zaszczytu
Jest miła, spokojna, poważna
W szkole osoba ważna.
    Filarami klasy
    Są oczywiście asy
    Wiktę i Irkę do nich zaliczamy
    Niestety nie wiele ich mamy.
Śpiewają Gienia i Tosia
Wtóruje im, fałszem Zosia
Jest, więc chór niemały –
Dla chwały powód klasy.
    Nasza Kamila
    Życie nam umila!
    Dowcipy lecą z płatka
    A czasem też padnie zagadka.
Ciągle chciałaby być na czele
(Przyznać trzeba, że i robi wiele)
Wszystkim dobrze znana
Jest nią Romana.
    Krysia do marzeń stworzona
    Ona ciągle zamyślona
    Zakres fantazji u niej nie mały
    Może to nowy powód naszej chwały?
Mietka, Czesia i Leonia
One pracują więcej od konia
Każdą pracę wykonują
I obowiązki dokładnie spełniają.
    Są zwierzątkami przezwane niektóre
    Kruczki, Zające, Sowy i Myszki Bure
    Te robią krzyku najwięcej

Prawda, że tak jest Króliku?
Są i specjalistki od wierszy
Władka numer pierwszy
Aniela jej wtóruje
I talentem też dorównuje.
Ela jest przyszłą pianistką
I ona napewno będzie artystką
Chopina w klasie mamy
Nad uchem jej to śpiewamy.
Nie każda jest tu zamieszczona
Ale chyba nie będzie obrażona?
Dziesięć, aż brakuje innym razem dodam.
I dokładniejszy obraz klasy podam.
Jeszcze o jednej nie ma tu wspomniane
O tej, co opisała swe koleżanki
Ale ona o sobie nic nie może powiedzieć
Więc która jej w tym pomoże?

CZAS TRWANIA CZŁOWIEKA NA ZIEMI
Irena Król - Rut

Czas trwania człowieka na ziemi
Jest jak tęcza z kolorów złożona
Pięknych i przezroczystych –
Błogosławiona.
Czas trwania człowieka na ziemi
Jest jako miłość, co w sercu się. rodzi
Ta jedna i ta prawdziwa,
Co nie zawodzi.
Czas trwania człowieka na ziemi
Jest jako kwiaty kwitnące w ustroniu:
Gdy pragniesz je zerwać, zatrzymać –
Już po nich!
Czas trwania człowieka na ziemi
Jest tchnieniem Boga żywego –
Gdy Bóg posiądzie twą duszę,
Nie pytaj, dlaczego.

WNIOSKI KOŃCOWE

Cofnijmy się myślą wstecz do chwili, kiedy w Scone Palace kilka osób głowiło się na tym, jaki kierunek nadać kilkadziesięciorgu powierzonej sobie młodzieży. Ci pierwsi pedagodzy może by najtrafniej i najsłuszniej ocenili wyniki 10-letniej pracy, po wielekroć przekraczające ich plany i zamiary, i znaleźli uśmiech pobłażania dla przeróżnych niedociągnięć i błędów, nieuniknionych w zbiorowisku ludzkim.

Więcej przecież niż połowa czasu trwania szkoły była okresem budowania i nieraz przerabiania zrębów. Niespokojne dni wojny, niesprzyjające warunki mieszkaniowe i zaopatrzeniowe, nieustanna fluktuacja elementu szkolnego, coraz inaczej i coraz bardziej skomplikowanego, poszukiwanie programu nauczania, najdokładniej odpowiadającego wymaganiom warunków życiowych, w których młodzież się znalazła, wszystko to, nieraz bezskutecznie, pożerało zapasy energii i uniemożliwiało pełnowartość osiągnięć.

Dążenie do wzniesienia szkoły na ten poziom, na jakim przywykliśmy widywać je w Kraju, doprowadziło przecie nawet do ofiary z życia, bo śmierć ś. p. Dr Heleny Grzymirskiej, najbardziej długoletniej pracowniczki szkoły, bezwarunkowo przyspieszona została trudem wkładanym przez nią latami całymi w jej pracę wychowawczą i pedagogiczną.

Z drugiej jednakże strony walka z przeszkodami, tak wśród nauczycielstwa, jak i wśród młodzieży, podtrzymywała i na nowo rozpalała zapał, a przekonanie o pożyteczności tej pracy dla potrzeb kultury polskiej krzepiło wątlejące siły.

Ogólny, więc wysiłek nie poszedł na marne. Już 155 uzyskanych świadectw dojrzałości - to cyfra, która sama za siebie mówi. A przy tym trzeba zważyć również wyniki poboczne; skontaktowanie z kulturą polską nawet tych, którym się nie udało dotrwać w szkole do końca, ponowne zżycie się z sobą i zespolenie w jednym - polskim duchu - setek młodzieży, którą los bezlitośnie rozrzucił po krańcach świata; odzyskanie ich w ten sposób dla kultury polskiej i uczynienie z nich pomostu pomiędzy czasami, co minęły i czasami, które następują; zbliżenie ich równocześnie do kultury angielskiej i przekonanie, że dwie te kultury bynajmniej nie są sobie przeciwstawne, ale niejednokrotnie bardzo sobie bliskie; umożliwienie im wielu lat życia w atmosferze wysiłku umysłu i woli, co z pewnością zaważy na późniejszych ich charakterach;

postawienie przed oczy ogółowi Polaków wyraźnego dowodu, że pobyt na obczyźnie niekoniecznie ma się łączyć z wynarodowieniem; zainteresowanie społeczeństwa angielskiego narodem dotychczas mu obcym i obudzenie dla niego sympatii najsilniejszej, bo płynącej z kontaktów bezpośrednich.

O zrozumienie przez ogół ważności tej placówki, jak sądzić chyba wolno, świadczyło zainteresowanie, jakim - zgodnie z notatkami kroniki - ta szkoła się cieszyła. Świadczyły o tym i głosy prasy, zarówno polskiej, jak nieraz i angielskiej i liczne jej odwiedziny i krąg jej przyjaciół.

Wielkim i niespodziewanym ciosem była dla szkoły decyzja Komitetu Oświaty z dnia 20 marca 1951 r. likwidująca jej samodzielny byt, tym bardziej, że zarówno inspektorzy Ministry of Education, jak i naczelne władze Komitetu doceniały nie tylko wyniki egzaminacyjne, ale i ogólny poziom szkoły, jak o tym świadczą następujące wypowiedzi:-

"Will you be good enough to congratulate on my behalf yourself and your staff on the excellent work done," - Mr. Frank H. Harrod, Secretary.

"The Committee can certainly be congratulated upon having sponsored a School which, while loyal to native Poland traditions, yet preserves the ethos of an English Grammar School. The School's record of examination success is encouraging. The Headmistress and her colleagues have done a fine piece of work," H.M.I. Mr. Collins.

"Your school has the good qualities of an English school added to the delightful Polish atmosphere you have given it. I have a considerable acquaintance with English grammar schools and can only say that if all our English Grammar Schools reached the same level of efficiency as Grendon Hall, we could be certain that our schools would have little to fear in comparison with any schools in any country," E.P. Bennett, Deputy Secretary.

Byłe uczennice piszą:

„Pomimo trudów i pracy, niedociągnięć i braków, ale zawsze, niby w żartach, a jednak na serio powtarzamy z Teresą: 'do domu albo do Grendon!'"

"Pomimo wszystkich wygód jakie tu mamy, nigdy nie będzie mi tu tak dobrze jak było w Grendon. Grendon Hall to mój drugi dom".

"Tęskno mi za szkołą, niedługo tam koniec roku. Tak bym chciała utrzymać kontakt, wiem, że gdzie szkoła - tam zawsze będzie kawałek Polski" - list z Australii.

"Dopiero teraz doceniam beztroskie życie w szkole. Tam zawsze ktoś się za mnie martwił, a tu wszystko spada na moją głowę. Powoli przyzwyczajam się do tego, że nie ma ani p. Dyrektorki, ani p. Wychowawczyni, ale jest tylko Zosia."

Rodzice piszą:-

"Jesteśmy bardzo wdzięczni, że nasze dzieci czerpały wiedzę i wychowywały się przez kilka lat w duchu żywej wiary i przywiązania do ojczyzny. Ze smutkiem i łzami żałujemy, że dziewczynki nie mogą skończyć w Grendon."

"Z prawdziwą przyjemnością zauważyłam, już po roku pobytu mojej córki w szkole, korzystny rozwój i prawdziwie dobry wpływ szkoły. Serdeczne Bóg zapłać!"

"Z zadowoleniem stwierdziłam, że z tych kilku lat prócz nauki książkowej córka moja wyniosła coś więcej - dobry charakter."

"Serdeczne podziękowanie przesyłam za dobre wychowanie uczennic, za dobrą opiekę dla nich, za chwalebne prowadzenie szkoły, za pracę i trud."

"Z bólem serca żegnamy szkołę i składamy najserdeczniejsze Bóg zapłać. Pamięć o szkole pozostanie na zawsze z nami."

"Wielce zbożna praca Państwa na przestrzeni tych 10 lat pozwoli młodemu pokoleniu uchronić się przed wynarodowieniem w wypadku gdyby los kazał mu dalej błąkać się po obcych krajach."

Grono bliskich przyjaciół szkoły:-

"Nie nadaremny był doniosły letni wysiłek grona nauczycielskiego i zarządu szkoły polskiej w Grendon o polskość. Całe pokolenie i kilkuset Polek, prawdziwych Polek, które wyszły z Grendon, to wielka wygrana bitwa w naszej zimnej i gorącej wojnie."

Lato 1951 r.

ŚWIADECTWA UKOŃCZENIA GIMNAZJUM otrzymały:

1942
Andrzejewska J
S. Jaroń
I. Pawłowska

J. Dobrowolska
W. Jarosz
H. Tomaszewska

I. Filipiec
J. Koperska

1943
A. Dembińska
I. Maszadro
H. Organistka

J. Dybowska
K. Messinger
D. Zielińska

M. Lifszyc
E. Missiuro

1944
H. Gajdzik
D. Horrocks
Z. Karpińska
U. Koperska
Z. Reder
M. Wawroska

I. Głowacka
H. Horrocks
I. Kisiel
W. Krzyczkowska
H. Schón

H. Gorgolewska
K. Karpińska
J. Kisiel
I. Michorecka
H. Smardzewska

1945 marzec
K. Ćwikowska
H. Jóźwiak
A. Popiel

L. Franzos
J. Mączyńska
K. Sicińska

B. Jaworska
B. Michorecka
A. Strawińska

1945 grudzień
T. Bartel
I. Głowińska
R. Kwoka
H. Morawska
H. Skibińska

K. Bernakiewicz
H. Jóźwiak
M. Leszczyńska
E. Radecka
K. Szymańska

I. Dzieślewska
H. Kudaj
M. Mierzwińska
T. Robak

1946
K. Chętkowska
M. Jaroń
D. Marszewska
I. Szczepowska
1947

B. Dybaś
D. Kirklewska
M. Salach
M. Wolicka

D. Gorgolewska
J. Krucińska   D.
H. Szalińska

B. Bystydzieńska J. Czyż J. Fait
A Galica I. Grzegorzewicz M. Heppel
M. Kalińska L. Kiszko Z. Konwerska
J. Mrazek D. Nowacka K. Oleksin
J. Płoska C. Przekop I. Robak
J. Skirmuntt W. Szufraga

ŚWIADECTWA UKOŃCZENIA GIMNAZJUM otrzymały:-

1948
W. Bąk B. Betowska Z. Betowska
E. Bulewicz N. Czumaczenko B. Dąbrowiecka
D. Hebda M. Jaworska Z. Klamut
Krawczuk B. Lokajczyk K. Mordas
Z. Orlińska I. Pacyga A. Ruchaj
J. Salach K. Skalska L. Słomek
J. Sołtyska B. Stronczak E. Tomaszewska
S. Tylman D. Włodarczyk H. Wojtas
G. Wołłowicz

1949
J. Bautsch B. Brulińska Z. Cybulska
Z. Firlej I. Hebda A Hoffman
S. Hrokało-Horawska Z. Kiersnowska A. Kopaniarska
H. Koźlakowska J. Kruszyńska A. Kulik
G. Kurpiel Z. Kwiecińska J. Lezgold
H. Opałka B. Pełczyńska A. Puszczyńska
W. Ranosz H. Ruczkowska J. Rymar
J. Starnawska M. Szajdewicz W. Śniegocka
L. Świętoń M. Witkowska

1950
T.G. Bazylko W. Doroszkiewicz J. Romaniszyn
H. Dunin-Borkowska S. Jakubowska R. Kaniewska
M. Kinasz E. Knapczyk E. Komar
F. Leduchowicz J. Macander T. Milczak

51

L. Opałka
A. Ruchaj
M. Tomaszewska
Z. Żurek

K. Orechwa
L. Ruczkowska
J. Wojtczuk

E. Rubczewska
Z. Szumiejko
W. Zemanek

1951
H. Antoniewicz
A. Dąbrowska
K. Grabiec
D. Lorenc
M. Raginia
I. Swiryd

S. Bogatek
W. Deputowska
M. Jażwińska
A. Ludwińska
A. Sławecka
Z. Wąsik

J. Burger
H. Gębala
R. Lezgold
L. Mundził
M. Strzelecka
H. Wytrykowska

ŚWIADECTWA DOJRZAŁOŚCI otrzymały:-

1941 - grudzień
Z. Bukraba
J. Grabowska
K. Kulig
A. Trzebińska

M. Englicht
E. Hierowska
D. Liszkowska
R. Wasylkowska

B. Gorgolewska
H. Hildebrandt
K. Malicka
A. Zakrzewska

1943
I. Arkin
A. Boheim
M. Malicka

M. Bachurzewska
K. Bukraba
K. Marska

A. Bogucka
J. Dąbrowska
W. Wojciechowska

1944
K. Buhardt
W. Jarosz
I. Pawłowska

I. Filipiec
Z. Kinel

S. Jaroń
J. Koperska

1945 - styczeń
A. Dembińska
I. Łukasiewicz
E. Missiuro

J. Dybowska
I. Maszadro
H. Organistka

M. Lifszyc
K. Messinger
D. Zielińska

1945 - kwiecień
K. Berezowska

W. Ciborowska

H. Januszewicz

H. Kielar	A. Rouppert	A. Schrótter
O. Smagowicz	I. Szołkowska	I. Swiętochowska

1945 - sierpień
A. Urbanowicz

1945 - październik
M. Fabierkiewicz	I. Głowacka	H. Gorgolewska
D. Horrocks	H. Horrocks	K. Karpińska
U. Koperska	M. Krzyczkowska	I. Michorecka
T. Mróz-Długoszewska	Z. Reder	H. Schón
D. Skoczylas	M. Wawroska

1946
A. Adamska	A. Bardecka	E. Bogdanowicz
W. Choińska-Dzieduszycka	 	Z. Garbacka
B. Jagielska	H. Jóźwiak	D. Leliwa-Sujkowska
W. Machlejd	J. Mączyńska	A. Popiel
I. Sawicz-Zabłocka	K. Schmidt	J. Sentkowska
K. Sicińska	A. Sołtysik	W. Sliwińska
T. Święcicka	T. Tomczycka	R. Wielgosz

ŚWIADECTWA DOJRZAŁOŚCI:- otrzymały

1947
K. Bernakiewicz	J. Chruściel	S. Gołaś
M. Hudec	D. Kopacewicz	T. Robak
H. Skibińska	E. Szyłejko	K. Szymańska

1948
Z. Baranowska	B. Dybaś	D. Gorgolewska
M. Górniewicz	M. Jaroń	D. Marszewska
I. Morelowska	A. Nadańska	M. Salach
H. Szalińska	H. Sleszyńska	J. Świetlik
M. Wolicka

1949
J. Adamek	H. Bargielska	M. Bargielska

53

T. Gałecka
M. Heppel
Z. Konwerska
D. Nowacka
J. Płoska
J. Skirmuntt
A. Swiatłoń

I. Grzegorzewicz
D. Hermanowicz
T. Kopaniarska
K. Oleksin
I. Robak
J. Synowiec
W. Widmont

Z. Guzewicz
M. Kalińska
J. Krzywańska
M. Panfic
S. Siemianow
U. Szewczyk
T. Zawada

1950
Z. Betowska
R. Dmuchowska
K. Krawczuk
J. Salach
I. Trybuchowska

E. Bulewicz
T. Kiersnowska
G. Lezgold
J. Sołtyska
S. Tylman

F. Ciula
Z. Klamut
B. Lokajczyk
E. Tomaszewska
A. Wiśniowska

1951 - luty
A. Dekańska
A. Kopaniarska
G. Kurpiel
C. Strelau
Z. Zajdel

Z. Firley
H. Koźlakowska
Z. Kwiecińska
W. Śniegocka

Z. Kiersnowska
K. Krzywiec
B. Pełczyńska
M. Witkowska

"GENERAL SCHOOL CERTIFICATE"
Uniwersytetu Londyńskiego otrzymały:-

1950 - termin letni
Z. Betowska
R. Dmuchowska
K. Krawczuk
A. Reszczyk
E. Tomaszewska

E. Bulewicz
T. Kiersnowska
G. Lezgold
J. Salach
I. Trybuchowska

F. Ciula
Z. Klamut
B. Lokajczyk
J. Sołtyska

1950 - grudzień
A. Dekańska
A. Kopaniarska
Z. Kwiecińska
W. Śniegocka

Z. Firlej
H. Koźlakowska
B. Pełczyńska
S. Tylman

Z. Kiersnowska
K. Krzywiec
C. Strelau
M. Witkowska

„MATRICULATION" na podstawie
„GENERAL SCHOOL CERTIFICATE" otrzymały:-

1950 – termin letni

Z. Betowska	E. Bulewicz	F. Ciula
T. Kiersnowska	K. Krawczuk	B. Lokajczyk
J. Sołtyska		

1950 - grudzień

R. Dmuchowska	Z. Firlej	Z. Kiersnowska
K. Krzywiec	Z. Kwiecińska	

Egzamin "MATRICULATION zdała przy Uniwersytecie Londyńskim:-

1951
Z. Klamut

ROCZNY KURS GOSPODARSTWA DOMOWEGO ukończyły:-

1949

I. Bałaban	A. Niedźwiecka	W. Pacyga
G. Swiętoń		

KURS NIŻSZY

H. Baranek	I. Korus	F. Pakuza
H. Pakuza	J. Rękawik	J. Surman
J. Surman	A. Szumiejko	

LISTA WYCHOWAWCÓW I PRACOWNIKÓW SZKOŁY

Adamczyk Bertold - geog., j. niem.	1944/46
Adamus Arthur - Mgr, admin	1945/46
Angerman Leontyna - pielęg. dyp.	1950/51
Antonowicz Irena, Mgr. - fiz., ch.,mat.	1948/49
Bakun Roman - przyr., geog., mat.	1941/43
Berger Aleksander - mat.	1949/51
Bernacki Łucjan - ks. Dr. rel., łac., filoz.	1943/46
Bessaga Tadeusz - łac.	1942/42
Biernacka Olga - wych., internat	1944/45
Brzozowski Wilhelm - admin.	1944/45
Brzózka Feliks -Ks., Dr., rel., franc., fil.	1946/48
Chapman Marie A. - wych., inter.	1946/46
Clay Emily M.	1947/47
Cooke Kathleen B. - wych., inter.	1942/44
Czaplicki Aleksander - admin.	1947/49
Dąbrowska Maria - zaj. prak.,wych./fiz.	1944/47
Domańska Bogna - wych., inter.	1951/51
Fabierkiewicz Kazimierz - mat., fiz./ch.	1944/48
Gołąb Józef, - Ks. Pref., rel., śpiew, łac.	1950/51
Gostyńska Stanisława - wych., inter.	1946/47
Gould Gerald L. - j. ang.	1949/51
Gout Zofia - Mgr, hist., j.fran., geog.	1949/51
Górska Irena - roboty ręczne	1941/43
Grzymirska Helena -Dr, kier/int, bio/geog	1941/51
Hrapkowicz Kazimierz - Mgr, j. pol.	1946/47
Jeziorski Jan - inż., mat., fiz./ch.	1949/50
Karpiński Zygmunt - M.Sc. mat. ch/ przyr	1950/51
Kozłowska Wiesława - wych., inter.	1946/46
Koźniewski Józef - inż., admin.	1946/47
Krzyżanowski Kazimierz - Ks. Pref. rel., łac., śpiew	1948/50
Kubczak Alojzy – mgr, lacina	1944/46
Kwiatkowski Walerian - Dr., j. pol.	1950/51
Litawska Maria - Mgr., j. pol.	1941/43
Lorenz, Ks. Pref. - Mgr., religia	1941/42

Lunn Kathleen A. - wych., inter.	1947/47
Łongowik Euzebiusz - sekretarz	1950/50
Makowska Alice - B.A.Hon., j ang./franc.	1941/43
Makowska Izabella - wych.	1941-
Małaczek Marian - Ks. Pref., Mgr, rel., j. franc./pol.	1943/44
Małuska Aleksandra - dyrektorka	1941/41
Martinet Agnes - M.A. j. ang./fran.	1943/50
Masiewicz Janina - pielęg. dyp.	1949/49
Medlewski Nikodem - Ks. Prał., Dr., rel.	1942-
Milewicz Zofia - referentka żywnościowa	1948/50
Misiak Henryk - Ks. Pref., Dr., rel.	1941-
Mochnacka-Koc Anna - gosp. dom., inter.	1949/51
Myrda Józef - ks.	1942-
Niedzwiecka Zofia - dypl. W.S.H., dyr.	1943/46
Niedźwiedź Rozalia. - j.niem., ćw.ciel.	1941/43
Nonas-Chrząstowska Czesława - ćw. ciel. wych., internat	1948/49
Nowacki Henryk – Mgr., hist., geog.	1943/49
Okońska Bronisława - wych./fiz., sekr.	1941/46
Oppman Edmund - Dr., hist.	1941-
Paleolog Stanisława F. - admin.	1949/51
Pawłowski Mieczysław - Dr., dyr., j. pol.	1941/43
Piatkowska-Mittelstaedt - Dr. lek./szk./hig	1942/43
Pindor Łucjan - inż., mat., fiz./ch.	1949/51
Płoska Janina - Mgr., dyr., j.pol.	1946/51
Racibirska Teresa - ref. gosp., mat.	1949/51
Romiszowska Helena - Mgr, mat., fiz./chem j. ang., zast. Dyr.i wych./int.	1945/49
Salach Zofia - sekretarka	1946/49
Shepherd Hester D. - B.A.	
Sienkowski - admin.	1941/42
Skorupska Wanda - Mgr, j.ang./franc.	1948/51
Skoszkiewicz Janina – zaj/prakt., wych/int	1947/51
Skórska Kazimiera - Mgr, sekretarka	1950/51
Slee Daphne E. - j. ang.`	1948/48
Słowikowski Antoni - Mgr, biologia	1951/51
Stachnik Włodzimierz - mat., fiz./ch.	1941/44

Stodolska Róża - Mgr., geog., wych./inter.	1943/44
Strycharz Czesława - pielęgniarka	1949/50
Suszyńska - Wanda - ref. żywnościowa	1950/51
Szałajko Jan - Inż., mat., fiz./chem.	1944/44
Szendzielorz Paweł - Mgr, łac., bibliot.	1946/51
Szkatuła Jan, - Ksiądz	
Tarnowska Karolina - ref. gosp., mat.	1948/49
Thomas Olive M. - M.A., j. ang.	1950/51
Thomson Audrey J. - j. ang.	1949/50
Wasung Janina - j. pol.	1947/50
Wieniewski Ignacy - , Dr., łacina	1941/42
Więckowski Józef - Mgr., j. pol.	1943/46
Wilczek Tadeusz - księgowość, sekretarz	1949/49
Wyszogrodzka Jadwiga - Mgr, hist., zagad.	1941/43
Zakrzewska - .Dr., lekarka	1941/42
Zawadzka-Kuchna Irena - Mgr., j. pol., hist., geog., prof. Fil., zast. Dyr.	1948/51
Zelechowska M	1941
Zytkowicz Stanisława – ćw/ciel., wych/int	1949/51

Legenda
admin - administracja
bibliot - biblioteka
bio - biologia
ch - chemia
ćw.ciel - ćwiczenia cielesne
dyr – dyrektorka
filoz -.filozofia
fiz - fizyka
fiz/chem - fizyka z chemią
geog – geografia
gosp dom - gospodyni domowa
hist - historia
inter - internat
j. niem – język. niemiecki
j.ang - język angielski
j.fran - język francuski
j.franc - język francuski
j.polski - język polski
kier - kierownik/kierowniczka

lek szk/hig - lekarka szkolna/higiena
łac - łacina
mat. - matematyka
pielęg. dyp - pielęgniarka dyplomowana
pielęg/dip – pielęgniarka dyplomowana
pro. Fil - profesor Filozofii
przyr - przyroda
ref – referentka admin. - administracja
ref. gosp - referentka gospodarcza
rel - religia
sek - sekretarka
wych - wychowawczyni
wych.fiz - wychowanie fizyczne
wych/int -wychowawczyni/internat
zagad - zagadnienia
zaj.prak - zajęcia praktyczne
zast - zastępstwo
zast Dyr - zastępca Dyrektorki

ŻYCIORYSY PROFESORÓW

Mgr Janina Płoska
Mgr Helena Romiszowska
Ks. Prałat Kazimierz Krzyżanowski
Ks. Prałat Józef Gołąb
Prof. Henryk Nowacki
Prof. Maria Dąbrowska

JANINA PŁOSKA – „URSZULA"

Irena Płoska-Łosiowa

Może nie jest rzeczą przyjętą pisać o własnej siostrze, ale gdy większość, którzy ją znali i kochali już odeszła i gdy ciężka, przeszło dziesięcioletnia, choroba oddziela ją od tych, którzy może jeszcze ją pamiętają – czuję wewnętrzny mus, by przypomnieć tu jej sylwetkę.

Jasia urodziła się w Płocku w 1905 r. Była najstarszą córką Janiny z Betleyów i Eugeniusza Płockich – ja byłam najmłodsza. 17-letnia Jasia, zaskoczona przybyciem na świat jeszcze jednej siostrzyczki (było nas czworo) chętnie zgodziła się być jej matką chrzestną i z czasem prawdziwą mamą mi została.

Lata szkolne Jasi, gimnazjum im. Reginy Żółkowskiej w Płocku, to lata odzyskanej niepodległości, lata zwycięskiej wojny z bolszewikami, lata entuzjazmu i odbudowy państwa polskiego. Jasia, prymuska w szkole, harcerka, entuzjastka, otoczona gronem serdecznych koleżanek, z których trzy miała szczęście po latach spotkać w Londynie: Zofię Gerbowską-Gergowicz, Halinę Płoską-Batory i śp. Reginę Remiszewską-Oppmanową.

Potem lata studiów na uniwersytecie Warszawskim, gdzie uzyskała stopień magistra filozofii. Praca w Bibliotece Krasińskich, gdzie Jasia- miłośniczka książki – czuła się jak w raju.

Lata pracy pedagogicznej w warszawskich szkołach żeńskich (najdłużej w szkole handlowej Julii Statkowskiej, gdzie była wicedyrektorką). Polonistka, wychowawca, stara się prawdziwą przyjaźnią i opieką otoczyć powierzone jej dziewczęta, nazywa je „swemi córeczkami." Odpłacają jej miłością i długim przywiązaniem. Była też Jasia zapaloną sportsmenką – narciarką i wioślarką. Wytężona praca w ciągu roku szkolnego, potem cudowne wakacyjne włóczęgi po najdalszych zaką   tkach Polski – na łodzi lub na nartach – rozkoszowaniem się przyrodą i pięknem naszej ziemi.

Zofia Zaleska w swojej książce 'Wieczna Warta' tak charakteryzuje Jasię owych czasów: „Oto nasza polonistka Jasia, o krótko przyciętej czuprynie i błyszczących jak gwiazdy oczach. Dziwna mieszanina czupurności i nieśmiałości, wrażliwa, zamykająca się w sobie, jak ślimak w skorupie, przy nieostrożnym dotknięciu. Nauczycielka szkół średnich, magister psychologii i polonistyki (...) pracująca wraz z Zabawską nad problem zdrowia uczennic (...) Dyskutująca zajadle o programach nauk, o których decydują panowie od zielonego stolika.

Nadchodzi rok 1939. Jasia, z gronem zaprzyjaźnionych wioślarek ratuje rannych w szpitalu Dzieciątka Jezus w szpitalu w Warszawie. Dnia 26 września w ciężkim bombadowaniu ginie najlepszy przyjaciel dr. Zabawska, Jasia odnosi kontuzję głowy. Później odchodzi drugi przyjaciel, Halina Kożuchowska która nie daje się wziąć żywo gestapo (patrz książka „Kobiety" – Stanisławy Kuszelewskiej (Rayskiej).

Jasia pogrąża się bez reszty w pracy konspiracyjnej. Pod pseudonimami „Urszula" i „Rakieta" organizuje Wojskową Służbę Kobiet w obwodzie Śródmieście – Warszawa. Prowadzi prawdziwie podwójne życie: praca jawna, zawodowa, pedagogiczna i – konspiracja. Przy tym troska o utrzymanie rodziny wysiedlonej z Płocka. Nie tylko chlebem powszednim nas karmi. W wypchanym zdobywaną z trudem żywnością plecaku kryją się zawsze gazetki i komunikaty.

Wybucha Powstanie Warszawskie. Jasia jest komendantką WSK Śródmieście w randze kapitana. Zostaje odznaczona Złotym Krzyżem Zasługi za organizacyjną AK. W niewoli ukrywa, tak jak i kilka innych komendantek, swój stopień oficerski, by iść z podległymi jej dziewczętami do Stalagu. Przeżywa tam cudowną chwilę uwolnienia przez polskich żołnierzy.

Koniec wojny, emigracja, nowy etap życia. Jasia zostaje dyrektorką polskiej szkoły żeńskiej w Dunalastair, potem w Grendon Hall. Nowe nieznajome środowisko, słabo jeszcze opanowany angielski, wysiłek i ambicja, by ze swych zadań wywiązać się jak najlepiej.

Następnie likwidacja szkól polskich – parę lat pracy w szkołach angielskich, praca społeczna Macierzy Szkolnej i Studium Polski podziemnej i przychodzi wreszcie ciężka choroba, która nie tylko niszczy ciało, ale i umysł – ten jasny logiczny umysł Jasi – omracza cieniem zapomnienia i nieświadomości.

Żyła dla innych, spalała się w pomocy dla rodziny, szły paczki do Polski, leciały listy, książki za ocean, a jednak żyła i umarła samotnie. Szlachetny kruszec zwykle ma powłokę szorstką i chropowaną. Jasia nie była wyjątkiem, dalekie jej były salonowe konwencjonalne grzeczności. Nie była łatwą w obcowaniu, potrafiła smagać ostrą uwagą, szorstką lub ironiczną odpowiedzią; można jej było nie lubieć, ale kto ją poznał do głębi, nie mógł jej nie kochać.

Zmarła w samo święto Zmartwychwstania w nocy 15/16 kwietnia.

Pragnęłabym tu złożyć serdeczne „Bóg zapłać" szpitalowi w Penley, za długie lata troskliwej opieki. Dziękuję dr. Puszkiewiczowi za odwiedziny i serce, Matron S.R. Moorhouse i Matron C. Hughes, dr. Carter i p. H. Matuszakowi, opiekunowi społecznemu i innym, którzy nieśli jej ulgę w cierpieniu.

MGR HELENA ROMISZOWSKA

Po uzyskaniu dyplomu Magistra Filozofii na Uniwersytecie Adama Mickiewicza w Poznaniu jest przez rok asystentką u profesora Krygowskiego na Wydziale Matematycznym Uniw. Poznańskiego. Jej powołaniem jest jednak praca pedagogiczna z młodzieżą. Aż do roku 1940 uczy w szkołach średnich w Polsce (Toruń, Śląsk, Poznań, Wilno). W roku 1942 przybywa z 3-letnim synem do Anglii, gdzie mąż jej służy w wojsku polskim. Nadal oddaje się pracy pedagogicznej, w latach 1945-49 w Dunalastair House i Grendon. W roku 1949 przeniesiona jest z Grendon do Stowell Park na stanowisko dyrektorki nowo utworzonej szkoły (Gim. Królowej Jadwigi) dla dziewcząt przybyłych do Anglii w roku 1947. Są to dzieci, większość z nich sieroty lub pół-sieroty, uratowane z Rosji w roku 1942 z armią gen. Andersa, później rozmieszczone w obozach w Afryce i w Indiach.

Po zlikwidowaniu szkół polskich pracuje w szkolnictwie brytyjskim, dwa lata w Westwood Grammar School w Northleach, Gloucestershire, a od 1955 roku przez 20 lat w Cheyney Grammar School a Oxfordzie, gdzie z rodziną się osiedla. W roku 1968 zmarł mąż: ona nadal uczy. Wychowuje troje dzieci i pracuje społecznie: jako współzałożycielka Komitetu Pomocy Polsce (regularna wysyłka paczek do Kraju), jako prezeska Koła Parafialnego przez dwanaście lat, aż do wyjazdu do Londynu – organizuje obchody z okazji świąt narodowych i kościelnych; z okazji Millenium urządza wielką wystawę polską w ratuszu miejskim. Za ogół pracy odznaczona jest Złotym Krzyżem Zasługi.

W roku 1987 opuszcza z żalem Oxford by w Londynie być bliżej córek, Basi i Hani. Syn, Olutek, (tzw. 'Kuba'), z żoną Brazylijką i dwojgiem dzieci, zamieszkuje w USA, gdzie pracuje na uniwersytecie w Syracuse.

Obecnie pracuje społecznie w ramach trzech organizacji na Ealingu. Zawsze się cieszy gdy jest okazja do spotkania się z byłymi uczennicami.

N. B.. Pani Helena uczyła nas matematyki, fizyki i chemii. Krótki życiorys przygotowała jej córka Hania za co bardzo dziękujemy.

KS. PRAŁAT KAZIMIERZ KRZYŻANOWSKI

Mgr Teologii, Prałat Jego Świętobliwości,
proboszcz w Nottingham w Anglii, więziony w Buchewaldzie i Dachau

Urodził się 16 X 1906 r. w Żałem w ziemi dobrzyńskiej jako syn Feliksa i Marianny z Gutowskich; rodzice mieli gospodarstwo rolne. Tam ukończył szkołę powszechną, zaś do 8-klasowego gimnazjum klasycznego uczęszczał w Brodnicy nad Drwęcą i tam otrzymał w 1925 r. świadectwo dojrzałości. Będąc gimnazjalistą, założył w Brodnicy harcerską drużynę gimnazjalną i należał do Sodalicji Mariańskiej. Po maturze zapisał się i uczęszczał przez rok na Wydział Prawa i Ekonomii Uniwersytetu Poznańskiego. Przerwał studia i w 1926 r. wstąpił do Wyższego Seminarium Duchownego w Płocku. Poza studiami był bardzo czynny w różnych kołach zainteresowań. Jako kleryk zorganizował w seminarium i przewodniczył sekcji homiletycznej, współpracował w sekcji literackiej" Jest autorem dwóch utworów scenicznych granych na akademiach w seminarium: „Ku szczytom" i „Św. Paweł w Atenach."

Święcenia kapłańskie przyjął 19. VI. 1932 r. z rąk bpa. Nowowiejskiego. Swoją pracę kapłańską rozpoczął u znanego literata i proboszcza w Dobrzyniu nad Drwęcą ks. Ig. Charszewskiego. Od 1932 r. do 1936r ks. Krzyżanowski był prefektem w szkole średniej. W 1936 r. przeniesiony do Płocka, pełnił obowiązki wikariusza katedralnego i prefekta. Angażując się w tę pracę całą duszą, był redaktorem miesięcznika „Religia w szkole," a ponadto wydał „Śpiewnik dla młodzieży polskiej" oraz „Katechizm Krucjaty Eucharystycznej." Jako wikariusz katedralny i prefekt szkół został 24. III. 1939 r. zmobilizowany jako kapelan wojskowy, otrzymując przydział do 7 pułku piechoty w Brodnicy w Armii „Pomorze." Dnia 18. IX. 1939 r. wzięty do niewoli, przebywał tam krótko, bo od 18. X do 21. X. 1939 r. najpierw w Łączycy, potem w Eichstadt do 8. XII. 1939 r., następnie w obozie oficerskim w Niemczech, więziony w oflagu Rottenburg koło Fuldy. 18 V 1940 r. razem z grupą kapelanów aresztowany przez Gestapo w Kassel, został zabrany do obozu koncentracyjnego w Buchenwaldzie, a od 7 VII 1942 r. przebywał w obozie koncentracyjnym w Dachau, oznaczony numerem 31218.

Będąc jeńcem w Buchenwaldzie, zabrał się do tłumaczenia wierszem na język polski Psalmów brewiarzowych, w Dachau zaś opracował i wystawił ku pokrzepieniu serc uwięzionych współtowarzyszy kilka misteriów. Tam razem z ks. G. Mizgalskim przygotował akademię papieską, lecz nie doszła ona do skutku. Zawsze nastawiony apostolsko, chętnie głosił konferencje ascetyczne oraz wygłaszał mowy okolicznościowe na święta religijne i narodowe. Doczekał szczęśliwie chwili wyzwolenia obozu 29 IV 1945 r. Po opuszczeniu Dachau i miesięcznej kuracji rekonwalescencyjnej po przebytym tyfusie, na wezwanie szefa duszpasterstwa wojskowego wyjechał do Italii, gdzie był kapelanem 12 pułku Ułanów Podolskich w 2 Korpusie.

Po likwidacji Korpusu w 1946 r. udał się razem z oddziałem do Anglii i duszpasterzował w parafii obozowej Shobdon na pograniczu Walii i wśród Polaków znajdujących się w okolicznych skupiskach, takich jak: Kidderminster, Summerfield, Harvinton. Tu dopiero zrozumiał, jak pisał, jak doniosła jest rola polskiego księdza na obczyźnie, ile wzruszeń i radości sprawia braciom każde słowo, polski pacierz, nasza pieśń religijna, tradycja i nasze uroczystości. Po zdemobilizowaniu się od 6 XII 1948 r. na wniosek ks. infułata

B. Michalskiego, jako były prefekt został mianowany duszpasterzem i nauczycielem religii w polskim gimnazjum i liceum żeńskim im. Marii Curie Skłodowskiej w Grendon Hall, Bucks pod Londynem, gdzie kształciło się około 200 dziewcząt. Pracował tam z pożytkiem przez 2 lata, prowadząc chór szkolny, wyjeżdżając z nim na występy i koncerty do różnych obozów polskich. Wystawił także z miejscową młodzieżą sztukę ks. W. Skierkowskiego 'Wesele na Kurpiach.'

W listopadzie 1950 r. wyjechał na studia, teologiczne do Rzymu. Zapisał się na „Angelicum", gdzie studiował szczególnie apologetykę i homiletykę, otrzymując 13. X. 1951 r. licencjat teologii. Po 2 latach powrócił do Anglii i mianowany asystentem Instytutu Polskiego Akcji Katolickiej, a także kapelanem studentów, głosił kazania radiowe do Rodaków.

W lutym 1961 r. otrzymał nominację na polskiego duszpasterza w Nottingham i tam pracuje do dziś. Zalążek parafii utworzyli polscy lotnicy, którzy podczas wojny służyli w polskich bojowych dywizjonach albo należeli do jednostek szkolących personel latający. Stacjonowali oni w obozach rozrzuconych naokoło Nottingham i w dalszej czy też bliższej okolicy. Zdemobilizowani po wojnie, znaleźli pracę w Nottingham, sprowadzili lub założyli rodziny i zadomowili się tam na dobre. Wraz z lotnikami osiedlił się w Nottingham ks. dr Józef Zawidzki, pallotyn, kapelan, major Polskich Sił Powietrznych. Tak powstała w maju 1949 r. wspólnota, która potem przemieniła się w parafię.

Ks. Krzyżanowski jako duszpasterz w Nottingham wybudował obszerną salę parafialną, w której w niedziele odprawiała się Msza św. Kupił także drugi dom parafialny i dobudował salon klubowy. W uznaniu zasług dla Kościoła i Ojczyzny otrzymał wiele odznaczeń. Najpierw został kapelanem Ojca Św., następnie w 1973 r. prałatem papieskim. Otrzymał także Złoty Krzyż Zasługi oraz Komandorię Polonia Restituta, jest podharcmistrzem i kapelanem hufca „Wawel.".

W 1982 r. obchodził uroczyście 50-lecie Święceń Kapłańskich, które zbiegało się z 50-leciem Parafii nottinghamskiej. W tej uroczystości wzięło udział wiele jego byłych uczennic z Grendon Hall.

Po wieloletniej pracy w parafii nottinghamskiej, przekazał rolę proboszcza Ks. Antoniemu Kapuścińskiemu, ale przed odejściem rozpoczął budowę kościoła pod wezwaniem M.B. Częstochowskiej. Pozostał do śmierci wśród swoich, jakże bardzo mu oddanych parafian. Zmarł, został pochwany na localnym cmentarzu w Wilford Hill.

Ceremonie pogrzebowe prowadził jego długoletni przyjaciel, ks. Józef Gołąb.
Z inicjatywy parafian, rocznice jego śmierci są upamiętnione Mszą św za spokój jego szlachetnej duszy.

80-LECIE KS. PRAŁ. K. KRZYŻANOWSKIEGO

'*Dziennik Polski*' – *20 października 1986 r*

Z okazji 80-tych urodzin ks. prałata K. Krzyżanowskiego jego uczennice z Gimnazjum i Liceum im. M. Curie-Skłodowskiej w Grendon Hall urządziły w Nottingham specjalny Zjazd dla złożenia życzeń dostojnemu solenizantowi.

W niedzielę 12 października w kościele parafialnym M.B. Częstochwskiej, Prałaci Kazimierz Krzyżanowski i Józef Gołąb odprawili dziękczynną Mszę Św. Na uroczystość tę zjechało się 40 byłych uczennic z Londynu, Leicester, Melton Mowbray, Sheffield. Grono nauczycielskie reprezentowała pani Cz. Chrząstowska i ks. J. Gołąb, który po odejściu ks. K. Krzyżanowskiego na studia teologiczne w Rzymie, objął funkcję prefekta Grendon Hall.

Chór parafialny pieśnią „Pod Twoją obronę" rozpoczął Mszę Św. Ks. Prał. J. Gołąb, w kazaniu mówił o historycznym życiu 80 – letniego kapłana. Nabożeństwo zakończono pieśnią „Boże coś Polskę" i „Świeć nam Pani", napisaną przez Solenizanta.

W koleżeńskim obiedzie wzięli udział ks. Prob. A. Kapuściński, pani Cz. Chrząstowska, byłe uczennice z mężami i dziećmi. Ks. K. Krzyżanowski odmówił modlitwę.

Kulminacyjnym punktem spotkania było wręczenie pamiątkowego Ryngrafu M. B. Ostrobramskiej na tle skrzydeł husarskich, wykonanego przez grafika Benka Brzozowskiego z Nottingham. Wzór do tych skrzydeł stanowią ramy ołtarza polowego 12 Pułku Ułanów Podolskich. Ołtarzem po wojnie opiekował się były kapelan Pułku ks. K. Krzyżanowski i stąd znalazł się on, od 1948 r. w gimnazjum w Grendon Hal. W 1951 r. został przekazany do Fawley Court i tam się obecnie znajduje w Kaplicy głównego budynku.

Byłe uczennice wniosły oficjalnie tort z ośmiu świeczkami, każda symbolizowała 10 lat życia prałata. Ta pamiątka i te świece, bardzo wzruszyły Księdza Prałata.

Wyrażając swą wdzięczność, ks. Prałat wręczył każdej uczennicy pamiątkową złożoną kartkę. Na pierwszej stronie kartki jest wizerunek Matki Boskiej Ostrobramskiej, a na ostatniej fotokopia ręcznej inwokacji Adama Mickiewicza do 'Pana Tadeusza.' W środku, wiersz do Św. Marii Goretti, dedykowany przez ks. K. Krzyżanowskiego w czasie studiów rzymskich 25. XII. 1950 r. jego uczennicom. Dopiero teraz była okazja wręczenia im tego wiersza.

Po południu w sali parafialnej była zorganizowana herbatka przy mikrofonie. Zespoły 'Podhale,' 'Nasza Wieś' i 'Szare Szeregi' harcerek, wykonały szereg pieśni i tańców.

Gospodarzem, organizatorką i konferansjerką była dawna uczennica, obecnie nauczycielka, Mila Nowicka-Knapczyk.

ŚW. MARIA GORETTI

***Wiersz napisany przez Ks K. Krzyżanowskiego
dla Sodalicji Mariańskiej w Grendon Hall
Rzym - 25. XII 1950***

Dziewczęta, moje Dziewczęta
Marysie, Zosieńki i Hanie –
Otom dziś lilią zakwitła
Na niebios błękitnej polanie.
    Sarenką przebiegłam ziemię-
    Nie długa to była droga,
    Lecz taka jasna promienna
    Stygmatem znaczona Boga.
Po drodze zrywałam kwiaty
Wiary, tęsknoty, dobroci ...
I oto patrzcie dziś od nich
Niebo, słońcem się złoci ...
    Naręcze całe ich dźwigam,
    By nową mej Pani szatę,
    Na tryumf jej Wniebowzięcia

Goździków utkać szkarłatem.
Szkarłat – to krew, co wybiegła
Z ran moich zadanych grzechem
By Was powitać, Najdroższe,
Róży pąsowej uśmiechem.
Wandeczki, Bogusie i Łucje
O sercach stroskanych wygnaniem
Ślę Wam dziś przez Anioła –
Życia mojego wołanie.
Z pieśnią Maryi na ustach,
I wierne prawu Bożemu
Na start! – O puchar zwycięski
Świętego Jeruzalemu!

Wiersz osobiscie wręczony przez ks. K. Krzyżanowkiego byłym uczennicom w Nottingham - 16. 10. 1986

PONIŻEJ ULUBIONY HYMN KOŚCIELNY
*pióra ks. K. Krzyżanowskiego
śpiewany we wszystkich polskich Parafiach.*

„Świeć nam Pani z Jasnej Góry"

Świeć nam Pani z Jasnej Góry,
Na tułaczym szlaku,
Byśmy doszli, gdzie nasz dom
Wierni Twoim znakom.

Refren:
Miłość sztandarów Twych
Do serc na zawsze wlej,
O Bogurodzico, w opiece nas miej
Twej chorągwi hufce wierne,
Ku wiecznej przystani,
Prowadź cało pośród burz,
Jasnogórska Pani. (2 razy)
Nottingham 16. 10 1986

KS. PRAŁAT JÓZEF GAŁĄB -ZASŁUŻONY DUSZPASTERZ

Sprawozdanie – „Dziennik Polski."

Po 27 latach pasterzowania w parafii Redditch-Leamington, ks. Prał. Józef Gołąb (więzień KC) ze względów zdrowotnych, przekazuje swój urząd duszpasterski w ręce ks. Mariana Flisa. Ks. Prałat J. Gołąb po 50-ciu latach w służbie Bogu, Kościołowi i Ojczyźnie, to wielce zasłużony kapłan, nauczyciel, wychowawca, przewodnik życia społecznego, umiłowany przez parafian. Z chwilą przejścia na zasłużony stan spoczynku, nie opuści swych parafian, mieszkając nadal w Redditch.

W pierwszych latach swego posłannictwa kapłańskiego, pracuje jako wikariusz i nauczyciel we Włocławku. Powołany w 1939 r, do wojska jako kapelan, już 3 września dostaje się do niewoli. Następuje niezwykle ciężki okres pobytu w obozach jenieckich. W obozie w Kwidzyniu – Marienwerder, komendant zabronił duszpasterzom wykonywania obowiązków duszpasterskich. Jedynie w skrytości mogli odprawiać nabożeństwa różańcowe. W r. 1940 księża wydani zostali w ręce Gestapo i przewiezieni, jako pospolici zbrodniarze, do obozu koncentracyjnego w Buchenwald. Tam ks. Gołąb pracuje bardzo ciężko w kamieniołomach. Następuje przeniesienie do obozu zagłady w Dachau, gdzie znaczą go numerem 31,207 – tam spotyka swego kolegę, ks. Kazimierza Krzyżanowskiego. Ich serdeczna przyjaźń przetrwała do jego śmierci.

Dzień 29 kwietnia 1945 – to wyzwolenie przez wojska amerykańskie. Powraca na służbę kapelana. W Anglii obsługuje od 1946 r. obozy wojskowe. Uczy w polskich gimnazjach – Grendon Hall i duszpasterzuje rodakom w obozach rodzinnych – Springhill Lodges, koło Moreton-in-Marsh.

W listopadzie 1950 r. po odjeździe ks. K. Krzyżanowskiego na studia teologiczne do Rzymu, zostaje mianowany przez infułata B. Michalskiego, prefektem w polskim Gimnazjum i Liceum w Grendon Hall i pozostaje tam aż do zamknięcia szkoły w lipcu 1951 r. Odrazu

zdobył szacunek i zaufanie uczennic i stał się ich ostoją na każdy dzień ich życia szkolnego.
1 listopada 1958 r. obejmuje parafię polską w Redditch. Zjednuje sobie szybko serca parafian mądrą radą, gotowością do posług, skromnością, zrozumieniem potrzeb ośrodka i potrzeb parafian. Dba o wychowanie dzieci i młodzieży w duchu katolickim i polskim. Kieruje szkołą polską. Szerzy zamiłowanie do pieśni i tańca polskiego, krzewi kulturę polską wśród swoich i obcych i troszczy się o przekazanie miłości Ojczyzny młodym.
Życie religijne pod jego wpływem kwitnie. Kupiony nowy Dom Parafialny z dobudowaną salą, zaspakaja potrzeby Ośrodka i daje podstawy finansowe - inicjatywom społecznym. Od września 1960 r. z polecenia władz kościelnych, rozszerza posługę kapłańską dla Polaków w Leamington, Warwick, Southam i Ladbroke. Otacza opieką duchową chorych rodaków w 7 szpitalach tego okręgu. Dzień w dzień, często bez należytego wypoczynku obsługuje rozległą parafię, nie dbając o zdrowie i siły tak mocno nadwyrężone w trudzie wojennym i obozach koncentracyjnych.
Za jego sprawą i dzięki jego pomocy materialnej Koło Katolickie Leamington Spa nabywa Dom i tworzy ośrodek życia religijnego, (kaplica w Domu), narodowego i towarzyskiego dla Polaków w Leamington i okolicy. Pod jego przewodnictwem Leamington staje się przykładem ofiarności w pomocy dla Kraju. Wszędzie pełni misję kapłana i Polaka.
Szczęść mu Boże w wprowadzeniu ks. Mariana Flisa do pracy duszpasterskiej na naszym terenie.

Tu dodaje Mila Knapczyk-Nowicka:

Po odejściu ks. Prałata J. Gołąba na emeryturę, interesował się życiem Koła i chętnie przyjeżdżał na Zjazdy.
Grono nauczycielskie i jego wdzięczne uczennice z Grendon Hall, pamiętały o rocznicy jego - 55-lecia Kapłaństwa. W dniu 1 lipca 1990 r., w porozumieniu z Zarządem Parafii w Redditch, pojechałyśmy go odwiedzić. Dano nam honorowe miejsce w kościele, ks. Gałąb w asyście wielu księży polskich i angielskich koncelebrował Mszę Św. dziękczynną – byłyśmy dumne, że dano nam było być cząstką jego szlachetnego życia.

Po Mszy Św., obiad na Sali, przygotowany przez nas. Potem składanie życzeń i prezentów. Jakże się bardzo ucieszył przepiękną stułą, wyhaftowaną na specjalne zamówienie, przez zakonnice w Poznaniu i sprowadzoną przeze mnie do Anglii, – to był nasz prezent od Koła absolwentek. Ks. Prałat, nałożył ją na szyję, ucałował ją i z uśmiechem powiedział, „Będę ją używał do końca mego życia i zabiorę ją ze sobą na tamten świat."

Miałam wielki zaszczyt i honor reprezentować Koło ‚Scone-Dunalastair-Grendon na jego pogrzebie. Pochowany został na cmentarzu wśród swoich parafian w Redditch – z naszą stułą! 'Wieczny odpoczynek, racz Mu dać Panie...'

PROF. HENRYK NOWACKI

Krystyna Nowacka

Urodził się w Łomży w1906 roku. Gdy wojna wybuchła rodzice wyjechali do Petersburga gdzie mieszkali do roku 1918. - Dzieciństwo spędził Henryk w Petersburgu, gdzie uczęszczał do szkoły rosyjskiej do 12 lat życia.

W roku 1913 rodzina wróciła do Polski (Łomży) gdzie Henryk uczęszczał do gimnazjum i zdał maturą w 1925 r.

Lata pomaturalne spędził w Warszawie gdzie studiował Filozofię (spec. Historia) na Uniwersytecie Warszawskim. Ukończył studia i uzyskał dyplom w roku 1929.

Służbę wojskową odbył w Zambrowie (piechota) skąd wyszedł po roku jako podchorąży.

W roku 1930 ożenił się i pracował jako nauczyciel w gimnazjum w Radomsku aż do wybuchu wojny. Na początku wojny wyjechał z żoną na wschód do Słonima gdzie ponownie zaczął uczyć.

W roku 1940 został aresztowany przez Bolszewików i wywieziony na Sybir do łagra gdzie rąbał lasy. Z chwilą utworzenia Armii Andersa - zgłosił się do wojska i razem z Armią polską wywędrował na Bliski Wschód - do Israela, gdzie dostał rangę oficera oświatowego.

Stamtąd po długiej podróży okrętem (Persja, Południowa Afryka - do brzegów Kanady i z powrotem) wylądował wreszcie w Szkocji. Tamże zgłosił się do Komitetu Oświaty i zaczął wykładać w Polskich Szkołach Komitetowych (Dunalastair - Grendon-Hall - Stowell Park - Lilford).

W Stowell Parku w roku 1953 ożenił się powtórnie i po zamknięciu szkół Komitetu zaczął pracować w szkole angielskiej w Luton (Old Bedford Road -Stochwood). Przeszedł na emeryturę w roku 1971 i zamieszkał z żoną w Maulden - Bedfordshire. Umarł nagle, we śnie, 27 lutego 1979 roku.

Prof. Henryk Nowacki wykładał historię, był wychowawcą klasy która złożyła maturę w 1947 r, (ostatnią w Dunalastair). Wziął udział w trzydziestoleciu matury tej klasy, która stawiła się w 2/3 w 1977 roku w Londynie.

PROF. MARIA DĄBROWSKA

(wyjątek z listu pisanego do p. Romiszowskiej o p. Dąbrowskiej)

Pani Maria Dąbrowska wróciła do Polski w 1947 i osiedliła się na stałe w Kartuzach. Pojawiła się jako elegancka, czarnowłosa kobieta odziana w szkockie kraty przy boku przystojnego męża, przedwojennego oficera w battle-dress'ie z dwójką figlarnych, rudych dzieci – by w bardzo krótkim czasie zacząć uczyć w miejscowym gimnazjum. Teraz będąc już emerytką, urządzała wystawy swoich haftów w tonacji brązowo-złocistej - wysoko ocenianych przez Cepelie.."

W roku 1989/1990 p. Dąbrowska pisze:

Po przyjeździe z Syberii - poprzez Bliski Wschód, do Szkocji w 1943 r. zostałam skierowana do Polish Girls High School im. Marii Curie- Skłodowskiej w Dunalastair House.

Gimnazjum wraz z internatem i pokojami dla nauczycieli mieściły się w średniowiecznym, myśliwskim zamku. Szkotki sprzątały nam pokoje i paliły kominki. W kuchni królowały panie, żony polskich oficerów, które karmiły nas wybornie. Mięso, masło, cukier, jaja i słodycze były na kartki, ale one wiele potraw sporządzały z królików, drobiu i dziczyzny, bo te nie byty regulamentowane. Miejscowi farmerzy zaopatrywali nas w jaja, masło i drób. Okolica była przeurocza - jak w snach wymarzona. Rozległe jeziora, góry ze stadami owiec, lasy pełne borówek i malin, a w jesieni grzybów i orzechów laskawych, których prócz Polaków nikt nie zbierał. Robiliśmy razem z nauczycielami wycieczki w malowniczą, prawie dziką okolicę. Przekraczaliśmy niebezpieczny, biały most za którym znajdowana się opuszczona przez pustelnika Mac Gregora kamienna grota.

Wykładowcami w szkole byli panie i panowie Polacy, tylko młoda Szkotka uczyła języka angielskiego.

Ozdobą grona nauczycielskiego był prefekt, ks. dr. Lucjan Bernacki, którego zaraz po wojnie wezwał do ojczyzny ówczesny Prymas Polski Kardynał Hlond.

Moim przedmiotem było wychowanie fizyczne i zajęcia praktyczne. Gry i zabawy prowadziłam w godzinach popołudniowych. Zaraz na początku mojej pracy w Dunalastair House utworzyłam zespół taneczny który występował w czasie uroczystości z okazji rocznic narodowych. W tym czasie odbywał się w Dundee (Szkocja) młodzieżowy festiwal chórów i tańców rożnych narodowości znajdujących azyl w W. Brytanii. Nas zaproszono też do wzięcia udziału w tej uroczystości. Dziewczęta przygotowywały się do występów długo i sumiennie. Same szyłyśmy stroje polskie, haftowałyśmy serdaki krakowskie, malowałyśmy wstawki, robiłyśmy kwiaty do wianków.

Do Dundee zjechała młodzież norweska, szwecka, rosyjska, francuska, grecka, angielska i szkocka. Naszym występom towarzyszyły huraganów brawa, polskie tańce zachwyciły wszystkich obecnych, prasa miejscowa nie szczędziła nam pochwał. Pisano, że polskie tańce narodowe były pełne czaru, a śliczne dziewczęta podobne do kwiatów polnych.

Pod koniec mojego pobytu w Dunalastair House wychodziła za mąż księżniczka Elżbieta - następczyni tronu brytyjskiego. Nasze dziewczęta postanowiły zrobić jej w prezencie ślubnym dużą serwetę, i 24 serwetki haftowane wzorem kaszubskim. Ukończony komplet wysłałyśmy na adres księżniczki Elżbiety do Buckingham Palace. W odpowiedzi nadszedł list z dużą lakowaną królewską pieczęcią - księżniczka wyrażała swój zachwyt nad tą 'wysoce artystyczną i piękną pracą.' Zapraszała nas na wystawę jej prezentów ślubnych w Londynie i zapewniała, że nasza serweta będzie na eksponowanym i wyróżnionym miejscu w całej swojej krasie.

Sielanka moja i mojej rodziny nie mogła trwać za długo. Wojna się skończyła, mój mąż powrócił z kontynentu wraz ze swoją dywizją zwycięzką. Należało coś postanowić o naszej i naszych dzieci przyszłości. Podjęliśmy więc decyzję powrotu do Polski. To co działo się w naszej ojczyźnie napawało nas odrazą i trwogą ale nasze dzieci były w wieku w którym należano postanowić o ich losie - czy pozostaną na obczyźnie na zawsze i wynarodowieją się czy wrócą do Polski aby pomimo wszystko zostać Polakami.

Wkrótce wyjechaliśmy. Do dziś przechowuję telegram od grona nauczycielskiego przysłanego nam do portu w Glasgow i życzącego 'Good luck and best wishes.'

Naszym statkiem wracała też do Polski wielka ilość inwalidów wojennych, żołnierzy i oficerów polskich, którzy bili się i odnieśli rany pod Tobrukiem, Narwikiem, Chambos, Monte Cassino. Zajechaliśmy do Gdyni - dzień był mroźny ale słoneczny i piękny. Inwalidzi młodzi każdy na swój sposób schodzili z okrętu - niektórzy na noszach. Lecz co to? Zamiast uśmiechniętych, serdecznych twarzy zobaczyli cały szereg Ubeków o ponurych spojrzeniach z wycelowanymi w przyjeżdżających pepeszami. Według oficjalnej prasy polskiej to nie przyjechali rodacy zasłużeni w bojach o Polskę, ale wrogowie ludu, wichrzyciele, pachołkowie imperializmu, szpiedzy. Rodzinom czekającym na nas nie pozwolono się zbliżyć do nas. Zawożą, nas do 'przejściowego' obozu w Grabówku na trzy doby. W nocy wezwano mojego męża na przesłuchanie. Wrócił po czterech godzinach blady, zmieniony i powiedział, 'Dokąd przyjechaliśmy? To nie jest Polska, mnie przesłuchiwało N. K. W. D.'

Przeżyliśmy lata stalinowskie. W międzyczasie uzupełniłam swoje braki w wykształceniu. W 1953 roku zdałam egzamin w Akademii Wychowania Fizycznego w Warszawie i uzyskałam dyplom nauczyciela szkół średnich i pedagogicznych. Moje dzieci: Janusz uzyskał stopień Magistra Budowy Okrętów, Hania ukończyła Wyższą Szkołę Sztuk Pięknych, a Tomek -urodzony już tu w Kartuzach - studiował romanistykę, na uniwersytecie w Poznaniu, którą ukończył w Madrycie wraz z germanistyką, i iberystyką. Mój mąż już dawno nie żyje. Przeżyłam strajk w Stoczni Gdańskiej i widziałam własnymi oczyma płonący gmach partii komunistycznej. Byłam świadkiem narodzin Solidarności i choć potem nastał stan wojenny, prześladowania i więzienia - doczekałam zwycięstwa sprawy polskiej, 'okrągłego stołu' i wyborów w których partia komunistyczna poniosła sromotną klęskę. Mamy teraz na czele rządu Mazowieckiego, wróciła dawna nazwa państwa polskiego i znów zabłysła na głowie orła polskiego złota korona Jagiellonów. O ileż byłabym uboższa będąc z dala od tych wszystkich wydarzeń. Dlatego nie żałuję powziętej decyzji w 1947 roku powrotu do Polski.

CZĘŚĆ II

SŁOWO WSTĘPNE

Mgr Helena Romiszowska

Na ostatnim Zjeździe rzucono myśl, by luźne dane o naszej szkole zebrać w jakąś całość wraz ze wspomnieniami poszczególnych byłych uczennic. Tego dość trudnego zadania podjęło się kilka ofiarnych uczestniczek Zjazdu. Ustalono, że praca ma być gotowa na Zjazd w r. 1991. Mnie poproszono o napisanie krótkiego słowa wstępnego.

Jako nawiązanie do mojej głównej myśli wspomnę o tym, jak to w latach 1941-51 kolejne grupy abiturientek zdobywały świadectwa dojrzałości i po zdaniu matury stawały nagle przed dużą niewiadomą, przed podróżą w 'Nieznane'. Zaczęło się samodzielne życie, szukanie nowych dróg, pobieranie decyzji, często bardzo trudnych. Czekał nowy egzamin, ważniejszy i trudniejszy od matury gimnazjalnej - Egzamin z Życia.

Z obserwacji minionych lat z radością stwierdzam, że egzamin ten zdały nasze 'dziewczynki ' nie na stopień dobry, czy nawet bardzo dobry, lecz na celująco! Potrafiły nietylko pięknie ustawić swe cele i ambicje osobiste, ale znalazły czas na pracę społeczną, udzielając swój czas i popierając nasze placówki narodowe i kulturalne. A co wzrusza i w szczególny sposób chwyta za serce, to żywe i serdeczne utrzymanie więzi koleżeńskich z lat szkolnych. Zorganizowały się w Koło Absolwentek swej Alma Mater, urządzają coroczne spotkania, a co kilka lat Zjazd Ogólny, na który przyjeżdżają również koleżanki z kilku bardzo dalekich krajów osiedlenia. Utrzymują kontakt możliwie z wszystkimi osobami związanymi z ich dawną szkołą. Pamiętają o swych wychowawcach i nauczycielach, tak żyjących jak i zmarłych. Niosą pomoc materialną tam, gdzie jej potrzeba i wogóle są w swych pracach i osiągnięciach nadzwyczajne. Koleżeństwo nawiązane w latach szkolnych nie zamarło, ale trwa i ciągle jest żywe. Wszystkie spotkania cechuje zawsze serdeczność i ciepło.

A teraz parę słów do naszych „dziewczynek."

Nie wiem czy pamiętacie, że na lekcjach często podkreślałam, że matematyka - to poezja. Na niektórych twarzyczkach wywoływało to podejrzliwe uśmieszki. Ale wiem, że chyba wszystkie uwielbiałyście wiersze Asnyka, jednego z naszych największych wieszczów. Na zakończenie pozwolę sobie zacytować początek jego wiersza "Do Młodych":

'Szukajcie prawdy jasnego płomienia
Szukajcie nowych, nieodkrytych dróg...
Za każdym krokiem w tajniki stworzenia
Coraz się dusza ludzka rozprzestrzenia,
I większym staje się Bóg!'

A. Asnyk

ZJAZD WYCHOWANEK SZKOŁY

I. Zawadzka-Miluć, Londyn 1-szy czerwca 1986

W dzisiejszych czasach słyszy się dużo narzekań na dzieci i młodzież, na ich aroganckie zachowanie, na niechęć do nauczycieli i nauki. Nie było tak dawniej. Przebiegam myślą lata mojej pracy nauczycielskiej. Pierwsze kroki w przedwojennej Polsce pozostawiły jak najmilsze wspomnienia, a praca późniejsza w Teheranie i Libanie, po zwolnieniu z zesłania w Rosji, była naprawdę współpracą nauczycieli i wychowanków. Świadczyły o tym osiągnięte wyniki. To samo mogę powiedzieć o pracy w szkole polskiej na terenie W. Brytanii.

Nauczycieli cieszy każdy objaw serdeczności, czy zrozumienia ze strony młodzieży, którą uczą, ale naprawdę wzrusza pamięć byłych wychowanków szczególnie po wielu latach.

Upłynęło już 45 lat od chwili założenia pierwszej szkoły polskiej na terenie W. Brytanii, a byłe uczennice pamiętają o tych, którzy uczyli, którzy wychowywali, którzy dla nich pracowali. A najważniejsze że utrzymują kontakt miedzy sobą, że nawiązane przyjaźnie przetrwały lata i dalej się rozwijają, przechodząc na młodsze pokolenie,

W Londynie zostało zawiązane Koło b. uczennic Polskiego Liceum i Gimnazjum im. Marii Curie-Skłodowskiej. Szkoła powstała w lutym, 1941-go roku na terenie Szkocji, w Scone Palace, koło Perth i pierwszą dyrektorką została p. A. Małuska. Początkowo było tylko 56 uczennic w trzech klasach gimn. i dwóch licealnych. Przez pewien okres było też kilku chłopców w pierwszej i drugiej klasie, ale potem wysłano ich do gimnazjum w Glasgowie. W 1942 roku Komitet dla spraw Oświaty Polaków powstały przy ang. Ministerstwie Oświaty, przeniósł szkołę do

Dunalastair House, koło Pitlochry. Zaczęły napływać uczennice z różnych części świata. Nie brak było "Pestek" z. wojska, ani koleżanek z AK, z obozów niemieckich, z Portugalii i z Francji. Przybyły też dziewczynki z różnych osiedli polskich, powstałych dla zesłańców z Rosji, uwolnionych po tzw. amnestii, w Afryce, Indiach, Libanie, Palestynie i Meksyku.

W 1947 roku odbyła się ostatnia w Dunalastair matura według polskiego programu i w kwietniu 1948 szkołę przeniesiono do Grendon Hall, koło Aylesbury, Buckinghamshire. Na tym terenie szkoła przetrwała do 1951 roku. Ponad 300 uczennic przeszło przez gimnazjum. Początkowo nauka odbywała się w języku polskim według polskiego, przedwojennego programu. Potem zmieniono nauczanie na system angielski, wprowadzając stopniowo wykłady w języku angielskim.

Do końca jednak pozostały tzw. polskie przedmioty. Taki system pozwalał naszym dzieciom przygotować się do przejścia do szkół angielskich, czy studiowania na uniwersytetach.

Dla wielu uczennic szkoła stała się pierwszym domem od wybuchu wojny. Czuły się jak w Polsce, choć na obcej ziemi. Nic dziwnego, bo były otoczone polskimi zwyczajami, rozbrzmiewała polska mowa, polska pieśń, modliły się w kaplicy z ryngrafem Matki Bożej Ostrobramskiej na tle Szczerbca i skrzydeł husarskich - to 12 Pułk Ułanów Podolskich-oddał swój ryngraf pod opiekę szkoły. Nad całością czuwali polscy katecheci, nauczyciele i wychowawcy współpracując z nauczycielami języka angielskiego. Nazywaliśmy szkołę "Małą Polską", bo nią była naprawdę.

Wychowywała uczennice na dzielne Polki, wzorowe żony i matki. Nie moje to tylko zdanie - tak też mówią dziś ich mężowie. Nie ma róży bez kolców - zapewne i w naszym wspólnym życiu były jakieś niedociągnięcia, ale po wielu latach nikt o nich nie pamięta, a pozostały wspomnienia pełne serdeczności, wdzięczności za wychowanie, za naukę, za polską kulturę.

Od początku istnienia szkoły rozwijało się harcerstwo, sodalicja, spółdzielnia, powstał chór i kółko teatralne, kółko sportowe. Na lekcjach gospodarstwa domowego uczyły się gotowania i prowadzenia domu, lekcje robót ręcznych uczyły wielu pożytecznych rzeczy np. szycia.

Nasze harcerki paradowały w uszytych przez siebie mundurkach, nie było kłopotu z kostiumami teatralnymi, bo wspaniale wykonywały je same.

Uczenie w tych czasach było dużą przyjemnością. Uczennice chłonęły naukę, by nadrobić utracony czas. Wszelkie wskazówki przyjmowały i starały się do nich zastosować. Były pełne życia i radości. Nawet wizytacje naszego opiekuna z ang. Ministerstwa Oświaty Mr. Frank Harrod'a nie przestraszały ich. Wezwanie – „Uważajcie Herod przybywa będzie rzeź niewiniątek," obiegało szkołę. Nie było jednak powodów do obaw, bo angielscy inspektorzy doceniali nasze osiągnięcia i chwalili poziom szkoły.

Koło byłych uczennic urządza coroczne spotkania w kawiarni przy kościele św. Andrzeja Boboli i co kilka lat Światowy Zjazd. Tego roku po 5 latach odbył się trzeci Zjazd. Do Klubu Orła Białego na Balham, 1-go czerwca, przybyły licznie koleżanki z całego świata. Były przedstawicielki ze Stanów Zjednoczonych, Kanady, Szwajcarii, Francji, a nawet jedną sprowadziły organizatorki z Polski. Grono nauczycielskie coraz bardziej zmniejsza się. Odchodzą na wieczną wartę, albo choroby nie pozwalają im na wzięcie udziału w spotkaniach, jak np. p. J. Płoskiej - ostatniej dyrektorce w Grendon Hall. Tym razem na zjeździe była obecna jedna z byłych dyrektorek p. Z. Niedzwiecka-Michalik, oraz profesorki p. H. Romiszowska, p. Cz. Chrząstowska i p. I. Zawadzka-Miluć.

Po uroczystej mszy św., z pięknym kazaniem ks. Wyszowadzkiego, w kościele Chrystusa Króla na Balham, uczestniczki zebrały się w sali Klubu, aby przy kawie i ciastkach porozmawiać, rozpoznać się, bo po tylu latach musiały trochę zmienić się. Buzie często pozostały takie same, ale całość powiększyła się trochę 'wzwyż' i trochę 'wszerz'.

Obrady odbywały się w miłej atmosferze, wybrano nowy zarząd - koła D. Nowacka ze Szwajcarii została przewodniczącą - i ustalono dalszy plan działania. Ogólne zainteresowanie wywołała wydana przez Koło "Fotorama", zawierająca krótką historię szkoły i dużo pięknych fotografii jest to bardzo duże osiągnięcie Koła.

Po obradach odbył się wspólny obiad. Uczestniczki Zjazdu miały czas wznowić rozmowy, oglądnąć rodzinne fotografie, pochwalić się zdjęciami dzieci, a czasem i pierwszych wnuków. A przede wszystkim oddały się wspomnieniom. Zrobiono wiele wspólnych fotografii - zapewne będą ozdobą następnej „Jednodniówki" czy „Kroniki."

Wszystkie nauczycielki, i uczennice, rozchodziłyśmy się odmłodzone i pełne ochoty do wzięcia udziału w następnych Zjazdach i Spotkaniach.

POWSTANIE I DZIAŁALNOŚĆ

KOŁA 'SCONE-DUNALASTAIR-GRENDON'

04. 11. 1970 - 1-sze zebranie – Ealing
W tym dniu odbyło się 1-sze zebranie uczennic Dunalastair House. Zebrało się 11 byłych uczennic z p. Dyrektorką J. Płoską, która zaproponowała urządzenie zjazdu byłych uczennic z okazji 30-lecia otwarcia i 20-lecia zamknięcia szkoły. Zebrano od obecnych £11.00 w celu założenia funduszu na pokrycie najpotrzebniejszych wydatków. Ewa Tomaszewska-Kot została 1-szą prezeską Koła.

20. 06 1971 - 1-szy Zjazd --Balham
W programie: - Msza św. zebranie, wspólny obiad. Założony zostaje Związek 'Scone- Dunalastair-Grendon.' Organizatorką Zjazdu była Ewa Tomaszewska-Kot. Prezeską została wybrana Wanda Krzyczkowska-Suzin.

31. 05. 1975 – 2-gi Zjazd - Walm Lane, Willesden
Lampka wina i koleżeńskie spotkanie

01. 05. 1975 - Msza św i obiad na Balham

27. 06. 1981 - 3-ci Zjazd – Bal w Ognisku

28. 06. 1981 Msza św., obiad - Balham
Propozycja dobrowolnej składki w wysokości £1.00
Nazwa Koła:- 'Scone- Dunalastair-Grendon.'
Cel:- utrzymanie kontaktu z koleżankami rozsianymi po całym świecie.
Prezeska - Wanda Krzyczkowska-Suzin

13. 03. 1982 umiera Wanda Krzyczkowska-Suzin,

13. 03. 1983 - Msza św i spotkanie u Ojców Jezuitów na Willesden.
Po mszy zebranie - Prezeską została wybrana Krysia Bernakiewicz-Kosiba.

Postanowiono zorganizować coroczne spotkania w pierwszą niedzielę postu w kawiarni przy kościele św.Andrzeja Boboli.

11. 03. 1984 - Zebranie w kawiarni przy kościele św. Andrzeja Boboli

Krysia Bernakiewicz-Kosiba zebrała i opracowała materiał do Fotoramy którą wydał p. Wojtczak Po rezygnacji Krysi, nową prezeską zostaje Wanda Dobrowolska-Gładysz.

24. 02.1985 -Zebranie w kawiarni przy kościele św. Andrzeja Boboli –

Ustalenie programu III-go Światowego Zjazdu Koła

01. 06 1986 - III Światowy Zjazd na Balham

Msza św., zebranie, obiad. Podczas obiadu zebrano Ł80.00 na mleko dla dzieci objętych klęską w Czarnobylu. Zarząd uzupełnił między sobą tę kwotę do sumy £100, które przekazał na Medical Aid for Poland Fund. Prezeską zastała wybrana Danusia Nowacka-Wolnik.

12.10.1986 - 80-cie urodzin Ks. Prałata Krzyżanowskiego - Nottingham

Spotkanie zorganizowane przez kol. Milę Knapczyk-Nowicką. Msza św. wspólny obiad, składanie życzeń.

08. 03. 1987 - Zebranie w kawiarni przy kościele św. Andrzeja Boboli

Zebrane koleżanki uchwaliły, że następne Zjazdy Światowe i Walne Zebrania odbywać się będą co trzy lata, a nie co pięć ze względu na szybko mijający czas i coraz to większe luki w naszych szeregach.

13. 06. 1987 - 55-lecie kapłaństwa Ks. Prałata Krzyżanowskiego - Nottingham

Liczne grono byłych uczennic dołączyło się do parafialnych celebracji czcigodnego Solenizanta. Koncelebrowana Msza Św., obiad, Akademia, składanie życzeń i wręczanie prezentów. Od Koła, organizatorka, Mila Knapczyk Nowicka, wręczyła, Solenizantowi ryngraf Matki Boskiej Ostrobramskiej.

21. 02. 1988 - Spotkanie w kawiarni przy kościele św. Andrzeja Boboli.
Msza św., zimny bufet, zebranie. Zebrane koleżanki uchwaliły podniesienie składki do £2.00 rocznie.

12. .02. 1989 – Msza św i spotkanie przy kóciele św. A. Boboli

04. 06. 1989 - IV Światowy Zjazd na Balham
Msza św., walne zebranie, wspólny obiad.
Prezeską została wybrana Hanka Dunin-Borkowska-Grzęda.
Jasia Świetlik zrobiła niespodziankę przysyłając z Kanady kartki ze szkicem szkoły oraz długopisy dla wszystkich obecnych z napisem:- 'Na pamiątkę spotkania uczennic z Dunalastair House - 4 czerwiec 1989, London Anglia, Szczęść Boże.'

17. 07. 1989 - Hanka Dunin-Borkowska Grzęda ginie w wypadku samochodowym.
Hala Tomaszewska-Klimacka-Batog, jako Vice-Prezeska, zgadza się pełnić funkcję 'przewodniczącej'.'

29. 04. 1990 - Msza Św i spotkanie w kawiarni przy kościele św. Andrzeja Boboli .
Hala Tomaszewska-Klimacka-Batog zostaje wybrana Prezeską Koła

01. 07. 1990 - 55-letni Jubileusz ks. Prałata Gołąb w Parafii Redditch.
Msza św., obiad, spotkanie towarzyskie. Ksiądz Gołąb dostał od Koła pięknie wyhaftowaną stułę z cyframi '55'

01 .06. 1991 –V Światowy Zjazd. - 50-lecie otwarcia szkoły
Spotkanie towarzyskie w sali przy kościele św. Andrzeja Boboli .

02. 06. 1991 - Msza św., Walne Zebranie, obiad - Balham.
Z okazji 50-lecia otwarcia szkoły Zarząd wydał przeszło 100-stronicowy biuletyn zawierający historię szkoły, spis grona nauczycielskiego i uczennic, odbitki fotografii ze Scone, Dunalastair i Grendon, artykuły o

profesorach i uczennicach, wiersze napisane przez koleżanki, działalność Koła, zdjęcia i podpisy koleżanek biorących udział w spotkaniach i zjazdach, i. t. p. Biuletyn ten był sprzedawany podczas obiadu razem z piękną broszką zaprojektowaną, zrobioną i przysłaną z U.S.A. przez Jadzię Chruściel, która jest projektantką biżuterii. Broszka ta stała się oznaką naszego Koła. Jasia Świetlik ofiarowała się pokryć częściowy koszt wyrobu broszki w prezencie dla koleżanek.

Córka Haliny Szalińskiej-Huml wydrukowała bardzo atrakcyjne kartki z widokami Dunalastair i Grendon które mogłyśmy nabyć na Zjeździe.

W czasie Walnego Zebrania postanowiono przenieść datę dorocznych spotkań na pierwszą niedzielę czerwca.

07. 06.-1992 - Spotkanie w sali przy kościele św. Andrzeja Boboli
Niespodzianką były dwa filmy wyświetlone przez pana Chmielewskiego - pierwszy z Grendon Hall znaleziony w archiwach Instytutu Sikorskiego pod nazwą 'Szkoła Dziewcząt', oraz film z 1938 roku o przyłączeniu Zaolzia. Pan Ostrowski, mąż Hali (Koźlakowskiej) przeczytał dwa wiersze - o szkole Kadetów oraz tłumaczenie z Owidiusza.

06. 06. 1993: -Doroczne spotkanie w sali przy kościele św. Andrzeja Boboli.
Oleńka Jaczyńska-Chrzanowska podziękowała w imieniu Medical Aid for Poland za zebrane zabawki dla dzieci w Polsce. Hala Tomaszewska-Klimacka-Batog nawiązała kontakt z Basią Jagielską-Dobrzycką celem znalezienia sierocińca w Krakowie któremu Koło mogłoby przyjść z pomocą.

05. 05. 1994 – VI Światowy Zjazd - Balham
Zarząd zaznajomił zebrane koleżanki o akcji pomocy dla Domu Opieki Dzieci Fizycznie i Umysłowo upośledzonych w Krakowie. Na Boże Narodzenie wysłałyśmy tam 'słodką' paczkę wartości £100, a w lutym 1/2 tony paczek z używanymi rzeczami i zabawkami oraz £200 na ręce dyr. p. Trzebińskiej. Zorganizowana przez Zarząd loteria miała duże powodzenie.

04. 06. 1995 - Doroczne spotkanie w sali przy kościele św. Andrzeja Boboli.
Hala Tomaszewska-Klimacka-Batog zdała sprawozdanie z naszej pomocy dla domu w Krakowie. W sumie przesłałyśmy tam 5,978 nowych złotych, które zostały zużyte na zakup bardzo potrzebnej suszarki do pralni. Tak jak poprzednio urządziłyśmy loterię z zebranych przez Zarząd fantów. Postanowiono powrócić do pierwszej niedzieli postu na przyszłe spotkania ze względu na dużą ilość koleżanek wyjeżdżających na urlopy w lecie.

03. 09. 1995 - Mini Zjazd w Durham.
Siedem koleżanek, absolwentek matury w 1943r. spotkało się u Jagi Dąbrowskiej-MacAllister w Durham. Koleżanki z Płd. Afryki, Kanady, Norwegii, Anglii i Australii, przyjechały na to spotkanie.

23. 09. 1995 – 1-szy Zjazd w. Ameryce Północnej – Toronto.
Zjazd zorganizowany przez Krysię Akerman-Sadowską zgromadził 13 'dziewczynek' i 3 mężów. Zjazd był bardzo udany - proponowany jest następny w 1996r. w Ottawie.

25. 02. 1996 - Spotkanie w sali przy kościele św. Andrzeja Boboli.
Odbyła się loteria prowadzona przez Danusię Marszewską-Wilowską.

14. 09. 1996 – 2-gi Zjazd w Ameryce Północnej – Ottawa.
Na drugi Zjazd byłych uczennic w Kanadzie zjechało 45 osób. Pomimo tego że pogoda była okropna - końcówka huraganu –'Fran,' lub początek huraganu 'Hortense'. Zjazd zaczął się spotkaniem w kawiarni w Narodowej Galerii i obrazów gdzie koleżanki mogły oglądnąć wernisaż Jean-Baptiste Corot. W niedzielę, przy "brunch'u" przygrywała hucznie meksykańska orkiestra. Parę koleżanek ze Stanów dołączyło do Zjazdu. Planowany jest następny zjazd w 1997 r.

01 .06. 1997 - VII Światowy Zjazd w Klubie Orła Białego, Balham.
Zjazd rozpoczął się jak zawsze Mszą św., potem kawa i zebranie. Podczas zebrania prezeska Hala Tomaszewska-Klimacka-Batog zawiadomiła zebrane koleżanki że "stary" Zarząd nie może już dalej

kontynuować pracy i prosi o wybranie nowego Zarządu. Na prezeskę wybrana została Wiesia Deputowska-Błaszczak.

Członkinie nowego Zarządu: - Frania Leduchowicz-Migdał, Irka Król-Rut, Basia Malakowska -Łubieńska i Genia Polnik-Maresch. Halina Leszkowicz -Kuzmierkiewicz pozostała w zarządzie, a Krysia Bernakiewicz -Kosiba, Danka Ruchaj-Bogdanowicz-Rosco i Hala Tomaszewska-Klimacka-Batog zgodziły się zostać do ewentualnej pomocy. Do Komisji Rewizyjnej wybrane zostały Danka Marszewska-Wilowska, Stasia Jakubowska-Pawlik i Ela Komar-Watrach.

PRZEMÓWIENIE PREZESKI

Hali Tomaszewskiej-Klimackiej-Batog

Kiedy organizowano naszą szkołą w Szkocji wszyscy spodziewali się, że to będzie tymczasowa kontynuacja naszej edukacji na obcej ziemi tylko do powrotu do uwolnionej Ojczyzny.

Nikt nie przypuszczał ani że wojna potrwa tak długo, ani też jakie będą rezultaty alianckiego zawieszenia broni. Fakty polityczne zostawiamy historii. W Scone była nas najpierw mała gromadka, szybko jednak ilość się zwiększała, przeniesiono nas do Dunalastair, a w rezultacie do Grendon.

Dzięki inicjatywie i przedsiębiorczym i wytrwałym koleżankom powstało nasze Koło i wprost wierzyć się nie chce - a może nawet i przyznać się nie bardzo chcemy! - ale w tym właśnie roku mija 50 lat od tych skromnych początków.

Każda szkoła chce zachować swoją historię, pochwalić się swymi rezultatami, karierami swoich wychowanek, zachować pamięć tych którzy wpajali wiedzę i kształtowali charaktery swoich uczennic, Więc my też chcemy historię Szkoły zachować i stąd idea tego Biuletynu. Na pomysł rzucony na ostatnim Zjeździe - początki były raczej znikome. Materiały nie dochodziły - trzeba było stukać, pukać, prosić, grozić i wciąż upominać się. Chwilami projekt wydawał się beznadziejny. Ale, nasza inicjatorka, Krysia Bernakiewicz-Kosiba, tak łatwo nie daje za wygraną, pomysłów ma moc, a chęć osiągnięcia celu nieugiętą i nie wyczerpaną. Najpierw powoli, a potem coraz to prędzej materiały nadchodziły. Trzeba było jakoś to wszystko wysortować, rozplanować, ułożyć. Ostatnie fazy nabrały rozpędu. Przy niezawodnie i ponad wszelkie oczekiwania zawodowym wykonaniu, Danka Bogdanowicz-Rosko przepisała cały materiał na swoim komputerze gotowy do odbijania. Iza Maszadro Lissowska, na swego syna kopiarce, podjęła się sama cały materiał - 108 stron w 200 egzemplarzach, odbić. I tu dobre chęci i wytrzymałość naszej 'ochotniczki' zaczęły być wystawiane na nie przeciętną próbę, Maszyna okazała się temperamentalna - może poprostu kobieca z humorkami. Biedna Iza - gdyby nie to, że jest zawsze tak pięknie uczesana - napewno chętnie by sobie często włosy wyrywała z rozpaczy na widok czarnych kartek, czy pasów zamiast pięknie odbitych stron! Ale ona jest dobrze zahartowana i uparcie wbrew trudności do końca wytrwale dotarła. Rezultaty tej wytrwałości teraz możemy podziwiać.

No zakończenie piszę jako prezeska, która została prezeską tylko przez tragedię jaka spotkała naszą wybraną na ostatnim Zjeździe, Hankę Grzędę. Teraz wybierzecie nowy Zarząd, który odziedziczy skompletowany materiał do obecnej chwili. Potrzebne są teraz 'młodsze' siły w Zarządzie. Może będą nowe idee, nowe projekty, nowe podejście do kontynuacji działalności naszego Koła. Czym jesteśmy starsze tym więcej doceniamy więzy koleżeńskiej przyjaźni i musimy robić wszystko oby jaknajwięcej było korzyści i przyjemności z działalności naszego Koła w przyszłości.

1997 - 3-ci Zjazd w Ameryce Północnej

01 03. 1998 - Doroczne Spotkanie w sali przy kościele św.Andrzeja Boboli.
Prezeska Wiesia Deputowska-Błaszczak podziękowała Hali Tomaszewskiej-Klimackiej-Batog i całemu 'staremu' zarządowi za ich pracę. Nowy Zarząd z entuzjazmem przejął obowiązki,

09. 08. 1998 – 4-ty Zjazd Koleżanek w Sarni w Kanadzie.
Zjazd zorganizowany był przez Natalię Czumaczenko-Sawicką w ich pięknym domu nad jeziorem Huron. Obecne koleżanki z rodzinami spędziły bardzo udane dwa dni w domu państwa Sawickich.

21. 02. 1999 - Doroczne Spotkanie w sali przy kościele św. Andrzeja Boboli.
Spotkanie było bardzo udane - prezeska Wiesia Deputowska-Błaszczak przeczytała sprawozdanie ze zjazdu w Kanadzie.

18/19 . 09. 1999 - Spotkanie w Chicago.
Spotkanie zorganizowane przez Krystynę Orechwę-Nowobilską.

04. 06. 2000 – VIII Światowy Zjazd - w Klubie Orła Białego, Balham.
Krysia Akerman-Sadowska zrezygnowała z przedstawicielstwa na Kanadę jednocześnie zaproponowała wydanie książki o szkole. Projekt ten bardzo podobał się zebranym i w tym celu Zarząd prosi o informacje o dalszych losach koleżanek i ich rodzin. Wybrany został Komitet, który zajmie się tą sprawą. Wiesia Deputowska-Błaszczyk opowiedziała o swoich wrażeniach z wizyty w Grendon Hall, a Krysia Bernakiewicz-Kosiba opisała swoją wyprawę na Schiehallion'a w towarzystwie 'chłopców' z naszej szkoły w Dunalastair.

04. 03. 2001 - Doroczne Spotkanie w sali przy kościele św. Andrzeja Boboli.
Praca nad wydaniem książki w toku. Otrzymałyśmy £2,000 od PAFT'u jako pomoc na wydanie książki. Ks. Arcybiskup Szczepan Wesoły napisał wstęp do naszej książki w którym naświetlił ogólną sytuację polaków w czasie wojny. Ponowna prośba o nadsyłanie artykułów i zdjęć. Frania Leduchowicz-Migdał i Mila Knapczyk-Nowicka tłumaczą historię szkoły na język angielski.

PRZEMÓWIENIE PREZESKI

Wiesia Deputowska-Błaszczak - marzec 2002.

Kontynuując wypowiedzi mojej Poprzedniczki i aby zadość uczynić planom i programowi naszych Redaktorek, pragnę, dodać parę słów o działalności Zarządu od rozpoczęcia naszej kadencji, czyli od czerwca 1997, do chwili obecnej.

1-go czerwca 1997 miałyśmy 7-my Światowy Zjazd naszego Koła, który odbył się w Londynie w Klubie Białego Orła na Balham, poprzedzony Mszą św. w kościele Chrystusa Króla, w intencji zmarłych członków grona i koleżanek. Przed zaprogramowanym obiadem odbyło się Walne Zebranie i nastąpiła zmiana Zarządu. Niestety padłam ofiarą jednogłośnego wyboru i mianowano mnie nową Prezeską Koła. W zasadzie powinnam się czuć zaszczycona takim darem zaufania. W praktyce jednak, wygląda to nieco inaczej. Niewielki brałam udział w dotychczasowej działalności Koła, tym trudniej było się skoncentrować nad zorganizowaniem dalszej pracy. W pierwszym rzędzie trzeba było znaleźć chętne członkinie do pracy w Zarządzie. O dziwo; ale nasze koleżanki w większości po wyższych studiach, na poważnych stanowiskach, częściowo już emerytowane, raptem nic nie potrafiły i do niczego się nie nadawały; w ich własnej opinii. W końcu udało się skoordynować Komitet.

Ukonstytuowałyśmy się następująco: - Ela zgodziła sią na rolę vice; Frania przyjęła sekretariat; Hala zaopiekowała sią naszym majątkiem; Wisia w dalszym ciągu kontakty z gronem; Stasia i Basia w rolach dwóch gospodyń. Moje obowiązki to czuwanie nad całością. W takim składzie zaczęłyśmy nową kadencję. Miałyśmy parę zebrań by omówić sprawy potrzeb i planów. Między innymi; zbieranie wiadomości do rocznego komunikatu i urządzanie tradycyjnych wielkopostnych spotkań. Starałyśmy się w jakiś sposób je urozmaicać. Doszły słuchy, że te spotkania były nawet udane, a nas bardzo cieszyło że wysiłek nie poszedł na marne. Tylko ciągle za mało chętnych do wzięcia udziału. Prócz tego, powstał jeszcze pomysł by w pierwszy czwartek miesiąca, która ma ochotę, spotkać sią w POSK'u na ploteczki przy herbacie. Zawsze znalazło sią parę chętnych. Osiągnięć poza tym niewiele w pierwszej kadencji. Pocztą 'pantoflową' docierały do nas różne wiadomości o naszych koleżankach. Niestety, najczęściej niezbyt miłe, bo albo były złożone ciężką chorobą, czy też chorobą w rodzinie, lub nawet odeszły. Zawsze reagowałyśmy; kontaktem osobistym, kwiatami czy kartką, a także udziałem w pogrzebie. I tak w tej kadencji odeszło 9 osób, (6 z grona i 3 koleżanki). Tą smutną nutą doszłyśmy do końca 3 lat urzędowania.

Nadszedł rok millenijny 2000. Następny 8-my Światowy Zjazd na Balham w Londynie. Rzeczywiście światowy, gdyż przyjechały koleżanki ze Stanów i z Polski. Program zjazdu nie różnił się od poprzednich. Było 55 uczestników włączając gości. Na Walnym Zebraniu ponowny wybór prezeski i zarządu. Zgodziłyśmy się pozostać w tym samym składzie, co znacznie ułatwiło sytuację. Powstał wniosek wydania książki o naszej szkole i dalszych dziejach wychowanek. Bardzo zachęcająca i szlachetna idea.

W tym miejscu składam słowa podziękowania i uznania nielicznemu Komitetowi Redakcyjnemu, który wykonuje dosłownie mrówczą pracę, pochłaniającą szalenie dużo wysiłku i czasu by doprowadzić dzieło do końca. Nawet postarały się o finansowe wsparcie z PAFT'u, bo przecież nasze fundusze nie pozwoliłyby na pokrycie wydania książki. Życzę im owocnej pracy i wyników.

W pewnym sensie było to naszym osiągnięciem millenijnym. Stratą naszą było kolejne odejście 2 osób z grona i jednej koleżanki.

Nie tracimy kontaktu z koleżankami w Stanach i Kanadzie. One zawiązały tam swoje koło i urządzają spotkania, a my dostajemy z tego sprawozdania. Odwzajemniamy się corocznym komunikatem. Duszą tego jest Krysia Nowobilska-Orechwa. Ona jest w tej chwili najbardziej aktywną na tamtej półkuli. Stara się nawet o przysyłanie składek do naszej centrali. Przez długie lata Kanadyjkami zajmowała się Krysia Sadowska-Akerman. Po jej odejściu aktywność w Kanadzie nieco zmalała. Szkoda, bowiem jest ich tam sporo, szczególnie z młodszych roczników. Mogę sobie to tylko tłumaczyć przeogromnymi odległościami w takim kraju jak Kanada.

Skończyło się prawie 6 lat naszego 'panowania'. Minęło już 50 lat od czasu zamknięcia szkoły. Moim życzeniem jest by przyjaźnie zawiązane w tamtych latach nie zagasły, a istniały w formie kontaktów i spotkań. Dojrzałyśmy już do takich lat, że niejednokrotnie może to być potrzebne. Z żalem stwierdzam, że mamy już sporo samotnych koleżanek. Los jest nieubłagany.

W końcu, składam gorące podziękowanie członkiniom Zarządu. Bez ich dobrych chęci włączenia się w nurt naszej aktywności, choćby skromnej, wszystkie zamiary nie doszłyby do skutku.

ROK 2000 – WSPINACZKA NA SCHIEHALLION

Krystyna Bernakiewicz-Kosiba

Dwa tygodnie przed Zjazdem czułam się na tyle dobrze, że zarezerwowałam sleeper do Pitlochry i noclegi. 24 -go maja o 9.30 wieczorem, wyruszyłam na szkocką wyprawę. Następnego dnia o 5.30 rano obudził mnie steward ze śniadaniem i oznajmił, że za pół godziny dojedziemy do Piltlochry (najbliższa stacja kolejowa Dunalastair). Prosto z pociągu wstąpiłam do Fischer's Hotel, w którym 55 lat temu czekałyśmy na pociąg do Perth, jadąc na wakacje. W recepcji hotelu poinformowano mnie, że o 8-mej będzie do Kinloch Rannoch autobus (jak dawniej). Poczęstowali mnie herbatą, obdarowali pocztówkami z Pitlochry i wypytywali o szkołę i zjazd. Pocztowy autobus, trochę spóźniony, czerwony, mały niczym nie przypominał naszej starej, trzęsącej się dryndy pocztowej z poczciwym "Jasiem" kierowcą. Jeszcze przed 9-tą stanęliśmy przed pocztą Kinloch Rannoch. Słońce świeciło, powietrze kryształowe, dookoła góry, w dali Schiehallion a w dole rzeka. Czysto, zielono, cicho i pięknie.

Wczesnym popołudniem zaczęło się zjeżdżać nasze towarzystwo do Bunrannoch House. Witek Kolanowski z San Francisco zjawił się pierwszy. Bohdan Szuprowicz z małżonką przyjechali samochodem z Edinburgha. Z kolei dołączyli Renata i Józek Chwedykowie z Chicago, następnie Jurek Brzeziński z żoną Martą z Londynu i ostatni dołączył się Janek Gągoła z narzeczoną Gienią. Nasza 10-tka radośnie się powitała i długo rozmawiała przy bardzo smacznej kolacji.

W sobotę od rana lało. Około 11-tej pojechaliśmy trzema samochodami pod drugą, tę łatwiejszą stronę Schiehallionu. Na parkingu kałuże, błoto, zimno i silny wiatr. Sześcioro prawdziwych Dunalastairowiczów postanowiło, mimo wszystko, spróbować tego "spacerku" na górę. Reszta pojechała na kawę do Aberfeldy. Szczyt Schiehallionu był we mgle i spotkani po drodze ludzie, mówili że wyżej pada śnieg. Właściwie nie byliśmy przygotowani na takie warunki pogody, ani odpowiednio ubrani. Po prawie dwu godzinach podchodzenia Renata, Witek i ja zawróciliśmy. Szukając laskami suchszych miejsc i ślizgając się często w błocie, doszliśmy trochę kołując do parkingu. Po drodze przypominaliśmy różne wiersze Tuwina, Brzechwy no i obowiązkowo zgodnie, we trójkę recytowaliśmy wstęp do "Pana Tadeusza", dużą część pierwszej księgi. Bardzo miło wspominamy wszyscy troje to zejście, tym milej, że Renata, Witek i ja mieliśmy szczęście w 1941 r. być w szkole - internacie prowadzonym przez Olgę Małkowską, założycielkę harcerstwa polskiego i mamy stamtąd dużo miłych wspomnień. Byliśmy przemoczeni, zabłoceni, zmarznięci, ale zadowoleni z osiągnięcia prawie połowy góry.

Jurek Brzeziński podszedł wyżej, ale w końcu roztropnie zrezygnował bo jest po trzech zawałach serca. Bohdan i Janek doszli do szczytu i około czwartej dali znać telefonem komórkowym, że są zdrowi i cali, popijają szampana i wracają.

Niestety w drodze powrotnej, we mgle stracili orientację, weszli na badzo skalisty teren, fatalną pogodę i dotarli do nas dopiero koło 9-tej wieczorem. W niedzielę przy wspaniałym śniadaniu, omawialiśmy wyprawę dnia poprzedniego. Bohdan bił się w piersi, przepraszając, że miał taki pomysł, który mógł się źle skończyć.

O 11-tej, wszystkimi samochodami ruszyliśmy nareszcie do Dunalastair House. Deszcz padał cały czas. Ruiny wyglądały przygnębiająco. Wszystko zarośnięte krzakami. Wszędzie wysokie drzewa. O wejściu do środka nie było mowy. Do dawnej kaplicy nie można było znaleźć dojścia. Dachu dawno nie ma (ołowiany, skradziony wiele lat temu). Obeszliśmy ruiny dookoła, szukając pamiątkowych miejsc, zrobiliśmy parę zdjęć pod parasolami i trochę smutni, opuściliśmy to bardzo specjalne dla nas miejsce. Wrażenia tych dni zostaną mi na długo. Cieszę się bardzo, że byłam i widziałam przyjaciół.

GRENDON HALL W ROKU 2000

Wiesia Deputowska-Błaszczak

W lipcu, 2000r. Wiesia Deputowska-Błaszczak odwiedziła Grendon Hall. Wiesia pisze: -
Zupełnie przypadkowo znalazłam się w naszej starej "budzie" Grendon Hall. Zmiany jakie tam nastąpiły to trudno sobie wyobrazić, Oto co zauważyłam:
Brama wiodąca pod górę do budynku jest, zaś mały "cottage" po lewej stronie gdzie pasła się koza, zmienił się w pokaźny dom mieszkalny z małym zajazdem i ogródkiem. Przy bramie tablica: "Springhill Prison - Grendon". Jadę więc pod górę do tego więzienia wyasfaltowaną drogą, bo ze żwirów i kamyków już ślad nie pozostał. Po lewej stronie pole i krowy, po prawej pole, zaś od połowy pola pod górę, patrzę i oczom nie wierzę. Całe osiedle małych domków, prawdopodobnie mieszka tam obsługa. Tuż obok spory parking. To doprowadziło mnie gdzie zaczynał się teren szkolny, czyli do trawnika gdzie na brzegu po lewej stronie rosła tuja. (W dalszym ciągu droga wyasfaltowana wraz z terenem przed budynkiem). Tu też natknęłam się na barierkę. Przejazd tylko dla wtajemniczonych. Niestety nie spotkałam nikogo kto mógłby udzielić jakichś informacji czy wskazówek.
Miejsce jak wymarłe, więc tylko z tego punktu mogłam prowadzić swoje obserwacje. Stanęłam jak wryta. Budynek odrestaurowany wygląda okazale. Trawnik, na którym fikałyśmy pokazowe koziołki - ładnie wygląda. Niżej na stoku trawnika, zaprowadzone tarasowo piękne rabaty pełne kwiatów. Tam gdzie grałyśmy w siatkówkę, stoi ławka i jakaś pergola. Po prawej stronie dróżki nie ma już dużego jaworu ani budyneczku, w którym wbijano nam do głów wzory chemiczne, czy też robiłyśmy sałatki z marchwi na lekcji gotowania. Nie ma baraczku w którym uszyłyśmy tyle tysięcy krzywych szwów u "Pchełki". Nie ma też starego sadu ze zdziczałymi jabłonkami.
Ten cały teren zabudowany jest niskimi domkami. Przypuszczalnie to mieszkania więźniów. Bardzo mnie korciła ciekawość co się dzieje za budynkiem gdzie była jadalnia, kort tenisowy no i nasze mieszkania. Niestety nie miałam możliwości by zerknąć.
Ale ja tego wszystkiego nie widziałam. Widziałam za to dziewczęta przechadzające się po żwirze, który wydawał specyficzny

chrobot, lub inne grające w siatkówkę, a jeszcze inne okupujące różne miejsca na trawniku wkuwając coś przed klasówką. Ten obraz z przed 50-ciu prawie lat powrócił w jednym momencie, pozostawiając niedostrzegalną łezkę w oku czy z sentymentu, czy też z żalu że to już minęło i nie powróci.

CZĘŚĆ III

ŻYCIORYSY UCZENNIC SZKOŁY:

Akerman-Sadowska Krystyna
Bąk-Sugiero Stenia
Chruściel Jadwiga
Cybulska-Adamowicz Zofia
Doroszkiewicz-Juchniewicz W
Dybowska-Gara Janina
Gorgolewska-Wasowska Halina
Karpińska-Kamiński Krystyna
Knapczyk-Nowicka Emilia
Kurpiel- Sewerniak Genowefa
Leduchowicz-Migdal Franciszka
Leśniowska –Finnegan Zofia
Lifszyc-Klein Mira
Łucek.- Chruszcz Wiesława
Łabędź-Raca Aurelia
Macander- Wiernicki Jadwiga

Polnik-Maresch Eugenia
Michorecka-Szczerbowicz Irena
Morelowska-Zwartyńska Iwona
Orechwa -Nowobilska Krystyna
Panfic-Jaworska Maria
Ruczkowska-Berdych Zofia
Rudkowska-Kłosowska Halina
Sawicka-Kaniasty Wanda
Sawicka- Kądziela-Yon Bogusia
Sołtysik-Lipińska Ann
Stefaniszyn-Haczkiewicz Olga
Szuber-Kiellerman Maria
Świda-Wawroska Marytka
Teleżynska-Dzieślewska Izabella

KRYSTYNA AKERMAN-SADOWSKA

Nawet po 52 latach, Grendon Hall, te dwa słowa mają dla mnie wielki czar. Przybyłam do szkoły jako przestraszona 11-to letnia dziewczynka i szkoła wydała mi się olbrzymia i tajemnicza. Jednak, pomimo młodego wieku, doceniłam piękno szkoły oraz nastrój solidarności jaki powszechnie panował.

- Szkoła nasza odznaczała się tymi cechami:
- Poziom nauczania był bardzo wysoki (Grecka i Rzymska Mitologia oraz Historia Kościoła gdy się miało 12 lat!) jednak to nie odstraszało; byłyśmy dumne, że dawałyśmy radę tym wymaganiom.
- Dyscyplina była stosowana subtelnie i efektownie. Postępowałyśmy jak się należy po prostu dlatego że tak powinno być.

- Patriotyzm był na pierwszym planie lecz spodziewano się abyśmy były dobrymi obywatelkami kraju w którym zamieszkałyśmy.
- Traktowano nas z szacunkiem co stwarza nie tylko dobre maniery lecz także pewną delikatność i harmonię.
- Do dziś kocham Grendon Hall. Oprócz tych zasad życiowych które otrzymałam od Mamusi, szkoła ta wywarła największy wpływ na moje życie.

Dzieci i wnuki moje nie zdają sobie sprawy że odziedziczyły wartości które dała mi szkoła Marii Curie-Skłodowskiej. Żałuję tylko że nie miały one szansy i szczęścia uczęszczać do takiej szkoły.

Życie moje w Kanadzie po Grendon Hall potoczyło się trudną drogą i parę razy musiałam zaczynać prawie od zera. Od 1973 roku byłam sama, kiedy moje córki-Joanna i Teresa-miały 15 i 9 lat. Było ciężko lecz Mamusia zamieszkała z nami i była ogromną pomocą i podporą. Grunt że przetrwałam i wychowałam dwie córki które nie boją się pracy i nie są samolubne; mają wzgląd na ludzi mniej uprzywiliowanych. Obie mają udane małżeństwa co mnie szalenie cieszy.

Pracowałam zawodowo 45 lat i posiadam dwa odznaczenia-FLMI i ACS-ważne w świecie ubezpieczeniowym. Pracowałam 10 lat w szkolnictwie a ostatnie 20 lat dla Sun Life of Canada gdzie organizowałam zebrania i konferencje dla tysięcy ludzi.

Od czerwca 2000r. jestem emerytką i cenię każdy dzień kiedy mogę czytać, słuchać muzyki i grać w brydża. Pracuję charytatywnie w IODE (Imperial Order of the Daughters of the Empire), należę do klubu Tatra, gdzie gram w Kanastę i nadal śpiewam w chórze Symfonia. W 1996r. wystawiliśmy Halkę a w 1997r., śpiewaliśmy Te Deum Kurpińskiego w Gdańsku.

Oczywiście największą radością są wnuki- Stewart ma 7 lat a Julian 3 latka. Są rozkoszni, szkoda tylko że mieszkają w Manitoba – ponad 2 godz. samolotem.

WSPOMNIENIE

Stenia Bąk-Sugiero, 3 marzec 2001 r.

Jak wyglądały początki naszych spotkań koleżeńskich? Tyle lat minęło, a mnie się wydaje jakby to było wczoraj. Nie ma już między nami ś.p. Wandzi Krzyczkowskiej Suzin, z którą wpadłyśmy na pomysł zorganizowania spotkań z koleżankami ze szkoły z Dunalastair House. Tyle przecież łączyło nas wspomnień miłych i mniej miłych, ale nawet te mniej przyjemne po latach wyglądały inaczej i piękniej - to była nasza młodość.

Zaczęłyśmy więc nasz pomysł zamieniać w czyn. Trzeba było zawiadomić wszystkie koleżanki, których adresy i telefony znałyśmy. Pomógł nam w tym bardzo, Jerzy, mój mąż, który niestety tak jak i Wandzia już nie żyje. Chciał czy nie chciał, często po powrocie z pracy woził nas po całym Londynie, a my zapraszałyśmy nasze koleżanki na pierwsze spotkanie. Byłyśmy nawet w Ameryce i Kanadzie na Kaszubach i szukałyśmy tam naszych koleżanek, które można byłoby zaprosić na zjazd w Londynie. A gdyby Wandzia tu dziś była z nami powiedziałaby, 'że jak we dwie zrobiłyśmy 200 kanapek i udekorowałyśmy te kanapki aby wyglądały kolorowo i apetycznie to wydawało się nam, że nigdy nie skończymy". Kiedy późno wieczorem, zmęczona tym kulinarnym wyczynem, położyłam się do łóżka i zamknęłam oczy widziałam stosy kolorowych kanapek. Sądzę, że Wandzia miała ten sam obraz pod powiekami, ale trud się opłacił. Ile radości, wzruszenia i wspomnień popłynęło na tym spotkaniu.

Pamiętacie naszego fizyka, przed którym trzęsły się ręce i nogi robiły się jak z waty, a wiedza wylatywała z głowy? Oczywiście! która by jego nie pamiętała. Przecież to na początku tej upiornej fizyki, trzy razy zaczynałyśmy modlitwę (Ojcze Nasz....), bo sparaliżowane strachem zapomniałyśmy słowa tak znanego pacierza. Przypominam sobie jedną z takich lekcji. Siedzimy wszystkie jak myszy pod miotłą i staramy się nawet nie oddychać, żeby nie zwrócić na siebie uwagi. Przy tablicy stoi jedna z najlepszych uczennic, ale jest tak wystraszona, że nie potrafi rozwiązać zadania i wraca na swoje miejsce. Kulimy się wszystkie w ławkach i każda z nas marzy o czapce niewidce, bo zaraz na środek zostanie wywołana następna ofiara. Czuję, jak robi się sucho w ustach, a w głowie rośnie pustka. Nagle - koniec świata! padło moje nazwisko. Na sztywnych nogach podchodzę do tablicy i wiem tylko jedno - jeżeli ona, ta prymuska tego nie rozwiązała to gdzie ja? - Nie wiem, co robiłam i mówiłam przy tej nieszczęsnej tablicy, bo nagle usłyszałam „dobrze, proszę siadać.' Nie wierzę własnym uszom, patrzę na profesora nic nie rozumiejąc ale on powtarza „dobrze Pani rozwiązała". Wracam na miejsce na skrzydłach a koleżanki westchnęły z ulgi, że więcej ofiar tego dnia nie będzie, a ja do dziś nie wiem, jak sobie poradziłam z tym piekielnym zadaniem. Biedny profesor Stachnik, czy on wiedział jakim był postrachem?

W czasie spotkania zadzwonił telefon. Była to jedna z koleżanek, która nie przyszła, ale teraz dokładnie mnie o wszystko wypytuje. „A czy Irka przyszła, co ona teraz robi, a Danka jest, jak ona wygląda?". Ja zdenerwowałam się wreszcie. Wołam do słuchawki "Słuchaj, jak chcesz wiedzieć, jak ona wygląda to przyjedź. Nie masz daleko."

*****

Wspomnienia płyną dalej. Jak w sypialni wieczorem zamiast spać gadałyśmy i gadałyśmy, a nasza Grzymcia w miękkich, gumowych pantoflach podchodziła pod drzwi sypialni i słysząc nasze rozmowy wpadała do środka i gasiła światło. My dawałyśmy szybko nurka pod koce, ale kiedy dzwi za poczciwą Grzymcią tylko się zamknęły, zaczynałyśmy ostrożnie znów szeptać. Ileż ta Grzymcia musiała się przez nas nabiegać.

Bywało że rano, często nie wyspane, schodziłyśmy do wielkiej jadalni na śniadanie. W związku z jadalnią nasuwa mi się bardzo osobiste wspomnienie. Szłam już dorosła, miałam 18 lat i znałam już Jerzego, mojego przyszłego męża. Właśnie jemy śniadanie w naszej jadalni a tu nagle drzwi energicznie otwierają się i wchodzi nasz ksiądz Lucjan Bernacki i sunie prosto do mnie. Zatrzymał się przy moim stole podając mi nie wielką paczkę, mówiąc surowo 'Panienka lepiej powinna zająć się nauką, a raczej łaciną, a nie myśleć o takich rzeczach.' Skóra ścierpła mi ze strachu i mało nie udławiłam się na porridge'u i kierując odpowiedź na głos na salę powiedziałam 'O co mu chodzi?'. Rozpakowałam paczuszkę. W środku był pierścionek zaręczynowy od Jerzego. A więc, wielebny ksiądz Bernacki musiał jakoś zajrzeć do środka, albo domyślił się, co zawierało to pudełeczko. Mam je do dzisiaj!

Więc, kanapki zniknęły, ale nasze wspomnienia nie wyczerpały się. Spotykamy się do dzisiaj. Wspominamy teraz tych, którzy już na zawsze odeszli z naszego grona. Ale czym byłoby nasze życie, gdybyśmy nie mogły się spotykać, plotkować, wspominać i pośmiać się.

ŻYCIORYS

Jadwiga Chruściel

Wojenne lata w najróżniejszy sposób zaważyły na naszych losach rozrzucając nas po świecie. Po powstaniu byłam wywieziona do obozu jeńców w Niemczech skąd po wyzwoleniu, różnymi drogami znalazłam się we Francji. Trafiłam do ośrodka werbującego do Marynarki Wojennej (PMSK) i w ten sposób dostałam się do Anglii. Po jakimś czasie wysłano mnie do gimnazjum polskiego w Dunalastair w Szkocji. Po zdaniu matury w 1947 roku przeniosłam się na stałe do Londynu gdzie mieszkała też moja rodzina.

W latach powojennych nie było łatwo dostać się na pełne studia zaczęłam więc uczyć się i pracować równocześnie. Dzięki pomocy Danki Marszewskiej znalazłam pracę w firmie jubilerskiej i to skierowało mnie do szkoły sztuki i złotnictwa. W zawodzie jubilerskim wybiłam się na tyle, że zdobyłam nagrodę Cechu Złotników i tytuł „designer'a" i wzorcarza.

Dużą rolę w moim życiu odgrywała praca harcerska, z którą zapoznałam się w Dunalastair dzięki Krystynie Bernakiewicz. Jakkolwiek nigdy nie myślałam o pedagogii jako kierunku studiów, praca wychowawcza z młodzieżą kazała mi zdobywać wiedzę, która pomogłaby mi prowadzić młodzież ku wyższym celom i zbliżyć ją do polskości.

Może właśnie praca z młodzieżą nie pozwoliła mi na pozostanie w tyle pod względem wykształcenia i zawodowym bo wychowując młodzież trzeba dawać przykład osobisty. Zaczęłam od poszerzenia wiedzy o Polsce chodząc wieczorami na wykłady Polskiego Uniwersytetu, poznając przy okazji wspaniałych profesorów, ludzi nie tylko dużej wiedzy ale i charakteru, którzy z oddaniem prowadzili nauczanie.

Po wyjeździe do Stanów w 1956 r. uzupełniłam te studia na Uniwersytecie Fordham uzyskując stopień naukowy z historii. Nie przestałam też uzupełniać wiedzy i umiejętności artystycznych potrzebnych w utrzymaniu poziomu zawodowego, chodząc na kursy w New York University (malarstwo, rysunki, rzeźba a zwłaszcza miedziorytnictwo).

Praca w harcerstwie również nasuwała swoiste potrzeby, które pozwoliły mi wykorzystać umiejętności, których nie użyłabym gdzie indziej organizowanie zespołów śpiewaczych, kursów kształcenia drużynowych, obozów, wędrówek, przygotowywanie podręczników, śpiewników.

Uważam swoje życie za pożyteczne i pracowicie spędzone z wykorzystaniem wszystkiego czego się kiedykolwiek nauczyłam. Szkoła w Dunalastair dała mi dobrą podstawę. Wspominam z szacunkiem i uznaniem grono profesorskie, które z oddaniem przekazywało nam swą wiedzę. Uczennice z tamtych lat prawie wszystkie pamiętam do dziś co dowodzi, że każda przedstawiała jakąś wartość i osobowość. Z koleżankami z klasy utrzymujemy stały kontakt. Ta przyjaźń wyrosła z lat szkolnych i przetrwała z nami przez tyle już lat.

Jak dla wielu z nas, lata wojny przypadły na wczesne lata życia. Teraz patrząc wstecz aż trudno uwierzyć jak losy porwały nas i przerzucały po różnych miejscach, wydarzeniach i doświadczeniach.

Po Powstaniu znalazłam się wraz z siostrą i całą grupą równie młodych AKaczek w obozie jenieckim w Niemczech. Po wyzwoleniu i decyzji nie wracania do Polski (m.in. że nie wiedziałyśmy ani gdzie znaleźć rodziców ani czy mamy dokąd wracać po zburzeniu Warszawy) wyruszyłyśmy z grupą tak samo zgubionych dziewcząt do obozu we Francji gdzie polskie władze organizowały dziewczęta do służby w Pomocniczej Morskiej Służbie Kobiet. Po przeszkoleniu przywieziono nas do Anglii do kolejnego obozu niedaleko Londynu. Teraz już wojna się skończyła i choć miałyśmy pewne zaczepienie trzeba jednak było myśleć co dalej robić. Miałam 17 lat, zaniedbaną przez okres okupacji i niedokończoną szkołę więc za przykładem kilku koleżanek dostałam odkomenderowanie do gimnazjum.

Szkoła do której trafiłam to oczywiście Dunalastair House, dawny pałac w Szkocji. Najciekawsze były chyba pierwsze dni po przyjeździe. Kto nie przeżył tamtych lat wojennych nie wyobrazi sobie jakie dziewczęta tworzyły grono uczennic-były tam te, które przeszły zsyłkę w Rosji i później przewędrowały przez Afrykę, Indie, Persję; były też wywiezione na roboty albo do obozów w Niemczech. Były dziewczęta z kompanii transportowych, które dowoziły broń i zaopatrzenie do linii frontu w czasie walk i były dziewczęta-żołnierze Armii Krajowej z obozów jenieckich, jak też „cywilne" dziewczęta z rodzin, które znalazły się poza granicami gdy zaczęła się wojna. Kilka z nas przybyłych w 1946 roku było jedynymi które reprezentowały Marynarkę Wojenną i muszę powiedzieć, że nasze granatowe mundury zrobiły duże wrażenie.

Dla takiej to grupy dziewcząt grono nauczycielskie w Dunalastair starało się stworzyć warunki i atmosferę normalnej szkoły i traktować nas jak zwyczajną grupę uczennic. Patrząc wstecz i wspominając tamte lata uważam, że udało im się to, co dowodzi zdolności pedagogicznych i szczerej chęci wyprowadzenia nas na normalną drogę życia i zapewnienia podstaw do samodzielnego istnienia.

W Dunalastair byłam 2 lata, które naprawdę dały mi podstawy do mojej wiedzy szkolnej i co więcej odwagę i zainteresowanie do dalszego zdobywania wykształcenia i zawodu. Koleżanki tam poznane pozostawiły niezatarte wspomnienia. Łączyła nas wszystkie wyrozumiałość dla tak różnych osobowości i przeżyć jak i szczera polskość. Dzieliłyśmy też szacunek i wdzięczność dla grona profesorskiego, które nie tylko przekazywało nam wiedzę ale otaczało nas opieką i wyrozumiałością. Wiem napewno, że wywiozłam z tamtych lat zamiłowanie do historii, szacunek dla nauczycieli, wdzięczność i uznanie dla koleżanek. Nie jestem chyba jedyną która tak myśli bo dowodzi tego więź jaka łączy nas wszystkie. Napewno nie była to zwyczajna szkoła i nie zwyczajne uczennice.

ZOFIA CYBULSKA-ADAMOWICZ

Sybiraczka. Spędziła 6 lat w Afryce w obozie Masindi – Uganda. Po wojnie przybyła do Anglii i dostała się do polskiej szkoły w Grendon Hall, gdzie w 1949r. ukończyłam studia.

Od 1955r. mieszka w Kalifornii gdzie wychowała czwórkę dzieci i obecnie ma siedmioro wnucząt.

WŁADYSŁWA DOROSZKIEWICZ-JUCHNIEWICZ

(GRENDON HALL)

Po opuszczeniu szkoły skończyłam hotelarstwo i pracowałam w londyńskich hotelach: Savoy, Claridges i Hilton.

Wyszłam za mąż za inż. Chemika, Romualda i po założeniu rodziny przestałam pracować zarobkowo. Mamy czworo dzieci, jedna córka adoptowana z Polski-Teresa, skończyła College sekretarski i wyszła za mąż za Anglika. Mają trzech synów.

Następna córka Iwonka skończyła języki na uniwersytecie-francuski i rosyjski, a potem 'Business Studies' i pracuje w banku amerykańskim.

Syn Henryk skończył medycynę i pracuje jako G.P. Ożenił się z Angielką i mają dwóch synków.

Najmłodsza córka Jola skończyła dwuletni College sekretarski plus Hiszpański i pracuje w 'Insurance.'

JANINA V. DYBOWSKA-GARA

Znana piosenka M.Fogg'a zaczyna się słowami: 'Co nam pozostało z tych lat?' Niestety, lata minęły a zostały tylko wspomnienia.

Rok przed wojną, przeprowadziliśmy się do Bydgoszczy, gdzie mając lat 14 skończyłam I kl. Gimnazjum.

Mój ojciec pracował w wywiadzie (tak zwany 'dwójkarz') więc od marca 1939r. było wiadomo, że będzie wojna.

Po wybuchu wojny, pod koniec sierpnia, byłam z Mamą i Babcią we Wrocławiu, gdzie miało być bezpiecznie. Bombardowanie miasta, jednakże, spowodowało, że trzeba było nocą uciekać dalej. Paliło się Kutno, Łowicz i ominęliśmy płonącą Warszawę, następnie Lublin, a po nalocie dalsza ucieczka w stronę Równego, gdzie wybuchały pociągi z amunicją, a potem już nie wiem co? kiedy? i gdzie?...

17-go września we wsi, 3 km od granicy rumuńskiej, o 6-tej rano obudził nas szofer, że Rosjanie wkroczyli i trzeba przedostać się przez rwącą rzekę Dniestr do Rumunii. W Rumunii przebywaliśmy w obozie dla uchodźców. Tam odszukał nas ojciec. Ale niestety zmarła nam Babcia.

W grudniu wyjechaliśmy do Francji-gdzie był Prezydent i Polski Rząd - a jechaliśmy luksusowo, bo przewoziliśmy samochód dla Prezydenta. Jechaliśmy przez Jugosławię, Włochy, Francję. Dojechaliśmy do Paryża w zimie 1940r. W tym czasie Ojciec (dwójkarz) został odkomenderowany na granicę włoską.

W Paryżu chodziłam do II kl. polskiego gimnazjum im. Cypriana Norwida. W tym czasie zostałam 'adoptowaną' przez p. E. Roosevelt- żonę Prezydenta U.S.A. (Foster Parents Plan for War Children).

Kwiecień 1940r. - wojska niemieckie okupują Benelux. Opuszczamy Paryż. Pewnej nocy przyjechał do nas polski oficer aby nas ewakuować na polski statek M/S Batory w St. Jean de Luz.

Po kilku dniach na morzu-unikając niemieckie łodzie podwodne, wylądowaliśmy w Plymouth. Wraz z innymi uchodźcami przyjechaliśmy pociągiem do Londynu. Przeżyliśmy 'Battle of Britain' i Blitz. Noce spędzaliśmy w kolejce podziemnej. Londyn po całonocnych bombardowaniach był w gruzach.

Wreszcie nastąpiło odprężenie. Stacjonowanie Ojca 'pod namiotem' w Szkocji, skłoniło również nas do wyjazdu do Szkocji pod koniec listopada. W Szkocji uczęszczałam do Broughty Ferry Academy.. Mój rocznik (15+) przerabiał Shakespeare'a a ja miałam trudności z codziennym angielskim.

Byłam pod wrażeniem że życie się unormowało, a tu znowu nastąpiła zmiana postoju i szkoły. Tym razem uczęszczałam do Montrose Academy z bardzo różniącymi się przedmiotami, jak śpiew (nie mam głosu), rysunki (antytalent), hockey i gotowanie n.p. białego sosu do kalafiora, to był przecież klej malarski!

Dowiedziałam się, że zostało założone gimnazjum i liceum im. Marii Curie-Skłodowskiej w pałacu Scone niedaleko Perth. Zostałam przyjęta do III Klasy Gimn. i z radością spotkałam tam kilka koleżanek z paryskiej ławy szkolnej.

Następne 3 lata aż do matury w marcu 1945r. upłynęły w Dunalastair House z koleżankami z różnych stron Polski, których losy, rozmaitymi drogami i przeżyciami, zaprowadziły do polskiej przystani w Szkocji.

'Upływa szybko życie, upływa szybko czas' jak śpiewamy na zjazdach, a nasza długoletnia przyjaźń wciąż trwa i z wielkim sentymentem wspominamy lata naszej młodości.

DRUGA WOJNA ŚWIATOWA – SIERPIEŃ 1939-1945

Wspomnienia Haliny Gorgolewskiej-Wąsowskiej

Pod koniec sierpnia 1939 roku wróciliśmy właśnie po wakacjach letnich do Warszawy. Czas było przygotować się do nowego roku szkolnego. Najstarsza Basia prasowała szkolny mundurek. Miała 16 lat i chciała dobrze wyglądać. Włodek się szkołą nie przejmował. Nie lubił się uczyć, ale wiedział, że druga klasa gimnazjalna to nie żarty, przeglądał więc nowy podręcznik do historii. Danusia i ja, jeszcze w szkole podstawowej, poskładałyśmy piórniki i plecaki. Byłyśmy gotowe, więc bawiłyśmy się z Minką, małym, czarnym terierkiem, którego niedawno przygarnęłyśmy do rodziny. Mamusia trzymała się blisko odbiornika radiowego, chciała usłyszeć najnowszy dziennik. Tatusia nie było w domu. Pracował w sztabie głównym wojska polskiego, był wtedy majorem. Do niego należało śledzenie ruchów dywizji niemieckich Hitlera w pobliżu granicy polskiej. Nagle Mamusia zerwała się i podbiegła do telefonu. Dzwonił Tatuś. Głos miał spokojny, ale mówił stanowczo i dość głośno, żebyśmy wszyscy usłyszeli:"Zacznijcie się pakować, jedziecie na wieś, na krótką wizytkę do Cioci Marysi". „Jak to?"- spytał Włodek „Znowu wakacje, pod koniec sierpnia?" Wiedzieliśmy, że nie było się z czego cieszyć. Rodzice byli zbyt napięci, by dobrze ukryć niepokój. Mieliśmy jechać samochodem, małą czeską Skodą, w której musiał się zmieścić kierowca, Mamusia i nas czworo. „Co będzie z Minką?"-zawołałam, „czy mogę ją wziąć na kolana?". Włodek rozłożył mapę i sprawdził trasę prowadzącą do posiadłości cioci Marysi. Gdy ruszaliśmy w drogę, 1-go września, na Warszawę padały już bomby. Nie było czasu pożegnać się z Tatusiem. Wojna się właśnie zaczęła. Przestraszeni gwizdem spadających bomb ładowaliśmy się do samochodu. Złapałam Minkę i ruszyliśmy w drogę. Nie wiedzieliśmy, co nas czeka, jaki będzie los Warszawy i naszego kraju. Nie wiedzieliśmy wtedy, że odjeżdżamy na zawsze.

Mapa Polski Włodka bardzo się przydała. Na marginesie widniały cenne informacje.

We wrześniu 1939 roku nasz kraj zamieszkiwało około 35-u milionów ludności. Sąsiadowaliśmy od zachodu z Niemcami liczącymi 78 milionów ludności a od wschodu z Rosją sowiecką, która tylko do

105

granic Europy pod Uralem liczyła 138 milionó ludności. Historię Polski cechowały częste najazdy wschodniego lub zachodniego potężnego sąsiada. Polacy jednak rozwinęli charakterystyczną dla siebie kulturę, różniącą się od innych krajów w środkowej i wschodniej Europie. Wpatrzeni w odległy Zachód ulegali wpływom architektury włoskiej, przeplatali swój język polski powiedzonkami z języka francuskiego albo łaciny. Wspierali wiernie kościół katolicki, zachowując jednak tolerancję w stosunku do innych wyznawców. Zbudowali setki kościołów, synagog, cerkwi i klasztorów. Żyjąc przeważnie z uprawy roli, rozwinęli bogatą, barwną kulturę szlachecką i ludową. Muzycy i artyści wysokiej klasy, Chopin, Paderewski, Wieniawski i inni czerpali natchnienie z pieśni i rytmów ludowych.

    U cioci Marysi czekała na nas wiadomość od Tatusia, który polecił nam jechać dalej. Armia niemiecka Hitlera rozwijała strategię wojny błyskawicznej. Znacznie słabsze polskie linie obrony zostały wkrótce rozbite przez kolumny czołgów, armat, opancerzonych pojazdów transportowych i przez naloty lotnicze Luftwafe. Polacy mieli zaledwie 180 czołgów, Niemcy 3000. Lotnictwo polskie dysponowało w sumie 392-oma samolotami bojowymi, a Niemcy 1,940-oma. Pokonani przeważającą siłą Polacy, ktorzy przeżyli i nie dostali się do niewoli, wycofywali się na wschód. Tłumy żołnierzy i cywilów starało się przejechać zatłoczonymi szosami. My jechaliśmy na południe z kolumną rodzin wojskowych. Trzy Skody trzymały się kuligiem, wreszcie zabrakło benzyny. Ugrzęźliśmy w małym miasteczku, gdzie przeżyliśmy przerażający nalot niemiecki. Bomba wybuchła dość blisko. Oglądając później zniszczenia, jakich dokonała, dziękowaliśmy Bogu, że jeszcze żyjemy. Mamusia, wraz z kilkoma żonami wojskowych, wynajęła autobus zaopatrzony w benzynę i ruszyliśmy dalej. Nagle zauważyłam, że nie ma z nami Minki, zaczęłam płakać. Na szczęście nie odjechaliśmy jeszcze daleko od rynku, gdzie się ostatnio zatrzymaliśmy. Biegała wkoło fontanny i tak ją znaleźliśmy.

    Sztab Główny wojska polskiego, w którym pracował Tatuś, również wycofywał się na południe, usiłując kierować drogą radiową rozproszone polskie jednostki wojskowe. Nieoczekiwane uderzenie ze wschodu odebrało wszelką nadzieję skutecznej obrony. 17-ego września 1939-ego roku armia sowiecka przekroczyła granicę Polski, by zająć część kraju niezajętą jeszcze przez najeźdźcę z zachodu. Byliśmy już wtedy na najbardziej wysuniętym na południe cypelku Polski nie mogąc się jeszcze zdecydować na przekroczenie granicy rumuńskiej. Oficerowie sztabu głównego mogli być wkrótce przechwyceni i pozbawieni życia przez pierwszy nadjeżdżający patrol sowiecki. Posłuszny rozkazom swoich dowódców Tatuś zdecydował, że wszyscy przekroczymy z nim razem granicę do Rumunii. Patrzeliśmy przerażeni, jak Tatuś w mundurze, z oficerskimi oznakami majora wyszytymi na ramieniu, musiał oddać rumuńskiemu strażnikowi granicznemu swój pistolet w czarnym, skórzanym futerale. Czuliśmy się zdruzgotani psychicznie, ale nie mogliśmy ani płakać, ani się modlić. Choć byliśmy jeszcze dziećmi, rozumieliśmy, że historia zatrzaskuje za nami wrota, odcinając nas od wszystkiego niemal, co ceniliśmy dotychczas.

Calimanesti, pięknie położone miasteczko turystyczne, w zimie odwiedzane przez narciarzy, tego września zapełniło się internowanym wojskiem polskim i uchodźcami. Rumuni byli dla nas bardzo uprzejmi. Bawiliśmy się z innymi dziećmi, podziwialiśmy piękno górzystego terenu, chodziliśmy na spacery. Tatuś był bardzo zajęty, przygotowywał przeprawę do Francji, gdzie polskie jednostki wojskowe usiłowały się skompletować. Przeorganizowana we Francji armia polska miała dołączyć do alianckich sił zbrojnych przygotowujących obronę Holandii, Belgii, Luksemburga i Francji.

Wkrótce więc ruszyliśmy znowu w drogę przez Jugosławię i północne Włochy. Minka podróżowała nadal z nami na moich kolanach. Na Boże Narodzenie 1939 roku dotarliśmy do Wenecji i staraliśmy się obchodzić to święto uroczyście w małym hoteliku nad kanałem. Zwiedziliśmy to słynące z pięknej architektury i malowniczych kanałów miasto. Bawiło nas przebieganie nad kanałami wąskimi mostkami dla pieszych. Miejscowy fotograf zrobił nam zdjęcie, kiedy karmiliśmy gołębie na głównym placu Wenecji na tle Katedry św. Marka.

W styczniu 1940-ego roku przekroczyliśmy granicę Francji i jechaliśmy piękną szosą nad morzem Śródziemnym do małego uzdrowiska nadmorskiego Juan-les Pins. Zamieszkaliśmy w małym hotelu prowadzonym przez Polaków. Cieszyliśmy się piękną plażą biegając na bosaka nad brzegiem morza. Zwiedziliśmy okoliczne zabytki historyczne, w tym słynną twierdzę w Cassis.

Wkrótce jednak trzeba było znowu uciekać. Francuzi nie byli przygotowani do obrony kraju. Armia Hitlera zajęła Paryż 15-ego czerwca 1940-ego roku. Zorganizowana właśnie na nowo armia polska dostała rozkaz odwrotu na południe, podczas gdy Francuzi pertraktowali

z najeźdźcami warunki zawieszenia broni. Tatuś dołączył do nas i załadowaliśmy się na pociąg, który przemierzając całą południową Francję dowiózł nas nad Atlantyk, gdzie czekały dwa wielkie polskie statki pasażerskie : 'Sobieski' i 'Batory.'
W pociągu było wygodnie, ale głodno. Przez długie godziny wpatrywaliśmy się w krajobraz wsi francuskiej przyklejeni prawie do szyby. Zobaczyłam z daleka grotę Matki Boskiej z Lourdes, ale pociąg nie zatrzymał się. Minęła nas okazja pomodlenia się u jej stóp. Gdy dotarliśmy do portu atlantyckiego St.Jean-deLuz,"Batory" był już przepełniony wojskiem. Tatuś musiał pojechać, ale my? Czy aby nas zabiorą? Rozdzielenie się z Tatusiem w takich warunkach wydawało się nie do pomyślenia. Na szczęście wprowadzono nas na statek z innymi rodzinami wojskowymi. Ściemniało się już nieco i nikt nie zauważył tłumoczka, który trzymałam pod pachą. Na szczęście Minka, głodna i zmęczona, cicho spała. Setki ludzi kręciło się na pokładzie. Statek załadował dwa tysiące pięćset wojskowych i uchodźców. Rodziny z dziećmi skierowano do kabin, a reszta, przeważnie żołnierze, zalegali salony, jadalnie i pokłady statku. Choć dokuczał nam nieco głód, pobiegliśmy na pokład, żeby pożegnać Francję i kontynent Europy. Wpatrzeni w wodę wirującą za odpływającym „Batorym" zrozumieliśmy z bólem w sercu, że od tej chwili dużo potężniejsza przeszkoda niż granica polsko-rumuńska oddzieli nas od naszej ukochanej ojczyzny. Wreszcie zapadła noc. Moja tęsknota za szklanką mleka została zaspokojona, piesek nakarmiony i rodzinka rozmieszczona w małej kabince. Zapadliśmy w głęboki sen. Na szczęście trzydniowa podróż morska odbyła się bez większych wrażeń. Załoga dzwoniła na alarm raz dziennie, aby nauczyć pasażerów, jak mają się zachowywać w razie ataku niemieckiej łodzi podwodnej. Zaostrzyło to czujność. Z podziwem obserwowaliśmy widowisko pieniących się, wirujących fal Atlantyku. Gdy zbliżaliśmy się do Plymouth, portu w hrabstwie Devon w Anglii, gęsta mgła zasłaniała nam widok lądu. Zaczęło padać. Było to 25-go czerwca 1940-ego roku.
    Wyjechaliśmy z Warszawy zaledwie dziesięć miesięcy temu, a tyle się już stało. Zmotoryzowane dywizje pancerne Hitlera zajęły Polskę, Danię, Belgię, Holandię, Norwegię i Francję. Anglicy, odizolowani i zagrożeni, chętnie przyjęli wojsko polskie, gotowe walczyć o swoją ojczyznę, gdziekolwiek by byli potrzebni. Wielu z nich walczyło już przy boku aliantów w Belgii i było ewakuowanych do Anglii przez

Dunkierkę. Wielu brało udział w kampanii norweskiej i afrykańskiej, ale czy to pod Narwikiem, Tobrukiem czy w powietrzu nad Londynem- walczyli o Polskę. Na furażerkach nosili orzełka polskiego. Biało czerwone „Poland" widniało na rękawach mundurów. Co rano w swoich obozach wciągali na maszt wysoko polską flagę. Poddani rozkazom polskiego dowództwa byli lojalni wobec aliantów. Gdy Francja zawiodła ich nadzieje w czerwcu 1940-ego roku, zaufali Brytyjczykom i zaczęli zjeżdżać się wszelkimi możliwymi drogami do Anglii. Dotarła do Wielkiej Brytanii dziesięciotysięczna polska armia lądowa. Przyleciało lub przypłynęło statkami z różnych stron osiem tysięcy dwieście wyszkolonych lotników i pomocniczego personelu ziemnego. Do portów brytyjskich wpłynęła polska flota wojenna. Przybył sztab główny i władze cywilne rządu emigracyjnego wyewakuowane z Paryża i Angers przez porty francuskie Bordeaux, La Verdun, St.Jean deLuz i inne. Gdy 21-ego czerwca prezydent Raczkiewicz, szef polskiego rządu na emigracji dotarł pociągiem z portu do Londynu, przywitał go na stacji Paddington, król Jerzy VI-ty.

Ponieważ większość zapasów złota wywieziona z Polski w 1939-ym roku, Polacy na emigracji mogli do pewnego stopnia zachować swoją niezależność. Później, w ramach amerykańskiego programu „Lend-Lease" przyznano Polakom 12,5 miliona dolarów rocznie, podczas gdy wkład Brytyjczyków doszedł przez pięć lat trwania wojny do 120-u milionów funtów szterlingów.

Początkowo przywieziono cywilów do obozów przejściowych. Wojsko ustaliło sobie miasteczka namiotowe w różnych częściach Anglii i Szkocji. Byliśmy pod wrażeniem życzliwości i sprawności organizacyjnej naszych gospodarzy. Musieliśmy tylko przełamać trudności językowe. Nikt z nas nie mówił po angielsku. Tłumaczy nie było wielu. Tatuś mówił płynnie po niemiecku i znał trochę angielski. Przydzielono mu funkcję oficera łącznikowego, który pomagał w rejestrowaniu uchodźców, sprawdzaniu paszportów, legitymacji i dowodów osobistych, by nie przepuścić osób podejrzanych o szpiegostwo lub przekroczenie prawa. Przede wszystkim zajęto się rodzinami z dziećmi, które zakwaterowano w domach ochotniczych rodzin angielskich. Musieliśmy jednak rozstać się z Minką. Zabrano ją wprost ze statku na farmę, gdzie musiała odbyć sześciomiesięczną obserwację i dostać szczepienia przeciw wściekliźnie, chorobie zwierzęcej, której na wyspach brytyjskich nie było. Byliśmy wdzięczni rodzinie angielskiej,

109

która przyjęła nas w swoim niewielkim domku na przedmieściach Londynu. Pomagaliśmy w zajęciach gospodarczych, porozumiewając się na migi. Wkrótce Tatuś wynajął dla nas osobny dom. Przez kilka tygodni żyliśmy wreszcie razem jako rodzina w dość normalnych warunkach, bawiliśmy się, chodziliśmy na zakupy. Tatuś jeździł codziennie do biura i wracał do domu pod wieczór.

7-ego września 1940-ego roku lotnictwo niemieckie zaczęło masowe naloty bombowe na Londyn. Rozpętała się bitwa powietrzna, którą Anglicy nazwali „ The Battle of Britain". Trzysta bombowców z eskortą 648-miu samolotów myśliwskich przelatywało nad Londynem i zrzucało swój ładunek bomb w dzień i noc aż do końca października. Władze brytyjskie zachęcały rodziny z dziećmi do opuszczenia stolicy, ewakuowano szkoły. Mieszkańcy Londynu chronili się w nocy na stacjach kolejki podziemnej. Brytyjskie samoloty myśliwskie zawzięcie broniły dostępu bombowców nad miasto. Eskadry lotnictwa polskiego po kilku miesiącach szkolenia na angielskim sprzęcie czekały niecierpliwie, by wykazać się w boju. Wkrótce piloci polscy wyróżnili się odwagą. Eskadra 303 w czasie jednego wypadu potrafiła zastrzelić 14 samolotów niemieckich. Chętnie wysyłano ich na patrolowanie południowej Anglii, prasa angielska zamieszczała reportaże o ich bohaterstwie. Kilku pilotów uratowało się prawie cudem wyskakując z palących się myśliwców ze spadochronami. Ich legendarne wprost bohaterstwo docenili przede wszystkim mieszkańcy Londynu.

Tatuś ponownie uratował nam życie. Wysłał nas pociągiem do Szkocji. Zakwaterowani w uroczym miasteczku Peebles położonym nad rzeką Tweed, zbyt byliśmy wstrząśnięci, by cieszyć się jego urokiem. Częste ulewy też nie poprawiały nastrojów. Przygnębiona i przemoczona do suchej nitki spacerowałam samotnie nad rzeką. Tatuś musiał zostać w Londynie. Na szczęście nie było go w mieszkaniu, gdy bomba rozwaliła dom, który wynajmował. Wyobrażam sobie, jakiej Tatuś doznał ulgi, że nas tam też nie było.

Pod koniec października Tatusia przeniesiono do Falkirk, małego szkockiego miasteczka. Mogliśmy znowu być razem. Zbliżało się już Boże Narodzenie, gdy zobaczyliśmy go nadchodzącego od stacji kolejowej w mundurze wojskowym z Minką na smyczy. Cóż to była za radość! Śmialiśmy się i płakaliśmy na przemian. Minka najwyraźniej nas poznała podskakując radośnie do każdego po kolei.

Większość lądowej armii polskiej była już w Szkocji. Polacy uczyli się intensywnie mówić po angielsku i zapoznali się z obowiązującymi wojskowymi przepisami królewskimi. Uczyli się też używać sprzętu produkcji brytyjskiej i patrolowali plaże wybrzeży Szkocji, pilnując, by Niemcy nie napadli znienacka od strony Norwegii. Było to odpowiedzialne zadanie, ale nudne. Polacy więc postanowili urozmaicić sobie życie. Pewien oddział wojskowy zorganizował doskonały chór męski, który dawał koncerty w okolicznych miasteczkach szkockich. Z czasem zyskał on rozgłos i odwiedzał po kolei wiele wojskowych jednostek w Szkocji. Inni zorganizowali przeróżne kursy dokształcające na różnych poziomach, które z czasem rozwinęły się i stworzyły Polski Uniwersytet na Obczyźnie. Powstały kliniki i szpitale wojskowe, które dbały o chorych i rannych. Wydawano gazety i książki po polsku. Zorganizowano dwa gimnazja i licea polskie, aby młodzież, która nie włada jeszcze dobrze językiem angielskim, nie straciła zbyt wielu lat nauki. Wszyscy wierzyli, że wrócą wkrótce do Polski, jak tylko alianci pokonają hitlerowskie Niemcy.

Gimnazjum i Liceum Marii Curie-Skłodowskiej dla dziewcząt otwarło swe wrota w lutym w 1941 roku. Położenie było wyjątkowo piękne. Ewakuowana z Londynu szkoła angielska udzieliła nam miejsca w przestronnym Scone Palace w hrabstwie Perth, w historycznym zamku królów Szkocji. Jak głosiła legenda, dama w bieli nadal krążyła nocami po korytarzach zamku. Z bramy wjazdowej do parku szło się dość długo wzdłuż krętej drogi obsadzonej drzewami. Na tyłach park opadał ku rzece Tay, otwierając rozległą panoramę łąk, na których pasły się owce.

Basia i ja znalazłyśmy się na liście pierwszych 56-u dziewcząt zgłaszających się do szkoły. Osiem koleżanek Basi przygotowywało się do matury, która otworzyłaby im drogę na polskie uniwersytety. W klasie najmłodszych było nas sześć. Uczyłyśmy się pilnie, by dogonić stracony czas i w jednym roku przerobić program zaplanowany na dwa. Nauka jednak nie przeszkodziła nam się cieszyć pięknym otoczeniem. Z nadejściem wiosny zakwitły żonkile, całe ich polany żółciły się wśród drzew. Drzewa i krzewy obudziły się na nowo wyciągając swoje młode listki ku słońcu. My też „rozkwitłyśmy" na nowo. Zachciało się nam śpiewać i tańczyć. Wszystkie znałyśmy stare polskie piosenki i tradycyjne tańce ludowe. Niektóre dziewczęta wynosiły z klasy książki i uczyły się na dworze. Przez pewien czas dywizja generała Maczka obozowała w sąsiedztwie parku. Oficerowie i żołnierze lubili się przyglądać krzątającym się pensjonarkom. Nawiązywały się rozmowy. Strzały z łuku Amorka zaczęły przelatywać nad płotem. Kapitan Zygmunt nie mógł oderwać wzroku od Basi. Najwyraźniej „ugodzony" nie próbował jednak zdobywać jej serca aż do chwili ukończenia wojny. Odwiedzał jednak często naszych rodziców w Edynburgu, gdzie po zdaniu matury przyjechała też Basia. Dana chodziła wtedy do miejscowej szkoły powszechnej i prędko przegoniła nas wszystkich znajomością języka angielskiego.

Mieszkając w Edynburgu rodzice prowadzili otwarty dom i chętnie przyjmowali młodych ludzi tęskniących za atmosferą rodzinną. Przyjaciel rodziców jeszcze sprzed wojny, pilot myśliwski Ksawery, przyjeżdżał kilkakrotnie na przepustki świąteczne. Koleżanka Basi przyprowadzała kilku oficerów polskiej marynarki wojennej stacjonujących w pobliskim porcie Rosyth. Jeden z nich, sympatyczny młodzian zwrócił uwagę na mnie. Zachodził często Zygmunt i godzinami dyskutował z Tatusiem o międzynarodowej sytuacji politycznej. Andrzej, młody kadet, podchorąży marynarki handlowej związany z naszą rodziną pokrewieństwem, niedawno przybyły do Anglii z wygnania w Rosji, był również częstym gościem. Włodek zapraszał gości z Męskiego Gimnazjum i Liceum Polskiego w Glasgow, gdzie przygotowywali się oni do matury, by zdążyć ją zdać przed wiekiem poborowym. Minka wariowała przy drzwiach, czuła się jak najbardziej u siebie w domu i ogłaszała każdego gościa głośnym szczekaniem.

Rodzice wynajmowali mieszkanie niedaleko góry zamkowej przy starym mieście. Było blisko do ciekawych zabytków historycznych, do Sali Koncertowej, kin i restauracji. Bawiliśmy się wesoło w licznym towarzystwie, które zjechało do rodziców na Wielkanoc. Basia wyglądała na szczęśliwą. Dana i ja byłyśmy jednak za młode, by w pełni cieszyć się gośćmi. Na pocieszenie zabawiałyśmy się Minką.

Po wakacjach smutno było wracać do szkoły. Jechałam sama, ale już nie do Scone Palace. Na wiosnę 1942-ego roku przeniesiono szkołę do Dunalastair House, ładnego pałacyku myśliwskiego schowanego w górach centralnej Szkocji w pobliżu Pitlochry. Położenie było wprost bajeczne. Pałacyk otaczał ogromny park schodzący do jeziora z jednej strony, a skierowany przodem ku najwyższemu szczytowi tamtejszego łańcucha górskiego Schiehalion'u. Na co dzień przestrzegałyśmy rutyny zajęć szkolnych, ale w niedzielę chodziłyśmy na długie spacery wkoło jeziora lub na przełaj rwącego górskiego strumienia. Po przekroczeniu białego mostku szło się pod górę do groty MacGregora, legendarnego gazdy miejscowego, gdzie przechowywał on broń kradzioną dla powstańców na ponad trzy lata na tym pięknym odludziu w zupełnym odcięciu od świata, przerywanym tylko wyjazdami do domu święta. W czerwcu 1943-ego roku dołączyła do mnie moja siostra Danusia, która miała wtedy 12 lat.

Grałyśmy razem w siatkówkę i w ping-ponga, ćwiczyłyśmy śpiewy i tańce ludowe, obchodziłyśmy uroczyście święta narodowe i kościelne poranną Mszą Świętą, śpiewem, deklamacją wierszy patriotycznych i tańcami ludowymi. Słuchałyśmy też pilnie wiadomości radiowych, śledząc z dużym zainteresowaniem postęp działań wojennych, wiedząc, że cała nasza przyszłość od tego zależy.

W roku 1943 do Dunalastair House dotarła grupa dziewcząt z oddziałów kobiecych wojska polskiego. Aby wyjaśnić ich losy wojenne, trzeba się cofnąć myślą do czerwca 1941-ego roku. Kiedy Związek Sowiecki, zaatakowany przez armię Hitlera przyłączył się do sojuszu anty-niemieckiego, Polacy wynegocjowali w lipcu 1941-ego roku amnestię dla tysięcy Polaków wywiezionych z Polski po wrześniu 1939-ego roku. Zamierzano zorganizować trzystutysięczną armię z Polaków, którzy przeżyli nieludzkie warunki zsyłki na Sybir i na inne odległe krańce Związku Sowieckiego. Gdy wiadomość o tym rozeszła się po całym Związku Sowieckim, tysiące Polaków starało się dojechać do stacji kolejowych i przyjechać na południe, gdzie tworzyły się nowe jednostki wojska polskiego. Mężczyźni, kobiety i dzieci przedzierali się jak mogli w zatłoczonych pociągach, na chłodno, na głodno, aby na południe. Wśród nich znajdował się również czternastoletni chłopiec, Janusz, który dużo później ożenił się z Danusią. Tylko niewielki procent wędrowców dotarło do celu. Głód i choroby zakaźne dziesiątkowały uchodźców. Zostały liczne osierocone dzieci, wiele rodziców opłakiwało śmierć swoich. Te osierocone lub pogubione dzieci wzbudzały litość dorosłych, którzy byli świadkami ich tragedii. W Turkestanie, gdzie 70 tysięcy żołnierzy ćwiczyło, by stworzyć armię generała Andersa, wielu żołnierzy dzieliło się swoim bardzo mizernym przydziałem żywności z cywilami, których duży procent stanowiły dzieci. Codziennie przyjeżdżały nowe transporty, przywożąc od tysiąca pięciuset uchodźców. Generał Anders ponownie negocjował ze Stalinem starają się o zwiększenie przydziałów żywności. Doszła pomoc ze źródeł charytatywnych z Indii. Liczba zabiedzonych dzieci wzrosła do 100 tysięcy. W marcu władze sowieckie zezwoliły na ewakuację 30 tysięcy wojska i 10 tysięcy cywilów. Wkrótce wojska brytyjskie broniące Egiptu przed dywizjami generała Rommel'a zarządały wsparcia armii generała Andersa. W rezultacie 77,200 żołnierzy i 37,300 cywilów, w tym 15,000 sierot wyjechało do Krasnowodska na Morzu Kaspijskim.

    Gdy dywizje polskie dołączyły do aliantów w walce przeciwko armii Hitlera, żołnierze i oficerowie zaczęli otrzymywać żołd, z którego pewien procent przeznaczali na opiekę nad polskimi szkołami i sierocińcami. Powstała cała sieć szkół i sierocińców utrzymywanych w obozach w Palestynie, Iranie i Afryce. Założono szkoły kadetów dla nastolatków, by przygotować ich do służby w armii, marynarce i lotnictwie. Wspierane przez budżet wojskowy, szkoły te dawały lepsze wyżywienie i lepszą opiekę. Chłopcy i dziewczęta nosili mundury wojskowe i wkrótce dochodzili do siebie. Nie brakło też wśród nich talentów. Z typową dla młodzieży werwą stworzyli chóry, zespoły teatralne i taneczne. Jedna ze szkół kadetów wystawiła operę Moniuszki, „Halkę". Janusz śpiewał w niej główną rolę. Zestawiano drukarnie, by dostarczyć podręczników. Wiele sierocińców powstało z dala od polskiej armii, a mianowicie w Kenii, Tanzanii, Zambii, Zimbabwe, niektóre nawet w Nowej Zelandii i Meksyku. Prowadziły je siostry Felicjanki z pomocą ochotników. Wojenną sagę tych dzieci udokumentował ks. Łucjan Królikowski O.F.M. Conv. W książce pod tytułem „Utracone Dzieciństwo."

    Te dziewczęta w mundurach wojskowych, które dotarły do Dunalastair House pod koniec 1943-ego roku były dużo bardziej dojrzałe na swój wiek, niż ja. Przeżywszy zsyłkę do Rosji, uratowane przez polską sieć szkół i sierocińców wystawione były na niepojętą próbę charakteru. Nie lubiły opowiadać o swoich przeżyciach. Umiały za to śpiewać i tańczyć lepiej niż my. Dużo lepiej mówiły i pisały po polsku. Były żywe, lubiły się bawić, pozostawiły daleko za sobą to „piekło" którego były świadkami.

    Od matury dzielił mnie już tylko jeden rok. Dziewczęta z wyższej klasy przygotowywały się do matury i wkuwały na całego. Chociaż żyłyśmy bezpiecznie z dala od frontu i pola walki, gdzie rozgrywały się losy wojny, śledziłyśmy z dużym zainteresowaniem jej przebieg, słuchając codziennie wiadomości radiowych. Alianci przygotowywali się do inwazji Francji, akcji, którą planowali na tak zwany D-day. Dywizja generała Maczka przechodziła szkolenie, by walczyć w pierwszym uderzeniu. Chociaż Związek Sowiecki w kwietniu 1943-ego roku zerwał stosunki dyplomatyczne z polskim rządem emigracyjnym, armia polska stacjonowała w Wielkiej Brytanii i we Włoszech była nadal lojalne wobec aliantów w nadziei, że będą oni wiernie wspierać nasze, polskie cele. Walcząc o wyzwolenie Włoch czy Francji, walczyli nadal o Polskę. Jedna z koleżanek, Hania, wyjechała ze szkoły na krótko po Bożym Narodzeniu, by poślubić swojego narzeczonego, porucznika Bolesława, w nadziei, że uda się jeszcze zdobyć parę tygodni czy miesięcy szczęścia małżeńskiego przed inwazją Francji w D-day. Życzyłyśmy jej dobrze i gdy wróciła do szkoły osiem miesięcy później jako wdowa, współczułyśmy jej serdecznie. Jej mąż zginął w bitwie pod Falaise w sierpniu 1944-ego roku. Zginął wtedy również Józef Wąsowski. Jego trzyletni syn, pozostawiony z matką w Polsce, nigdy nie poznał swojego ojca, i przez całe późniejsze życie odczuwał głęboko jego brak. Zygmunt jednak, z tego samego pułku, przeżył. Hania wróciła do Dunalastair House, już wprawdzie nie w mundurze, ale ubrana na czarno, by przygotować się do zdania matury.

Wiadomość o wybuchu powstania warszawskiego rozpaliła na nowo nasze uczucia. Po kolacji co wieczór w sali jadalnej gromadziliśmy się wszyscy przy odbiorniku radiowym. Nie wiedziałam wtedy, że mój pszyszły mąż, Stanisław Wąsowski brał udział w tej bohaterskiej próbie wyzwolenia Warszawy. Ubolewałyśmy nad znikomą pomocą aliantów, gnębiło nas uczucie bezradności i rozczarowania. Mogłyśmy pomóc jedynie modlitwą. Wiedziałyśmy też, że „uwolnienia" Polski od wschodu dokonuje armia czerwona. Nasze koleżanki w mundurach dobrze wiedziały, co to oznacza, pamiętając swoje przeżycia 'uwalniania' kraju w 1939 roku. Kaplica szkolna była wypełniona po brzegi w czasie codziennej Mszy Świętej. Wznosząc ku Bogu dusze i serca szukałyśmy ukojenia w znanych pieśniach religijnych i pięknej liturgii, modląc się za swoich bliskich, za ich bezpieczeństwo lub za ich dusze.

Radość spowodowana wiadomością o zakończeniu wojny w maju 1945-ego roku nie trwała długo. Podczas, gdy alianci wiwatowali i radośnie obchodzili zwycięstwo, Polacy byli znowu w żałobie. Polskich sił zbrojnych, które walczyły przez całą wojnę u boku aliantów, nie zaproszono nawet do udziału w triumfalnej defiladzie na ulicach Londynu. Alianci zdecydowali uznać narzucony Polsce reżym

115

komunistyczny, wycofując swoje uznanie dla polskiego rządu emigracyjnego. Było to nie do przyjęcia dla większości Polaków na zachodzie, którzy walczyli o wyzwolenie Polski i nie chcieli żyć pod rządami narzuconego reżymu komunistycznego. Z dnia na dzień prawie dwustutysięczna armia polska straciła swoje cywilne zwierzchnictwo i, jako bezpaństwowa, stała się wyrzutem sumienia dla zachodu.

Tatuś był zrozpaczony. Całe swoje życie poświęcił dążeniu do wolnej, niepodległej Polski, a alianci, ulegając żądaniom komunistycznej, stalinowskiej Rosji Sowieckiej, wycofali swe poparcie dla tych dążeń. Powrót do Polski dla Tatusia byłby wtedy równoznaczny z samobójstwem. Stracono by go tak czy inaczej, z wyrokiem sądowym czy bez. Wielu powracających emigrantów, a szczególnie współpracowników Tatusia, czekałby ten sam los. Na szczęście Tatuś dzwignął się z depresji, dzięki Mamusi, która przypomniała mu, że przecież interesował się kiedyś sztuką i że lubi malować. Pomagała mu też uzupełniać niedobory budżetowe, szyła i sprzedawała lalki w polskich kostiumach ludowych. Odprawa pieniężna Tatusia nie wystarczyłaby na długo. Oboje rodzice z zainteresowaniem śledzili starania swoich dzieci, które musiały znaleść miejsce w nowej sytuacji.

Włodek służył jeszcze w lotnictwie polskim, do którego zaciągnął się niedawno po zdaniu matury w polskim liceum dla chłopców w Glasgow. W październiku 1945-ego roku wyjechałam z Dunalastair House z dyplomem maturalnym w ręku i wróciłam do Edinburga do rodziców i do Basi, która wtedy już studiowała na uniwersytecie edymburskim. Wkrótce zjawił się kapitan Zygmunt na urlopie ze służby czynnej. Basi nie było właśnie w domu. Tatuś zabawiał go rozmową w salonie. Głośne szczekanie Minki oznajmiło przybycie Basi, której Tatuś otworzył drzwi. Basia spostrzegła w przedpokoju beret wojskowy z trzema gwiazdkami kapitana. Wbiegła do salonu jeszcze w płaszczu i w kapeluszu. Tylko Minka była obecna przy ich powitaniu, ale siedziała sobie cicho i nikomu nic nie powiedziała. Zygmunt nie ociągał się długo z decyzją i w lecie 1946-ego roku przygotowywaliśmy wesele. Była to dla nas wszystkich radosna okazja rodzinna.

Włodek, Danusia i ja musieliśmy się dalej kształcić. Danusia wróciła do Dunalastair House, trzecia z sióstr Gorgolewskich uczennica tej szkoły. Wszyscy czworo korzystaliśmy z pomocy Komitetu do Spraw Oświaty Polaków w Wielkiej Brytanii, który subsydiował szkoły, ale też przydzielał stypendia studentom polskim pragnącym zdobyć wiedzę i umijętności potrzebne do dalszego rozwoju technologii, która odegrała tak ważną rolę w drugiej wojnie światowej. Polski uniwersytet PUC, zorganizowany przez wojsko i uchodźców, którzy przebywali w Wielkiej Brytanii w czasie wojny, udostępnił kursy, prowadzące do dyplomów w dziedzinie nauk ścisłych, medycyny, architektury, inżynierii i ekonomii. Setki młodzieży zdobyło wiedzę w zawodach, w których brakowało właśnie specjalistów nie tylko w Wielkiej Brytanii, ale i w innych anglosaskich krajach świata. Każdy kwalifikujący się student dostawał na życie 15 funtów miesięcznie. Włodek skorzystał z tej okazji i zapisał się na architekturę. Danusia z czasem, gdy przyszła jej pora, w 1949-ym roku również dostała stypendium, gdy zapisała się na znaną uczelnię angielską: London School of Economics.

Niestety nie nadawałam się na studia w żadnej z tych dziedzin. Interesowałam się historią i literaturą. „Veritas", polska katolicka organizacja studencka przyszła mi z pomocą w osobie Wojciecha Dłużewskiego, który szukał kandydatów na studia na katolickich uniwersytetach w Belgii, Holandii, i Irlandii. Ośmioro studentów przyjął irlandzki uniwersytet w Corku, mieście położonym na południu wyspy. Przyznano im stypendia w wysokości 12 funtów miesięcznie. Wjechałam na szmaragdową wyspę, słynącą z pięknej, soczystej zieleni-zaopatrzona historycznym dokumentem, paszportem polskim wydanym w 1946-ym roku przez konsula polskiego w Dublinie, reprezentującego polski rząd emigracyjny, podczas gdy większość państw Europy i Ameryki wycofywała swoje uznanie temu rządowi, a który jednak był nadal uważany przez polskich weteranów i emigrantów za swój. Mój paszport był ważny do października 1948-ego roku. Do tego czasu byłam obywatelką Polski, posiadałam status prawny, który jednak wkrótce utraciłam. Chcąc nie chcąc stałam się osobą bezpaństwową. Choć lubiłam Irlandię i byłam wdzięczna rządowi brytyjskiemu za chęć udzielenia mi pomocy, czułam się przede wszystkim Polką.

Bibliografia:
Karski Jan: „The Great Powers & Poland 1919-1945 str. 395-396
Lerski Jerzy: "Emisariusz Jur" str.36-38, 40-42
Raczyński Edward: „W Sojuszniczym Londynie"str. 67
Hart B.H. Lidell:"History of the Second World War."
Korboński Stefan:"The Jews and the Poles in the World War II."
Chapter III:"Poland under the German Occupation."

WOJENNE WSPOMNIENIA I JAK ZNALAZŁAM SIĘ W CHICAGO.

Krystyna Karpińska-Kamiński - 15 października 1999 r

Pierwszy wrzesień 1939 roku zastał mnie w Dęblinie niedaleko Warszawy. Dęblin był małym miastem, ale posiadał duże skupisko wojska. W trzeci dzień wojny mój ojciec, będąc zawodowym oficerem, opuścił z wojskiem miasto, natomiast rodziny wojskowe były wyewakuowane do pobliskich wsi. Po tygodniu ojciec odnalazł matkę i mnie, gdyż chciał nas zabrać do rodziny w Warszawie, ażeby potem mógł spełnić wydane jemu rozkazy. Do Warszawy już nie mogliśmy dotrzeć z powodu silnych bombardowań, jak i też ojca rozkazy zostały zmienione ażeby dotarł do Lwowa. Pod Lwowem ojciec nas opuścił żeby spotkać się ze swoim dowódcą, którego już tam nie było. Spotkając po drodze kilku oficerów dowiedział się, że wojsko wycofuje się w stronę granicy rumuńskiej i węgierskiej. Myśmy pomimo niebezpieczeństwa ze strony Ukraińców, którzy strzelali do nas i do poszczególnych żołnierzy, udało nam się dotrzeć do granicy rumuńskiej, którą przekroczyliśmy po 17-tym września razem z polskim rządem.

Rumuni ustosunkowali się do nas przyjaźnie i po przekroczeniu granicy skierowali nas w drogę do Bukaresztu ażeby się skontaktować z polskim konsulatem. Zamieszkałyśmy pod Budapesztem, żeby ojcu było łatwo komunikować się osobiście z konsulatem. Tam ojciec dowiedział się, że Gen. Sikorski zebrał polski rząd na obczyźnie we Francji z Prezydentem Raczkiewiczem na czele. Dowiedzieliśmy się także, że we Francji tworzy się polskie wojsko i internowani w Rumunii i na Węgrzech, mogą pojedynczo otrzymać wizy do Francji. Matka i ja zamieszkałyśmy w Paryżu a ojciec pojechał do swojej jednostki, która była pod Paryżem. Nasz pobyt w Paryżu był bardzo krótki, tylko kilka tygodni, bo w między czasie w maju Niemcy weszli do Francji. Jedynym sposobem ratowania się przed Niemcami, była ucieczka na południe pod Bordeaux a stamtąd statkiem do Anglii. Myśmy odjechali Batorym, który był ostatnim transportem z Francji.

Matka i ja zostałyśmy skierowane do Londynu a ojciec do Peebles w Szkocji. Ponieważ we wrześniu rozpoczęły się naloty nad Londynem, słynna 'Battle of Britain,' myśmy chętnie po sześciu miesiącach opuścili Londyn, ażeby zamieszkać koło ojca w spokojnej

Szkocji. W Peebles poznałam Krysię Garlicką-Messinger, a krótko później Dankę i Jankę Koperskie. Po kilku miesiącach zaczęło się organizować polskie gimnazjum pod Perth, w Scone Palace i tam pojechałyśmy. Rzeczywiście Scone Palace było pięknym zamkiem z dużymi posiadłościami. Przydzielili nam dosyć duże klasy i pokoje mieszkalne, a pozostała cześć zamku która była wspaniale urządzona i zamieszkała przez Szkotkę'House-keeper'kę.' Niestety długo tam nie byłyśmy, bo coraz więcej koleżanek przybywało, więc przenieśli nas do Dunalastair House. To też był duży zamek z dużymi posiadłościami, ale nie zamieszkały. Tam przygotowano nam klasy i pokoje mieszkalne. W poszczególnych klasach było około dziesięć uczennic. W drugim roku naszego pobytu otworzyła się pierwsza klasa dla siedmiu chłopców, których wkrótce przeniesiono gdzie indziej. Czuliśmy się wszyscy jak jedna duża rodzina. W 1944 roku otworzyło się gimnazjum kupieckie w Glasgow i kilka naszych koleżanek przeniosło się do Glasgow. Ja zostałam w Dunalastair do matury w 1946r. i po maturze wyjechałam do Edinburgh'a gdzie mieszkali rodzice. Przez dwa lata pracowałam w laboratorium w Royal Infirmary, potem przeniosłam się do polskiego szpitala w Bellochmyle gdzie pracowałam jako pielęgniarka. Szpital zamknęli po dwóch latach, więc z powrotem wróciłam do Edinburgh'a, gdzie w niedługim czasie poznałam swego obecnego męża. Wyszłam zamąż we wrześniu 1951 roku i wkrótce przenieśliśmy się do Londynu gdzie mój mąż miał pracę w Royal Cancer Hospital. Po dwóch latach wyemigrowaliśmy do Toronto w Kanadzie, a stamtąd po trzech latach do Chicago. Mąż miał szanse dalszego studiowania pracując w research w Northwestern University, gdzie po kilku latach skończył doktorat w chemii i został przyjęty jako wykładowca. W między-czasie w sierpniu 1956 roku urodził nam się syn, a w 1963 córka. Syn nasz poszedł w ojca ślady i obaj są pełnymi profesorami na uczelniach, mąż w Northwestern University, a syn w Michigan State University. Syn jest żonaty i mają dwu-letnią córeczkę. Natomiast nasza córka po skończeniu studiów w Loyola University przeszła przeszkolenie w FBI na Drug Enforcement Agent i obecnie jest w Phoenix w Arizonie. Wyszła zamąż za prokuratora federalnego i wspólnie wychowują swoje dwie córeczki. Mąż już od trzech lat jest profesorem Emeritus, pomimo, że od czasu do czasu jeszcze stale wykłada.

Jestem szczęśliwa patrząc wstecz, że zostałam ochroniona po części od tego koszmaru wojennego, przez który dużo moich koleżanek musiało przejść w Rosji ażeby się tutaj znaleźć.

PRZETRWANIE

Mila Knapczyk-Nowicka, -- Nottingham 2003 r.

Do lat szkolnych zawsze wracam z utęsknieniem i szczerą serdecznością, może dlatego właśnie, zostałam nauczycielką w szkole angielskiej. Ślub w Katedrze St Barnaby był pięknym przeżyciem –w przedsionku katedry czekały na mnie z kwiatami dzieci z mojej polskiej szkoły sobotniej i uczennice ze szkoły angielskiej!

Ukochanego męża utraciłam tragicznie w 18-tym roku naszego małżeństwa. Zostałam sama z trojgiem dzieci Joasia jedenaście, Adaś osiem i Robert pięć! Przetrwałam, może dzięki temu, że proboszczem mojej parafii był wówczas ks. K. Krzyżanowski – on był wielkim też przyjacielem mego męża, który współpracował z nim we wszelkich sprawach kościelnych i parafialnych. Podobnie jak ks. Prałat, mój Wacuś miał piękny głos, śpiewał solo na Akademiach, w kościele, prowadził chór parafialny - i tak obaj razem śpiewali w Katedrze i na imprezach religijnych, patriotycznych i harcerskich.

Tak Opatrzność Boża zrządziła, że w dniu, kiedy mąż miał ten tragiczny wypadek, po jedenastu latach przerwy w nauczaniu, zgłosiłam się do pracy w szkolnictwie i w tymże dniu zaofiarowano mi pracę.
Mąż już w tym dniu nie wrócił! Przez te długie lata w domu, byłam zajęta wychowywaniem dzieci. Wierzę mocno, że moja wielka wiara w Pana Boga i prośba o przetrwanie, zbawiły mnie! Często modląc się mówiłam: „Panie Boże, jedynie Ty mnie możesz pomóc, bo bez Twojej pomocy nie dam rady ani wychować dzieci ani pokonać moje liczne problemy zdrowotne (np. spinał fusion).

Po ośmiu latach całkowitego odcięcia się od przyjaciół, od polskości, wreszcie poszłam na polską Mszę Św., chciałam bowiem, by synowie moi zostali ministrantami, tak jak niegdyś ich ojciec. – Tam właśnie zauważył mnie ks. Prałat i dał mnie lekcję do przeczytania! Nie przyjął mojej odmowy i nie chciał zrozumieć mego lęku. To było zbawienne dla mnie! Nastąpił u mnie stopniowy powrót do polskiego kościoła i stopniowo wciągnięta zostałam do pracy społecznej. Zostałam drużynową drużyny „Szare Szeregi", komendantką hufca „Wawel" na

Zlocie harcerskim w Comblain la Tour, w Belgii, następnie w Clumber Park Anglii.

Wstąpiłam do Kręgu Starszoharcerskiego, którego nadal jestem kierowniczką. Prowadzę też zespół regionalny „Podhale" i z nim objeżdżam Polskie ośrodki Midlandu prowadząc Akademie i inne spotkania.

Wraz z Kręgiem urządziłam wystawy: - „Wkład polskiego żołnierza do Wojny Światowej" na zamku nottinghamskim, a potem „Polish Christmas" i „Polish Easter." Za tę pracę dostałam Złoty Krzyż Zasługi w uznaniu zasług krzewienia polskiej kultury wśród Anglików. SPK wynagrodziło mnie swoimi odznaczeniami za coroczne przygotowanie i prowadzenie Akademii Święta Żołnierza.

Upłynęło 30 lat od mojej osobistej tragedii. –Dołożyłam wszelkich starań, aby dzieci miały normalne dzieciństwo: - kilkakrotnie odwiedziliśmy rodzinę w U.S.A., podróżowaliśmy samochodem po Europie i zjeździliśmy całą Anglię. Teraz już dorosłe! Joasia nauczycielka z M A Degree z Oxford– uczyła rok w Denver, Colorado, USA, 8 lat w Thailand – Bangkok, teraz wykłada w 'International' Szkole w Seven Oaks, koło Londynu. Adam, M Sc –Londyn i Nottingham, pracuje dla francuskiej firmy jako Technical Architect komputerowy. Robert FRCA – King's College, London, pracuje jako'Consultant Anaesthetist' w Queen's Medical Centre, Nottingham.

Korzystając z tego, że córka moja pracowała w Bangkok, spędziłam tam, wraz z Basią Matuchniak, piękne, siedmiorazowe wakacje, zwiedzając wszystkie wyspy wzdłuż wybrzeża Thailandii.

Ks. Prałat mówił i pocieszał mnie zawsze, „Przetrwasz! Pan Bóg ci pomoże!" To były jego prorocze słowa, gdyż bez tej opiekuńczej pomocy nie mogłabym przetrwać. Grendon Hall, nasi wychowawcy i księża prałaci, K. Krzyżanowski i J. Gołąb dali mi głęboką wiarę i przekonanie, że wierząc przetrwam!

Ostatnio powołano mnie na prezeskę Parafii Nottinghamskiej – przyjęłam! –Ta praca to będzie moja zapłata za to wszystko co stanęło na mojej drodze i co z pomocą Bożą pokonałam!

Poza pracą społeczną, jestem oddaną babcią, rozkoszuję sie moimi wnukami: Alexandra – 10 lat, Joseph – 6, Lois - 2 i Noah – JEDEN DZIEŃ!

Nottingham - 22 kwietnia 2003

WSPOMNIENIA ZE SZKOŁY W GRENDON

Gienia Kurpiel-Sewerniak
(uczennica z Grendon Hall 1948-1951)

Do szkoły Scone- Dunastair- Grendon dołączyłam dopiero w Grendon Hall w 1948 roku, po przyjeździe z Afryki (Masindi-Uganda). Tu spotkałam kilka koleżanek które także zostały tutaj skierowane do 4-tej klasy gimnazjalnej. A więc nie czułam się zupełnie obco. Jednakże dziewczynki które przyjechały ze Szkocji wydawały mi się bardziej dorosłe, bardziej samodzielne. Znały swoich profesorów i vice versa. My natomiast nowoprzybyłe musiałyśmy wykazać i udowodnić nasze zdolności względnie braki. Po krótkim jednak czasie nawiązała się przyjaźń koleżeńska i różnica zmalała lub zupełnie się zatarła.

Po ukończeniu 4-tej klasy część uczennic otrzymała świadectwa małej matury i opuściła szkołę. Niektóre poszły na dalsze studia do uczelni angielskich, inne zaś które już były zaręczone, po krótkim czasie założyły życie rodzinne. Zostało nas mniej. Musiałyśmy teraz studiować w zdwojonym tempie ze względu na zmiany w angielskim systemie edukacji. Przygotowywałyśmy się nie tylko do polskiej matury lecz równocześnie do angielskiego "School Certificate". Przedmioty wykładane były w języku angielskim. Były więc w tym dla niektórych duże trudności bo język angielski nie był jeszcze do tego stopnia opanowany. Jednakże w styczniu 1951 roku wszystkie otrzymałyśmy Świadectwo Dojrzałości.

Osobiście do przyjemnych wspomnień z Grendon pozostało mi w pamięci : zwiedzanie Oxford, wizyty do teatru w Stratford, wyjazdy do szkół Stowell Park i Bottisham na zabawy. Jak również spacery w niedziele po Mszy Św. dróżkami wśród pachnących żywopłotów, kiedy to mogłyśmy zrzucić szkolne mundury i ubrać się dowolnie. Czasami mieliśmy filmy angielskie zazwyczaj o treści 'delikatnie' romantycznej, a także występy organizowane przez utalentowane uczennice. Pamiętam posiłki które Pan Lis przygotowywał. Wszystko smakowało, chociaż zazwyczaj zjadane w szybkim tempie bo trzeba było się śpieszyć do innych zajęć.

Pamiętam także rzeczy zabawne. Jak na przykład egzamin z języka angielskiego który zdawał z nami śp. Ks. K. Krzyżanowski. Zapytany jak mu wypadł 'precis' powiedział że nie mógł sobie dać rady z tą małpą. Okazało się że tematem był osioł- 'donkey' a nie 'monkey' Więc naturalnie nie robiło mu to sensu.

W styczniu 1951 roku opuściłam szkołę i pojechałam do Devon gdzie mieszkali moi rodzice. Na dalsze studia zostałam przyjęta do Plymouth College (obecnie Uniwersytet). Po ukończeniu, praca w biurze jako księgowa. Następnie małżeństwo-dwoje dzieci.

W roku 1972, mąż otrzymał pracę jako Export Manager na południową Europę. Zamieszkaliśmy w Mediolanie, gdzie pozostaliśmy z górą 20 lat.

Po powrocie z Włoch pierwszy raz pojechałam na VI Światowy Zjazd w Londynie. Przyjemnie było spotkać dawne koleżanki. Przeżyte lata na nas wszystkich pozostawiły swoje piętno. Jednakże poznawałyśmy się po uśmiechu.

W powrotnej drodze ze spotkania zboczyliśmy aby odwiedzić Grendon Hall - obecnie 'Open Prison'. Tam przed bramą po oznajmieniu się kto jesteśmy i że chcielibyśmy odwiedzić naszą szkołę, kazano nam poczekać. Po chwili zjawił się przyjemny młody człowiek, bardzo grzecznie nas przywitał i oprowadził po głównym budynku. Tam zauważyłam kilka zmian; jak na przykład sala zebrań jest podzielona na dwie. Klasy zamiast ścian mają szerokie okna przez które widać było obecnych "mieszkańców" czytających lub piszących. Na górnym piętrze, gdzie były mieszkania naszych profesorów jedna cześć przerobiona na kaplicę gdzie młody Afrykańczyk ćwiczył na fis-harmonii. Na nasze wejście wstał z respektem. Przewodnik zaprowadził nas też do pięknie wyposażonej kuchni, błyszczącej czystością i porządkiem. Nie pamiętam jak wyglądała za naszych czasów. Na placu przed budynkiem pracowało kilku 'mieszkańców' przy rabatach. W klatce na uboczu, dwa pawie. Była to dla mnie bardzo sentymentalna wizyta.

Na zakończenie chcę podkreślić że szkoła w Grendon -Polskie Gimnazjum i Liceum Żeńskie im. M. Skłodowskiej-Curie-dała mi mocne podstawy naukowe i moralne do dalszego życia. Nauczyła mnie kochać nasz kraj, polską mowę, nasze zwyczaje i obyczaje.

POLSKI FESTIWAL W ANGIELSKIEJ SZKOLE.

Artykuł Krzysztofa Rowińskiego z Dziennika Polskiego - Anglia.
28. 08. 1990
o działalności Frani Leduchowicz-Migdał

„Od 4 lat w angielskiej szkole Mount Carmel First and Middle School na Ealingu ostatni miesiąc roku szkolnego jest poświęcony poznaniu kultury jednego kraju z którego wywodzą się dzieci lub ich rodzice. Kulminacyjnym punktem tej pracy jest Festiwal, urządzany z pomocą rodziców i ośrodków oświatowo-kulturalnych danych krajów. W tej szkole, poza Anglikami, jest też szeroki wachlarz innych narodowości, w tym duży procent Polaków.

Rok akademicki 1989/90 był rokiem kultury polskiej i zakończył się niewątpliwie najbardziej kolorowym festiwalem, jaki szkoła widziała do tego czasu.

Przygotowania objęły zaproszenie do znanego autora i ilustratora książek – Jana Pieńkowskiego, oraz rozesłanie kwestionariusza do rodziców, aby mogli wzbogacić program własnymi sugestiami i talentami. Odzew od rodziców i dziadków był imponujący. Dowodem sukcesu wkładu rodziców był fakt, że podczas festiwalu cztery klasy tańczyły poloneza a dwie klasy krakowiaka. Śliczne wycinanki ozdabiały wszystkie klasy i główny hall. Dwie mamusie upiekły 150 pierników i udekorowały je z najstarszymi dziećmi. Liczni rodzice i dziadkowie złożyli wizyty w szkole . Upieczono też niesamowitą ilość ciast, które wszystkie zostały skonsumowane z apetytem.

Podczas przygotowań do festiwalu, Jan Pieńkowski pracował pół dnia z dziećmi nad wycinankami, które obecnie zdobią hall w szkole, a Włodzimierz Lesiecki z członkami swej grupy tanecznej „Mazury" pokazał nasze stroje ludowe i z werwą zademonstrował tańce narodowe. Koncert Chopinowski odbył się z udziałem mamy-pianistki i polskich byłych uczennic szkoły. Książek i pomocy naukowych udzieliła Biblioteka POSK-u, szkoła sobotnia na Ealingu, oraz pożyczono je z prywatnych zbiorów, za co serdeczne „Bóg zapłać"! Wysłano oficjalne zaproszenia do wszystkich rodziców.

W dniu festiwalu polonez zabrzmiał z głośników i jednocześnie około 350 kolorowo ubranych dzieci wraz z nauczycielkami weszło na łąkę koło szkoły z trzech różnych wejść. Ten wąż kwiatów i mieniących się w słońcu kolorów był najbardziej wzruszającym momentem festiwalu. Program zapoczątkowały najmłodsze dzieci przez zademonstrowanie zabaw polskich dzieci, a starsze dzieci pomogły śpiewać polskie piosenki. Następnie cztery klasy zatańczyły poloneza a dwie klasy – krakowiaka.

Wreszcie najstarsze klasy same ułożyły własne tańce z wstążkami do muzyki utworu muzycznego „Fantazja".

Po formalnym programie przy muzyce akordeonu – wszyscy zostali zaproszeni do skosztowania polskich ciast i oglądnięcia licznych wystaw. Pogoda pięknie dopisała.

Pani F. Migdal, Polka, nauczycielka w tej szkole, którą poprosiłem o wiadomości o tych „angielskich krakowiankach", pragnie tą drogą złożyć serdeczne podziękowanie rodzicom, nauczycielom i przyjaciołom szkoły, którzy tak hojnie ofiarowali swój czas, energię i serce tej sprawie."

DWA NIEZWYKŁE INCYDENTY Z ROSJI

Frania Leduchowicz-Migdal

• Losy osadników wojskowych na Kresach Wschodnich Polski, po znane, dlatego zamiast pisać o zsyłce na Sybir i o kołchozie koło wybuchu drugiej wojny światowej, są już chyba wszystkim Archangielska, gdzie przebywaliśmy, chcę opisać dwa incydenty z Rosji które utkwiły mi w pamięci.

Podczas naszego pobytu na Syberii panował duży głód. Mamusia chodziła kilometry aby zdobyć coś do zjedzenia. Pewnego zimowego dnia, przekroczyła Dzwinę i poszła do wsi rosyjskiej gdzie kupiła worek kartofli. Było to 10 km od naszego kołchozu. W drodze powrotnej śpieszyła się bo wiedziała że trudno jest trzymać się drogi w ciemności. Niestety, gdy zaczynało słońce zachodzić zauważyła że przed sobą widzi mgłę i że traci oriętację. Zaczęła krzyczeć w nadziei że ktoś może jest niedaleko. Ale nie było żadnej odpowiedzi. Z modlitwą na ustach, usiadła na worku kartofli i nasłuchiwała.

Grobowy spokój był tylko przerywany co jakiś czas gwizdem wiatru i szumem spadającego śniegu tworzącego zaspy w różnych miejscach zależnie od kierunku zawieruchy. Mamusia czuła że robi jej się ciepło i błogo, na szczęście zoriętowała się że były to niebezpieczne objawy początków zamarzania. Z determinacją wstała i zaczęła się ruszać aby pobudzić krążenie krwi. Po jakimś czasie znowu zaczęła krzyczeć i nasłuchiwać ale bez nadziei bo wiedziała że musiało być już ciemno i że droga była coraz bardziej zasypywana śniegiem.

Nagle usłyszała jakieś przybliżające się kroki, zaczęła krzyczeć o pomoc. Nadszedł Rosjanin i widząc Mamusi problem (kurza ślepota) wziął Mamusię za rękę, zarzucił worek kartofli na swoje plecy i tak przyprowadził ją nie tylko do kołchozu ale do samego baraku. Wyszedł z baraku z nową baranią kurtką na plecach-dar wdzięczności za uratowane życie Mamusi. ('kurza ślepota' była spowodowana brakiem witamin, po kilku łyżkach tranu wzrok powracał).

- Po amnestii w 1942 r. zrobiliśmy wszystko aby jak najszybciej opuścić Sybir. Podróżowaliśmy w natłoczonych, zimnych wagonach, głodni i wyczerpani. Po tygodniach podróży dojechaliśmy wreszcie do Kazakstanu. Zamieszkaliśmy z Kozakami w małej wiosce, 20 km od Ługawoj. Tu brat najstarszy Bronisław usłyszał o powstawaniu polskich szeregów wojskowych niedaleko Ługawoj. Z miejsca opuścił nas i pojechał aby wstąpić do wojska. Ojciec w międzyczasie aby ratować rodzinę od całkowitego głodu, odjechał na pracę 18 km od nas. Z Kozakami została Mamusia z dziećmi, prócz nas było jeszcze kilka polskich rodzin.

Pewnej nocy niespodzianie wpadł do lepianki mój najstarszy brat w polskim żołnierskim mundurze, porozumiał się z Mamusią i w mig zaczęliśmy się pakować, ładować rzeczy i siebie na furmankę. Musieliśmy dojechać na czas na pociąg w Ługawoj, który szedł z wojskiem polskim do Persji.

Tragedią sytuacji był brak Tatusia. Brat szybko wysłał Kozaka na koniu do miejsca pracy ojca z wiadomością o naszym wyjeździe i naglącym nakazem aby natychmiast jechał do Ługawoj gdzie może zdoła do nas dołączyć.

Kozak jadąc na koniu zanim dotarł do celu, spostrzegł jakiegoś człowieka idącego w przeciwnym kierunku i z ciekawości zapytał,'A gdzie ty idziesz człowieku?'. Był zaskoczony odpowiedzią, 'idę do rodziny bo mam przeczucie że coś się tam dzieje'. Gdy Kozak usłyszał godność ojca, zszedł z konia, dał mu list od brata, kazał ojcu wleźć za nim na konia i zawrócił spowrotem do kozaczej wioski w drodze do Ługawoj. Gdy mijali naszą lepiankę była już pusta. Kozaczka dała tatusiowi trochę mleka się napić i tak zaczęła się Tatusia 18 kilometrowa podróż do Ługawoj.

W Ługawoj było dużo ludzi na peronie i żołnierze pomagali ludziom wejść do wagonów. Choć wagony były zapełnione ludźmi, jednak nikt nie narzekał ożywiony nadzieją wyjazdu i lepszego jutra. Nas przygnębiała myśl o naszym ojcu, wątpliwości krążyły po głowie-czy Kozak uczciwy i czy spełni swoje zadanie? Czy Tatuś zdąży przybyć na czas przed odejściem pociągu? Czas płynął, zmęczeni napięciem wypatrywania, my dzieci zasypialiśmy siedząc na tobołkach gdy raptem Mamusia kszyknęła, 'Tatuś, nasz Tatuś idzie!' Jakaż to była radość, ile szczęścia gdy nasz Tatuś zmęczony, spocony i brudny usiadł na tobołku w wagonie i ze łzami w oczach powiedział, 'Dzięki Ci Boże że jestem z wami'.

Dwie godziny później pociąg ruszył w kierunku Morza Kaspijskiego. Byliśmy w drodze do wolności.

"TYLKO O SOBIE"

Zofia Leśniowska-Finnegan
w stylu Sienkiewicza po odczytaniu Trylogii.

Rok 1998 był gęsto nabity rocznicami. W sierpniu obchodziłam 40tą rocznicę ślubu. W marcu obchodziłam 50cio lecie przybycia do Anglii. Kraj który pokochałam i w którym swoją „dynastię" założyłam- 3 córki i jednego syna, no i obecnie mam dwie wnuczki, najlepsze w świecie.

Z dzieci jestem dumna, jak zwykle każda matka powinna być. Dotychczas dzieci są wzorowymi angielskimi obywatelami a ja mam obywatelstwo irlandzkie.

Syn mój jest radnym (councillor) w Croydon, to też przez niego otrzymałam zaproszenie od burmistrza Croydon na przyjęcie na cześć wizytującego pana prezydenta Wałęsy. Gdy byłam mu przedstawiona, przez kilka minut porozmawialiśmy po polsku. Był tym mile zdziwiony bo wszyscy rozmawiali po angielsku i cała komunikacja odbywała się przez tłumacza. Pytał mnie o rodzinę i czy dzieci po polsku mówią. Odpowiedziałam że do 5ciu lat mówiły płynnie, a jak poszły do szkoły angielskiej to stopniowo zapominały. Otrzymałam też podpis pana Wałęsy na Karcie Zaproszeniowej.

Na tym samym przyjęciu dość długo rozmawiałam z polskim ambasadorem do Anglii. Bardzo przyjemny i uprzejmy gość, jakim dyplomata powinien być. Tylko mnie zdziwiło, że w żaden sposób nie mógł zrozumieć dlaczego przyjechałam do Anglii jako „displaced person", przecież byłam obywatelką polską i z polskim paszportem nie powinnam mieć żadnych obaw do Polski jeździć. Nie pamiętał jak to było trudno jeździć i wyjeżdżać z Polski w latach rządu komunistycznego pod władzą Rosji.

Ale największą niespodzianką w 1998 roku było oficjalne zaproszenie na Garden Party w Buckingham Palace. Tego się nigdy w życiu nie spodziewałam ale przez pracę męża spotkał mnie ten przywilej. W lipcu 1998r. wyjechaliśmy rano do Londynu. Mąż w garniturze a ja w eleganckim popołudniowym ubraniu i w dużym kapeluszu na głowie. Zaparkowaliśmy auto zaraz przez drogę naprzeciwko Pałacu. Masa ludzi w pięknych ubraniach spacerowała przed pałacem. Jedni w „morning suits", inni w mundurach wojskowych a niektóre panie, można było pomyśleć, że wyszły na spacer z filmu „My Fair Lady".

O czwartej, punktualnie, Królowa Elżbieta II, jej małżonek Philip i Prince Charles wyszli na taras Buckingham Palace i przez następne dwie godziny Królowa witała tłumy w jej niezapomniany dzień

DUNALASTAIR HOUSE - 1945

Mira Lifszyc

Nazywam się Mira ale oficjalnie jestem Mira Lifszyc-Klein. Urodziłam się w Warszawie w 1925 roku i żyłam tam aż do Maja 1940 roku. Przeżyłam więc miesiąc bombardowania i kilka miesięcy okupacji. Blitz był naturalnie bardzo strasznym. Wiele było pożarów i miasto zostało zniszczone. Straciłam dosyć dużo moich koleżanek szkolnych.

Podczas okupacji moje gimnazjum zorganizowało szkołę nie legalną. Niemcy kazali zamknąć wszystkie szkoły w październiku 1940 r. Uczyłyśmy się w małych grupach każdy raz w domu innej koleżanki. Dużo było tych tajemnych szkół w Warszawie ale były także wypadki kiedy cała grupa z nauczycielką była aresztowana i siedziała w więzieniu. Moja grupa tego nie przeżyła, chociaż raz Niemcy „odwiedzili" mieszkanie w którym odbywała się nasza lekcja. Jakoś nas nie zaaresztowali. Udawałyśmy, że tylko były czyjeś urodziny i zaczęłyśmy plotkować.

Życie podczas okupacji było bardzo trudne i niebezpieczne. Jako Żydzi, nasze racje jedzenia były bardzo skromne ale nasza dawna służąca dawała trochę swojego jadła specjalnie dla mnie. Tyle było głodu w Warszawie że ludzie jadali mięso końskie.

W początku września mój brat i ojciec wyszli piechotą z Warszawy do Wschodu Polski, gdzie miała się organizować nowa armia. Nic z tej armii nie wyszło i w końcu brat i ojciec (oddzielnie), jakoś znaleźli się w Wilnie. Moja mamusia, babcia i ja byłyśmy same.

Tata był lekarzem-dentystą i otworzył gabinet w Wilnie. Miał jedną pacjętkę, panią Dąbrowską która pracowała dla Armii Krajowej i pomagała polskim oficerom, którzy byli internowani w Litwie, uciekając z obozu w powrocie do Warszawy. Naturalnie podróż przez granicę Litewsko-Pruską i potem Prusko-Polską (okupowaną przez Niemców), była nie legalną i niebezpieczną. Pani Dąbrowska zaofiarowała mojemu ojcu przeprowadzić mię z Warszawy do Kowna, na Litwie.

W maju 1940go roku wyjechałam z Warszawy jako Maria Dąbrowska-córka pani Dąbrowskiej. Przejechałyśmy całe Prusy pociągiem aż do Polskiej strony (okupowanej przez Niemców). Potem podróż odbyła się piechotą. Po 20-stu kilometrach chodu w linii demarkacji, zatrzymałyśmy się w jakiejś chałupie chłopa i tam przenocowałyśmy. Na śniadanie zjadłyśmy jaja z kiełbasą, czego nie widziałam od początku wojny.

Pani Dąbrowska szukała przewodnika któryby mógł nas przeprowadzić przez granicę do Litwy. Okazało się że Niemcy zaczęli pilnować granicę dużo więcej bo odkryli fakt że dużo ludzi uciekało tą drogą. Trudno było znaleźć przewodnika ale w końcu mały chłopczyk zaofiarował nam pomoc. Było około 5 minut w ciągu dnia kiedy zmieniała się niemiecka warta i granica nie była pilnowana. Wtedy nasz mały przewodnik nas przeprowadził. Granica była 200 metrów długa i musiałyśmy bardzo prędko biegać. Zgodziłyśmy się nie patrzyć się na nikogo i tylko na siebie uważać. Podczas biegu ja upadłam ale jakoś dostałam się do Litwy. Następnie znalazłyśmy jakiegoś furmana który tylko się zgodził nas zabrać do Kowna-stolicy Litwy, jeżeli ja będę schowana pod słomą na furmance. Pani Dąbrowska miała jakieś dokumenty dla siebie ale nie dla mnie. Tak to więc było. W Kownie rola p. Dąbrowskiej się skończyła i ona zabrała mnie do domu kuzynów mojego ojca. Kuzynka zawiozła mnie do Wilna jako jej córkę. W pociągu musiałam udawać że spałam bo naturalnie nie mówiłam po litewsku. Tak przedostałam się przez granicę litewsko-polską. Nie wiem poco była tam granica bo Wilno było okupowane przez Litwę. Wreszcie spotkałam się z ojcem i bratem. Miałam wtedy 14 lat i 11 miesięcy.

Odrazu zapisałam się do szkoły i zaczęłam pisać listy do mojej mamusi. Wiadomości z Warszawy były coraz bardziej przygnębiające, ale jakoś życie tam szło. W czerwcu Armja Sowiecka wmaszerowana do Wilna i zajęła całą Litwę. Było niebezpiecznie dla mojego ojca i brata bo ojciec był znanym socjalistą przeciwnikiem komunizmu i był także lekarzem-dentystą a brat był w wieku żołnierskim. Około 15go lipca ojciec mój został aresztowany i siedział w więzieniu (Łukiszki). Ja stałam w kolejce przed więzieniem w każdą środę aby doręczać mu paczki cukierków (jedyną rzecz którą pozwalali) których on nigdy nie dostał. Raz mnie policja kazała przyjść do biura o 8-mej godzinie rano i siedziałam w poczekalni do 12ej w nocy, kiedy mnie wreszcie przyjęli. Rozpytywali mnie o różnych ludzi, przyjacieli ojca, ale nic im nie powiedziałam. W końcu dali mi wrócić do domu. Brat już nie nocował w domu bo się bał aresztu, byłam więc sama.

W Kownie był konsul japoński, który postanowił uratować tyle ludzi ile mógł i zaczął dawać wizy do Japonii. Były to wizy tranzytowe, dobre na 14 dni. Konsul z Holandii, który był w Łotwie-w stolicy-Ryga zaczął dawać świadectwa ogłaszające, że wiza do kolonii Holenderskiej – Curasaou jest niepotrzebna. Było także faktem że pozwolenie gubernatora było potrzebne, ale konsul to przekreślił. Nikt z nas nie wiedział gdzie Curasao było, ale było to świadectwo potrzebne do dostania tranzytowej wizy japońskiej. Z tą wizą Sowieci pozwolili ludziom opuścić kraj. Mój brat i ja postanowiliśmy z tego skorzystać i jechać do Japonii, szczególnie kiedy dowiedzieliśmy się, że ojciec był wysłany do Syberii i nic nie mogliśmy mu pomóc. Dostaliśmy wszystkie dokumenty i pod koniec stycznia 1941 roku wyjechaliśmy z Wilna do

Moskwy i z stamtąd pojechaliśmy Nowosybirskim Ekspresem do Władywostoku. Potem wsiedliśmy na mały japoński okręt (warunki były straszne) i znaleźliśmy się w Japonii. Chociaż nasze wizy były teoretycznie dobre na 14 dni, były odnawiane i brat i ja spędziliśmy dziewięć miesięcy w Japonii. Tam dostawałam pocztówki z Warszawy. Około 3,000 ludzi tak się ocaliło. Z Japonii nas wreszcie wyrzucili i musieliśmy się przenieść do Szanghaju, gdzie spędziliśmy jedenaście misięcy. Tam byłam w szkole dla uchodźców Warunki życia były trudne. W grudniu 1941 r. zaczęła się amerykańsko-japońska wojna i życie było trudniejsze. Japońska armia wmaszerowała do miasta. W sierpniu wszystkie konsulaty i ambasady krajów zachodnich wyjechały z Japonii i zabrały ze sobą kilkunastu swoich obywateli. Brat i ja dostaliśmy pozwolenie polskiego ambasadora, p. Romera i po dwóch miesiącach dostaliśmy się do Anglii. Podróż była niebezpieczna, bo w oceanach były miny.

Polski konsul w Szkocji powiedział mi o naszej szkole i tak znalazłam się w Dunalastair gdzie spędziłam dwa i pół szczęśliwych lat. Jestem ciągle w komunikacji ze swoimi kochanymi koleżankami.

Dzięki paktu między Rosją i krajami zachodnimi, polscy polityczni więźniowie byli zwolnieni i mój ojciec dostał się do Południowego Wschodu, gdzie połączył się z Polską armią. Dowiedział się, że ja byłam w Szkocji, a mój brat był lotnikiem polskim. Wtedy do mnie napisał i ja się dowiedziałam, że on żyje. Niestety samolot mojego brata zginął. Moja mamusia zginęła w Buchenwaldzie. Babcia umarła smiercią naturalną.

Po ukończeniu gimnazjum, studiowałam chemię na uniwersytecie w Edynburgu. Teraz jestem obywatelką Stanów Zjednoczonych. Mam męża, dwóch synów, dwie wnuczki i dwóch wnuków.

OSTATNIE SKRAWKI Z GRENDON HALL
Wiesława Łucek-Chruszcz

Przyjechałam do Grendon Hall w mundurku na wzór Stowell Parku. Mama moja bardzo się ucieszyła że zdałam egzamin do polskiego gimnazjum. Zbliżał się początek roku a nie było wiadomości z Komitetu do którego gimnazjum jestem przyjęta. Mama zniecierpliwiona dała do uszycia mundurek na modę gimnazjum Ignacego Paderewskiego. Jak się potem okazało to był ostatni rok gimnazjum Marii Skłodowskiej-Curie, a następny rok to już był Stowell Park.

Byłam bardzo zadowolona, że zaczęłam życie internatowe w tej małej koleżeńskiej szkole z nie bardzo uciążliwymi obowiązkami i dyżurami. Starsze koleżanki nas lubiły i opiekowały się nami a my je podziwiałyśmy. Panienki z klas szóstych były szczególnie ładne i zgrabne. O wiele przewyższały panienki ze Stowell Park na studniówce. Było nas niewiele. Wkrótce dziewczęta ze Stowell Parku dołączyły się do nas. Większość z nich dopiero co przyjechała z Afryki i Libanu. Zdziwiłam się i ucieszyłam jak spostrzegłam ładną i mniejszą ode mnie Lalę Choroszewską. Razem przebrane w nasze sukienki od pierwszej Komunii Św., sypałyśmy kwiatki w czasie procesji Bożego Ciała. Ks. Infułat Michalski niósł Najświętszy Sakrament. Koszyki zrobione z pudełek Wedla, upięłyśmy białymi wstążkami od włosów, według pomysłu Janki Kuczyńskiej. Moja sukienka była uszyta ze spadochronu.

Miałyśmy piękną kaplicę z ołtarzem Dwunastego Pułku Ułanów Podolskich. Na początku mszy świętej śpiewałyśmy Bogu Rodzica. Dyrektorka pani Płoska też śpiewała głosem tremolo. Ks. Krzyżanowski nauczył nas służyć do mszy świętej. Uczył nas też śpiewu i taką kołysankę:

„Śpij moje książątko śpij,
Cichutko jak w bajce śnij.
Mateczka ziemia już śpi.
Małym jej dzieciom się śni,
Że tu na ziemi jest raj.
Boże maleństwu go daj."

Przypomniałam sobie tą kołysankę jak urodził się mój drugi syn. Ks. Krzyżanowski wyjechał do Rzymu na wyższe studia. Nie chciałyśmy go puścić. Zrobiłyśmy szpaler a taksówka czekała. Na jego miejsce przyjechał Ks. Gołąb. Lubił siadać na naszych ławkach przed nami. Smarowałam ławkę kredą aby nie usiadł.

Matematykę zaczęłyśmy od początku, ponieważ nowe koleżanki nie znały angielskich wag i miar. Kiedyś w czasie długiego i nudnego dzielenia funtów, szylingów i penów, wyskoczyłam z ławki i napisałam wynik na tablicy. Miałam nieładny zwyczaj zdejmowania butów pod ławką. Jednym razem p. Karpiński podniósł je i podał mi nad ławką. Innym razem czytałam ogłoszenia, ktoś mnie nagle podniósł za łokcie do góry. Był to p. Karpiński. Nigdy przedtem nie uczył, więc bardzo wyprawiałyśmy na jego lekcjach, szczególnie na lekcjach przyrody, które odbywały się w baraku na gruntach szkoły. Pewnym razem któraś krzyknęła „gaz". Wyleciałyśmy poprzez ławki na zewnątrz. Jedna strona baraku była w dole tak że znalazłyśmy się na dachu. Długo zajęło p. Karpińskiemu sprowadzenie nas do laboratorium. Robiłyśmy również lusterka, smarując wnętrza pokrywek od pudełek blaszanych rtęcią!

Jedzenie w szkole było bardzo marne. Na śniadanie dostawałyśmy owsiankę z mlekiem, do tego kubek mlecznej kawy. Przełykałam tylko jeden łyk bo nie lubiłam kawy. Kończąc szkołę w Lilford wypijałam już pół garnuszka. Pamiętam jak wydłubywałam baraninę z kości. W soboty śpiewałyśmy przed otwarciem drzwi jadalni „my chcemy jeść" na melodię niebieskiego Dunajca.

Nasza klasa pojechała do St. Albans na szkolną wycieczkę. Zwiedziłyśmy wspaniały kościół i rzymskie mozaiki. Miałyśmy kawę w kociołku. Jak się opróżnił kociołek, p. Skorupska wysłała Dankę Tudek i mnie do hotelu. Tam w kuchni wymyli nam kociołek i napełnili świeżą wodą. Pomimo że byłam bardzo wstydliwa wysłała mie bo nieźle mówiłam po angielsku. Po przyjeździe z Polski uczęszczałam do szkoły angielskiej aż mój tato założył polską szkołę w Five Oaks. Danka też była w angielskim powszechniaku. Najdziwniejsze to że nasze kanapki zrobione ze świetnego polskiego chleba były posmarowane smalcem! Był to bardzo upalny dzień! P. Wanda Skorupska uczyła nas angielskiego. Czasami słuchałyśmy w jej pokoju programu radiowego 'Listen with mother.' Jej trzyletni synek też był słuchaczem. Już wtedy władał polskim i francuskim.

Podręcznik 'March of Times,' pełny obrazków postaci z greckiej mitologii i historii, drukowany wielkimi literami, był napewno napisany dla młodszych dzieci. Pamiętam jak podkreślałam wyrazy aby moja koleżanka mogła skleić proste zdania do zadania szkolnego. Przerysowywałyśmy też obrazki: Achillesa, Hermesa etc. p. Zawadzka uczyła nas historii i również polskiego. Cały „Maraton" umiałyśmy na pamięć i deklamowałyśmy z wielką werwą. Język polski był moją piętą Achillesa.

Większość czasu byłyśmy pozostawione sobie. Zaczęłyśmy improwizować przedstawienia w sypialni. Jedna spółka to była: Marysia Paszko, Danka Mielniczek i ja. Kostiumy damskie to były kolorowe długie szlafroki a męskie, spodnie lub szorty z plisowaną spódniczką zarzuconą na plecy. Jedna z naszych sztuk bardzo przypominała 'Balladynę.'. P. Domańska to widziała i bardzo była zgorszona. Wstyd mi było bo to ja przeczytałam ten utwór przed przyjazdem do szkoły. Pewnie powiedziała o tym innym profesorom, bo niedługo potem wystawiono na scenie przedstawienie; dzieci oczekujące Św. Mikołaja, p. Zawadzka była autorką. Tylko parę dziewczynek wzięło udział i nie było to bardzo ciekawe.

Przed świętami Bożego Narodzenia zrobiłyśmy sobie choinki z gałęzi świerków. Śpiewałyśmy kolędy przy choince Szczutka zamiast pójść na nabożeństwo. Dyrektorka przyłapała nas na drodze do jadalni. Za karę nie pozwolono nam iść do kina. Właśnie miał być pokazany film 'Little Women.' Napisałam już o tym do domu. Wiedziałam że moja mama, która znała literaturę całego świata i czytała nam książki takie jak 'Les Miserables' i 'The Railway Children' we Lwowie kiedy byłyśmy bardzo małe, będzie mnie się pytać o ten film. Poszłyśmy więc oglądać film przez szparkę w drzwiach. Poza filmami miałyśmy odczyty dawane przez znanych pisarzy jak Zygmunt Nowakowski, Beata Obertyńska i Józef Czapski. Mam dotąd ich podpisy w pamiętniku.

W czasie uroczystego ukończenia szkoły, nasza klasa wystąpiła w pokazie gimnastycznym z piłkami choreografii p. Żytkowicz.

Pomimo mojej przewagi w matematyce i języku angielskim moje świadectwo na koniec roku było tylko dostateczne. Rodzice byli zawiedzeni. Niestety to się powtarzało co roku aż do „O Level" egzaminów które były brane incognito, w Lilford. Z tych egzaminów uzyskałam najlepszą przeciętną z dziewcząt i najwyższe stopnie w kilku przedmiotach z całej klasy: dziewcząt i chłopców. Otrzymałam także dobrą Maturę. Dostałam pochwałę od Dyrektora Bornholtza i ks. Przybysza za ustne egzaminy z polskiej literatury i historii. Później uzyskałam B.Sc. Honours z botaniki z chemią z uniwersytetu londyńskiego.

AURELIA W. ŁABĘDŹ-RACA

W lutym 1940 roku wraz z rodzicami i bratem zostaję wywieziona do Rosji-Archangielsk.

Po wyjściu z Rosji drogą prowadzącą przez Persję, Indie, Australię, Nową Zelandię i Kalifornię wraz z mamą dostajemy się do Meksyku, gdzie spędzam sześć lat. Mieszkając w internacie założonym przez Ojca Józefa Jarzębowskiego uczęszczam do szkoły meksykańskiej.

W czerwcu 1948 roku dla połączenia rodzin przybywam z mamą do Anglii. Jeszcze w tym samym roku w czerwcu jako czternastoletnią dziewczynkę rodzice zapisują mnie do Gimnazjum i Liceum Marii Curie-Skłodowskiej w Grendon Hall koło Aylesbury. Tam kończę małą maturę.

Po połączeniu szkół Grendon Hall ze Stowell Park przechodzę do Gimnazjum i Liceum imieniem Ignacego Paderewskiego.

Po ukończeniu szkoły już w Northampton robię kursa sekretarskie, język hiszpański, francuski, potem księgowość. Przez cztery lata pobieram intensywne lekcje muzyki klasycznej u profesora muzykologa, kompozytora, koncertowego pianisty i wykładowcy muzyki klasycznej Williama Yeomans.

W 1956 roku wychodzę za mąż za oficera marynarki handlowej, który w 1952 wybrał wolność zeskakując z polskiego statku w Hull. Do 1957 roku służy on w „Her Majesty's Royal, Naval Service" jako 3-ci oficer.

W tym samym roku zakładamy firmę Delikatesów, potem hurtownię i wytwórnie, następnie firmę transportową, export-import, w której pracuję jako dyrektor/sekretarz do dnia dzisiejszego. W Polsce, koło Gdyni zakładamy firmę konfekcji, w której szyjemy odzież dziecinną i dla dorosłych na rynek angielski dla znanych przedsiębiorstw. Od czasów Solidarności niesiemy wielokrotną pomoc dla kościołów, szpitali, ochronek i domów starców.

W Northampton przez wiele lat udzielamy się społecznie. Mąż jest wieloletnim prezesem, ja przez kilka lat byłam 'School Governor' w jednej ze szkół w Northampton. Przez 28 lat prowadziłam zespół pieśni i tańca „Biały Mazur" również zakładam teatr amatorski, i to wszystko dzięki nauce w szkole, kiedy to się brało udział w tańcach czy przedstawieniach.

Biorę czynny udział w życiu politycznym konserwatystów, a tym bardziej, gdy mąż zostaje radnym miasta (20 lat), a potem burmistrzem miasta (pierwszy Polak i pierwszy katolik). Przez kilka lat piastuję funkcję skarbniczki partii konserwatywnej Northampton North.

Do firmy naszej, która jest na rynku angielskim przeszło 40 lat, dołącza syn Krzysztof jako jeden z dyrektorów. Krzysztof ukończył studia w Cambridge BA (Hon.) i kursa adwokackie. Mamy dwie wspaniałe wnuczki Natalie i Camille, obie uczęszczają do prywatnych szkół i szczycą się bardzo dobrymi ocenami.

W czerwcu ubiegłego roku przeżyliśmy dramat życiowy. Mąż wyjechał do Południowej Afryki w sprawach interesu i tu zaraz po wylądowaniu podjechała limuzyna, która miała zawieść męża na miejsce spotkania interesantów. Okazało się, że limuzyna była podstawiona przez porywaczy. Przez trzy dni był torturowany fizycznie i psychicznie. Dzięki specjalnym siłom oddziałów policji angielskiej (Scotland Yard) i policji Południowej Afryki, cudem wychodzi z życiem.

Pomimo wieku emerytalnego w dalszym ciągu jestem czynnie zaangażowana w prowadzeniu naszego przedsiębiorstwa.

MOJA DROGA DO DUNALASTAIR HOUSE I GRENDON HALL

Jadwiga Macander- Wiernicki

Tragiczny koniec Powstania Warszawskiego w październiku 1944 go roku, skończył się przymusowa ewakuacja cywilnej ludności z Warszawy i podmiejskich okolic. Hitlerowcy deportowali całą moją rodzinę i mnie do Niemiec. Nasza przymusowa podroż prowadziła nas przez słynny obóz w Pruszkowie.

W ciągu nocy zostaliśmy brutalnie załadowani do towarowego pociągu, który natychmiast opuścił Pruszków i odjechał na zachód. Po długiej podróży, bez wody i jedzenia, pozbawieni środków sanitarnych przyjechaliśmy do Breslau (Wrocławia).

Nasz pociąg zatrzymał się na bocznicy kolejowej. Wśród krzyków i popychania przez SS policjantów wysiedliśmy z wagonów i ustawiliśmy się w kolumnę marszową. Otoczeni psami i SS policja, pomęczeni po makabrycznej podroży, pomaszerowaliśmy do obozu pracy położonego w małej miejscowości nad Odrą • Maltz (Malczyce).

Dorośli natychmiast zostali zmuszeni do pracy przy naprawianiu torów kolejowych, które były ciągle bombardowane przez aliantów. Starsze dzieci, od wczesnego ranka do późnego wieczora, pracowały przy zbieraniu jagód w pobliskim lesie. Koniec wojny zastał nas w Alpach na Włosko-Austryjackiej granicy. Oswobodzeni przez Amerykańską Armię, wkrótce znaleźliśmy się pod opieką Polskiego Czerwonego Krzyża we Włoszech. Mój ojciec wstąpił do 2go Korpusu, a ja z matką i dwoma młodszymi braćmi zamieszkaliśmy w obozie dla uchodźców na przedmieściach Rzymu,• Cinnecitta.

Pod koniec 1945go roku zostaliśmy przewiezieni do obozu cywilnego w Trani. Na jesieni rozpoczęłam naukę w polskiej szkole dla dziewcząt w Barletta. W ciągu kilku następnych miesięcy ukończyłam 5-tą i 6-tą klasę szkoły powszechnej. Zostałam również harcerką i spędziłam wspaniałe wakacje w lecie 1946 go roku na obozie harcerskim nad Adriatykiem.

Koniec lata w 1946 roku znowu przyniósł raptowne zmiany. Nagle dostaliśmy wiadomość ze żołnierze Drugiego Korpusu wraz z rodzinami zostaną w krótkim czasie przeniesieni do Anglii. Już we wrześniu 1946 go roku byliśmy w pociągu jadącym przez Szwajcarję, Francję do Anglii.

Warunki w pierwszym obozie w Anglii, Longtown koło Crew, były prymitywne i niewesołe. Baraki w kształcie 'beczek,' w których zamieszkaliśmy były zimne i wilgotne. Angielska chłodna, mokra, jesienna pogoda, słabe wyżywienie, brak szkoły dla dzieci i niepewność, jaki będzie nasz dalszy los tułaczy stworzyły raczej przygnębiające nastroje w pierwszych miesiącach naszego pobytu na ziemi angielskiej.

Na szczęście rodzice moi dowiedzieli się że w Szkocji istnieje polska szkoła z internatem dla dziewcząt i w styczniu będzie zorganizowana pierwsza klasa gimnazjalna. Natychmiast złożyłam podanie i zaraz po Świętach Bożego Narodzenia w 1946 tym roku dostałam radosną wiadomość ze zostałam przyjęta. W pierwszych dniach stycznia, 1947 go roku jechałam już z ojcem pociągiem do Gimnazjum i Liceum imienia Marii Skłodowskiej-Curie w Dunalastair House. Wczesnym rankiem, po całonocnej podróży z Chester dojechaliśmy do Pitlochry, małego miasteczka w Szkocji. Z Pitlochry, lokalnym autobusem, dostaliśmy się do Dunalastair House, malowniczo

137

położonego pałacu u stop góry Schiechallion, w którym mieściła się szkoła.

Przełożona szkoły, Mgr. Janina Płoska przywitała nas serdecznie. Moja pierwsza klasa była bardzo mała, zaledwie osiem dziewcząt. Prawie wszystkie moje nowe koleżanki były w tym samym wieku około 13- tu lat. Tylko dwie uczennice były starsze wiekiem od nas, ponieważ dołączyły do szkoły po odbyciu służby wojskowej.

Szkolne zwyczaje, dyscyplina, życzliwość i pomoc ze strony profesorów i wychowawczyń jak również nawiązane przyjaźnie z nowymi koleżankami wkrótce stworzyły rodzinna atmosferę. Nareszcie, po wielu latach wojennej tułaczki i strachu, w którym jako dziecko żyłam, po raz pierwszy, uwierzyłam że moje życie nareszcie zacznie płynąć normalnie.

Szkolny program w Dunalastair House był oparty na przedwojennym polskim gimnazjalnym programie i przygotowywał nas do dużej polskiej matury. Taki system nauczania podtrzymywał nadzieje całej emigracji że powrót do Polski mógł się stać aktualnym.

Pierwsze sześć miesięcy w szkole minęły szybko. Wkrótce przyszedł koniec roku szkolnego i uroczyste zakończenie odbyło się w czerwcu. Cała nasza klasa dostała promocję do drugiej klasy gimnazjalnej. Za ciężką i sumienną pracę w tak krótkim czasie niektóre z nas otrzymały specjalne wyróżnienia i nagrody.

Ja otrzymałam w nagrodę książkę Melchiora Wankowicza 'Monte Cassino' podpisaną przez dyrektorkę szkoły i grono nauczycielskie. Do dziś dnia przechowuję tę książkę troskliwie i ze wzruszeniem wspominam moment specjalnego zakończenia roku szkolnego.

Po zakończeniu roku, wszystkie czekałyśmy z niecierpliwością na pierwsze wakacje. Niestety, wakacje były bardzo krótkie, bo dyrekcja szkoły zorganizowała dla nas letni kurs języka angielskiego. Chociaż decyzja szkoły była bardzo mądra to rozczarowanie nasze było wielkie. Przez sześć tygodni, grupa nauczycieli z lokalnych szkockich szkół intensywnie pracowała z nami nad gramatyką, fonetyką i idiomami angielskiego języka. Uczyłyśmy się pilnie i dla wielu z nas ten pamiętny letni kurs był fundamentem do dalszej nauki języka angielskiego. Miss Agnes Martinet, nasza stała nauczycielka języka angielskiego, nie mogła wyjść z podziwu nad naszym wielkim postępem.

Warunki do nauki w Dunalastair House były idealne. Wśród lasów i gór, z daleka nawet od najbliższej maleńkiej wioski Kinloch-Rannoch z jednym sklepikiem, otaczała nas cisza i spokój. Uczyłyśmy się pilnie żeby nadrobić stracony czas wypadkami wojennymi. Pamiętam jednak, że pomimo intensywnej pracy, miałyśmy czas na polskie tańce, chór, harcerskie zbiórki, kołko teatralne, sławną siatkówkę, długie spacery, wspinanie się na Schiechallion i codzienne wieczorne modlitwy w naszej kapliczce.

Nauka i wychowanie młodych dziewcząt w Dunalastair House i Grendon Hall były w duchu polskiej kultury i katolickich podstaw moralnych z dużym naciskiem na zapoznanie się i obchodzeniem polskich zwyczaji i narodowych rocznic. Byłyśmy dumne z naszej szkoły i naszych polskich tradycji.

Z okazji ślubu Księżniczki Elżbiety z Księciem Filipem, wyhaftowałyśmy obrus i 12 serwetek z kaszubskim motywem, który szkoła podarowała parze królewskiej jako prezent ślubny. List z podziękowaniem z Buckingham Palace został w archiwach szkolnych.

Przy każdym towarzyskim spotkaniu z lokalnymi szkockimi i angielskimi szkołami dzieliłyśmy się polską pieśnią i tańcem. Za szerzenie polskiej kultury i zwyczajów wśród brytyjskich szkół, szkoła nasza otrzymała wyróżnienie od Angielskiego Ministerstwa Nauk.

W kwietniu 1948 go roku, szkoła została przeniesiona z Dunalastair House do Grendon-Hall, koło Aylesbury w Buckinghamshire. W ładnym dużym domu ulokowane były prawie wszystkie klasy. Uczennice zamieszkały w barakach, które były wybudowane dla wojska podczas wojny na terenie ogrodów otaczających rezydencje. Przeniesienie szkoły pociągnęło też za sobą duże zmiany w programie akademickim szkoły. Polski system nauczania został zmieniony na angielski. Z nowym rokiem szkolnym w 1948 roku, przybyło dużo nowych koleżanek z Indii i Afryki. Wszystkie zaczęłyśmy się pilnie przygotowywać do obowiązujących angielskich egzaminów, "General and Advanced School Certificates". Polska duża matura stała się dowolna.

Wiosna 1951 go roku była bardzo pamiętna dla mnie, bo wówczas zdałam "General School Certificate on Ordinary and Advanced levels" i zostałam przyjęta na studia pedagogiczne na Uniwersytecie Londyńskim.

Niestety, był to również wyjątkowo smutny koniec roku szkolnego dla nas wszystkich, bo polskie Gimnazjum i Liceum imienia Marii Skodowskiej-Curie w Grendon Hall, dla dziewcząt, zamknęło swoje drzwi na zawsze. Jakkolwiek, szkoła zamknęła się więcej niż pół wieku temu, to ciągle żyje w naszych sercach i więź koleżeńska jest nadal silna.

Szeroki zakres wykształcenia i dobre opanowanie języka angielskiego pomogły mi w wyższych studiach. Po otrzymaniu "teaching degree" z Uniwersytetu Londyńskiego, wyemigrowaliśmy z mężem Janem do U.S.A. Osiedliliśmy się w Washingtonie i wychowaliśmy dwóch synów, Krzysztofa i Piotra. Ja dalej kontynuowałam studia na American University. Po otrzymaniu stopni B.A. i M.A. przez 25 lat pracowałam zawodowo jako geograf w Amerykańskim Departamencie Spraw Zagranicznych.

Dzisiaj wspominam moje lata szkolne z Dunalastair House i Grendon Hall z wielkim sentymentem i szacunkiem. Jestem wdzięczna, że mogę dalej przekazywać polską kulturę, historię i tradycje drugiemu pokoleniu - moim czterem wnuczkom i wnukowi w Stanach Zjednoczonych.

EUGENIA MARESCH

z domu Polnikówna, ur. 6 października 1935 r. w Kuropolu woj. Wileńskie; fizyk, działaczka społeczno-kulturalna, zamieszkała w Londynie.

W lutym 1940 r., wywieziona z rodziną w Okręg Nowosybirska. W 1942 r. wraz z Armią Andersa przybywa do Teheranu. Od 1943 r. do 1947 r. osiada w obozie dla uchodźców Valivade w Indiach. Po przybyciu do Anglii uczęszcza do polskiego Gimnazjum i Liceum im.Marii Curie-Skłodowskiej w Grendon Hall (1948-1951) oraz do gimnazjum angielskiego Salts High School w Yorkshire. Studia matematyczno-fizyczne kończy na Politechnice w Leeds, pracuje w szpitalu St George w klinice radio-izotopów. W 1962 r. wychodzi za mąż za Jerzego Marescha, kontynuuje pracę naukowa w Royal Cancer Research Institute w Londynie. Zakłada rodzinę; córki -Grażyna kończy studia oceanograficzne, Elżbieta pedagogiczne. Od 1972 r. aż do emerytury w

1995 r. pracuje w szkolnictwie, jednocześnie angażuje się w pracy społecznej i charytatywnej w parafii i w lokalnej szkole sobotniej. Zostaje członkiem Naczelnictwa ZHP poza granicami kraju (1990-1996). Wchodzi do Rady Polskiego Ośrodka Społeczno-Kulturalnego (POSK), zostaje wiceprezesem. Od 1989 r. do 1999 r. związana pracą na rzecz Biblioteki Polskiej w Londynie, przewodniczy Komisji Bibliotecznej. Bierze udział w trzech Światowych Kongresach Nauki i Badań państw Centralnej i Wschodniej Europy; w Tallinie wygłasza referat „In Celebration of 60 years of Polish Emigre Press in Great Britain".

W 1990 r. dzięki staraniom o fundusze brytyjskie, rozpoczyna projekt modernizacji Biblioteki. Nawiązuje kontakty z Biblioteką Narodową, Instytutem Bibliotekoznawstwa Uniwersytetu Warszawskiego oraz Zakładem Naukowym im. Ossolińskich we Wrocławiu; organizowane staże praktyk bibliotecznych dla polskich studentów. Urządza spotkania Stałej Konferencji Muzeów, Archiwów i Bibliotek Polskich na Zachodzie (MAB). Od 1994 r. piastuje funkcję wice-prezesa Brytyjskiego Towarzystwa Conradowskiego, (Joseph Conrad Society UK), przyczynia się do sukcesu rocznych Międzynarodowych Konferencji urządzanych w POSKu.

Od 1996 r. zostaje powiernikiem Polskiej Fundacji Kulturalnej (PFK) t.j. domu wydawniczego, książek i czasopism polskich - Dziennik i Tydzień Polski. Jest członkiem Towarzystwa Popierania Nauki Polskiej w Londynie (TPNP), członkiem Towarzystwa Historyczno-Literackiego (THL) w Paryżu. Wchodzi do jury Nagrody PFK im. E. Raczyńskiego. W 1999 r. zostaje mianowana przez Ministra Edukacji Narodowej na członka Rady Dziedzictwa Archiwalnego, do którego wchodzą osobistości z emigracji i wyjazd z Rosji do Persji.

W Teheranie przystąpiła do Pierwszej Komunii Św., tam też rozpoczęła swoją naukę. Warunki były opłakane, pod gołym niebem kraju. Od 2001 r. wchodzi do zespołu powierników Fundacji „Polonia Aid Foundation Trust" (PAFT).

Współredaguje książkę pamiątkowa "Biblioteka Polska w Londynie 1942-1992". Pisze artykuły na tematy aktualne. Dołącza do pracy zbiorowej książki dokumentalnej „Polacy w Indiach 1942-1948", wydanej w Londynie w 2000 r. Ostatnio pracuje w brytyjsko-polskiej Komisji Historycznej, która przygotowuje oficjalną historię o polskim wywiadzie i jego kontrybucji w II W.S. do zwycięstwa aliantów nad Niemcami.

IRENA MICHORECKA-SZCZERBOWICZ

Należałam do małej grupy (chyba pierwszej) ochotniczek, które dostały się do Dunalastair House w maju 1943r. po długiej i bardzo „burzliwej" podróży z Teheranu (storpedowanie na zachodnim wybrzeżu Afryki).

DROGA DO DUNALASTAIR

Iwonka Morelowska-Zwartyńska

Jadąc autobusem do szkoły upajałam się przepięknym krajobrazem ziemi szkockiej. W pewnym momencie Tatuś towarzyszący mi w tej podróży rzekł: „Jakże to piękny kraj!" Oczarowana urokiem rozpościerającym się przede mną, szepnęłam:" To jakbym była w raju". Autobus stanął przed budynkiem szkolnym a mała dziewczynka bawiąca się w śniegu powitała mnie słowami : „ pani psyjechała?" Od tego momentu zaczęło się moje szkolny życie w Dunalastair.

MOJA DROGA DO GRENDON

Krystyna Orechwa Nowobilska

Pochodzę z ziemi grodzieńskiej, urodziłam się w Żydomli, niedaleko Grodna, skąd pochodzą moi rodzice Rufina z Czerniewskich i Kazimierz Orechwa. Pod koniec I Wojny Światowej ojciec mój wstąpił do formującego się Wojska Polskiego w 1919 roku, do Grodzieńskiego Pułku Ułanów. Tam przeszedł przeszkolenie i w bardzo krótkim czasie rozpoczęły się potyczki z wojskiem sowieckim. W 1920 roku brał udział w bitwie pod Warszawą, która została nazwana "Cudem nad Wisłą". Polska odzyskała wolność. Za wyczyny wojenne ojciec mój Kazimierz Orechwa został odznaczony Krzyżem Virtuti Militari (No 5364) przez Marszałka Józefa Piłsudskiego. Po wojnie w stopniu pd. porucznika przeszedł do rezerwy. Został osadnikiem w swoich rodzinnych stronach.

Gdy wybuchła II Wojna Światowa we wrześniu 1939 roku, ojciec został zmobilizowany i dołączył do oddziałów wojskowych. Miałam wtedy 7 lat. W osadzie pozostałyśmy same z mamą i moimi trzema siostrami. Pomimo tego, że byłam wtedy małą dziewczynką, wypadki te pozostały w mojej pamięci. Wczesnym rankiem 10-go lutego 1940 roku, przyszli rosyjscy żołnierze z białoruską milicją i kazali nam szybko się spakować. Zawieźli nas na pobliską stację kolejową. Tam już czekały na nas towarowe wagony, którymi wraz z wieloma innymi rodzinami zostaliśmy wywiezieni na Ural. W posiołku, z dala od miast i wiosek rosyjskich, w dzikim lesie, w barakach zbudowanych z bierwion i mchu, spędziliśmy dwie groźne zimy. Mama i wszystkie zesłanki, pracowały w lesie, przy ścinaniu drzew.

Nasz ojciec w międzyczasie został internowany na Litwie. Litwę Sowieci zajęli 6 miesięcy później, i wywieźli oficerów internowanych do Kozielska, w drugim rzucie, pierwszy rzut, to był Katyń. Po amnestii, z uwolnionych więźniów i zesłańców, gen. Anders zaczął formować polską armię. Ojciec mój wstąpił do armii gen. Andersa. Przy najbliższej okazji, ojciec wyciągnął nas z Uralu. Kilka miesięcy byliśmy w Kazachstanie koło Taszkientu, zanim ojciec mógł dołączyć nas do transportu rodzin, na, dwie cegiełki jedna do pisania a druga do siedzenia, kartka papieru i ołówek i to wszystko. W Teheranie na bardzo krótko spotkaliśmy się z naszym ojcem. Tu nasze drogi znowu się rozeszły, ojciec wraz z wojskiem wyjechał do Palestyny, a my z mamą, po jakimś czasie z innymi rodzinami wyjechaliśmy, przez Karachi i Mombasę, do Ugandy, do obozu Masindi, położonego z dala od miast i wiosek murzyńskich.

W tym osiedlu było około 500 polskich rodzin, w większości dzieci z matkami. Był też sierociniec. Takich obozów w Afryce Wschodniej było 21, rozsianych po byłych koloniach brytyjskich. W Afryce spędziliśmy ponad 6 lat. Tak długi pobyt w tropikalnym klimacie, odbił się na naszym zdrowiu. Wszyscy chorowaliśmy na malarię, a ataki tej choroby powracały w większym nasileniu w każdą porę deszczową. Życie w Afryce było bardzo prymitywne, domki pobudowane z gałęzi splecionych i wypełnionych szarą gliną tworzyły ściany, okna nie miały szyb, tylko drewniane okiennice, dach pokryty trawą słoniową, a podłoga ubite klepisko z szarej gliny. Dookoła domu wykopany rowek, który chronił od zalewu wodą podczas częstych ulewnych burz. Okres deszczowy trwał pół roku, wtedy męczyła nas malaria. Okres suszy też trwał pół roku, cała roślinność zamierała tak jak na zimę, a upały były nieznośne. Podłogę w domkach wtedy polewaliśmy wodą, w ten sposób przez parowanie ochładzaliśmy pokój. Z czasem przyzwyczailiśmy się do tego klimatu i do życia w Afryce. Była to dla nas "Mała Polska Oaza" w głębi "Czarnego Lądu". Mieliśmy tam polskie szkoły, polski szpital z trzema polskimi lekarzami, polski kościół, na początku jednego księdza, który z nadzwyczajnym wysiłkiem potrafił codziennie odprawić trzy Msze św. dochodząc pieszo do kaplic w licznych, rozległych obozach. Później mieliśmy trzech księży i wybudowaliśmy wspaniały kościół, który tam do dziś stoi.

Z Afryki wyjechaliśmy do Anglii w 1948 roku. Po dwutygodniowej podróży, przez Morze Czerwone, Kanał Suezki, Morze Śródziemne, Gibraltar zawinęliśmy do portu Southampton, gdzie ojciec już czekał na nas. W tym czasie bardzo dużo rodzin przyjechało do Anglii. Wszyscy jeszcze myśleli, że niedługo wrócimy do Polski. Dużo młodzieży zapisywało się do polskiego gimnazjum, dlatego musiałyśmy zdawać egzaminy wstępne.

Zamieszkaliśmy w Walii, w obozie koło Aberport, gdzie nasz ojciec był stacjonowany. Po kilku tygodniach ojciec odwiózł mnie i siostrę Stenię do polskiego gimnazjum z bursą, na północ Londynu i to był Grendon Hall. Tu spotkałyśmy koleżanki z różnych stron Polski, które różnymi drogami znalazły się razem z nami w tej szkole. Były koleżanki, które przeszły przez Węgry i Rumunię, a potem Francję czy inne kraje dostały się do Anglii. Były ochotniczki z wojska, dziewczęta z Armii Krajowej, które brały udział w Powstaniu Warszawskim, koleżanki, które zostały wywiezione na pracę do Niemiec, i tak jak my wywiezione do Rosji. Wszystkie miałyśmy różne przeżycia i zabrało nam trochę czasu by nawzajem się zrozumieć, docenić i zaprzyjaźnić.

Nasze grono profesorskie też przeszło podobnymi drogami do naszej szkoły. Językiem wykładowym był język polski. Język angielski nauczały Angielki. Wszystkie miałyśmy jakieś trudności, bo większość z nas miała duże przerwy w nauce, a szkoły, do których chodziłyśmy były na różnych poziomach. Mimo tych trudności dość szybko zżyłyśmy się, i wszystkie nawzajem sobie pomagałyśmy. Wykłady odbywały się w głównym budynku, czyli w pałacyku. Laboratoria chemiczne, fizyczne i biologiczne były w bunkrze oddalonym nieco od baraków i budynku. Tak bunkry jak i baraki zostały tam pobudowane podczas wojny dla lotnictwa angielskiego. Bursa dla dziewcząt była w barakach, każda klasa miała oddzielny barak. Przyzwyczaiłyśmy się do życia szkolnego nauka nie sprawiała nam już większych kłopotów. Z czasem został zmieniony język wykładowy z polskiego na język angielski i to ponownie sprawiło nam dużo trudności. Okres ten był tak samo bardzo trudny dla naszych profesorów. Szkoła ta zbliżyła nas wszystkich do siebie. Pozostały nam miłe wspomnienia i taka rodzinna więź. Już minęło 50 lat od tych szkolnych dni, a dużo z nas jeszcze utrzymuje stałe kontakty przez wzajemne odwiedziny i zjazdy.

Po ukończeniu gimnazjum dostałam się do Camberwell School of Art w Londynie. Tam po czterech latach studiów otrzymałam National Diploma in Design. W 1955 roku wyszłam zamąż za Leszka Nowobilskiego, inżyniera mechaniki. Nasza pierwsza córka Ania urodziła się w 1956 r. W 1957 roku wyjechaliśmy do Chicago gdzie już były moje dwie starsze siostry. W 1959 roku urodził się nam syn Piotr, a w 1962 roku nasza młodsza córka Irena. Młodzież nasza pokończyła studia, Ania, doktor farmacji ma stanowisko w firmie Option Care i wyszła zamąż za architekta. Piotr, doktor inżynierii chemicznej, obecnie wraz z żoną, synem i trzema córkami mieszka w Houston i ma stanowisko w rafinerii Amoco (obecnie British Petroleum) w Texas City. Irena ukończyła Bussines Administration, wyszła zamąż i ma swoje biuro graficzne w Glenview.

Nasze dzieci ukończyły też polskie gimnazjum sobotnie. W Polskim Harcerstwie pełniły funkcje drużynowych, Ania była też przyboczną hufcowej. Córki nadal działają w harcerstwie. My oboje wspieramy tę organizację, działając w Kole Przyjaciół Harcerstwa, a Leszek przez długie lata był skarbnikiem KPH, a potem skarbnikiem Domu Harcerskiego i Obwodu. Teraz nadal działa w Obwodzie.

Mimo tak wielkich przeżyć wojennych jestem szczęśliwa, że dzięki Opaczności Bożej, rodzina znalazła się razem. Rodzice, pomimo, że przeszli dwie wojny światowe, dożyli sędziwego wieku, mama 93 lat, a ojciec 94.

My obecnie zadowoleni jesteśmy z naszej emerytury. Dzięki zainteresowaniu zięcia i za namową córek, mając teraz więcej czasu, powróciłam do zaczętego jeszcze w szkole artystycznej, obrazu. Po jego udoskonaleniu, zaczęłam komponować następne. I tak rozpoczęła się moja pasja tworzenie obrazów techniką specjalnej aplikacji. Stosuję w większości przeźroczyste materiały, bo one dają mi głębię. Używam też korę drzew, druty, nici przeróżnej grubości i gatunków, szyszki, łupki orzechów, plastyki o różnych formach, koraliki, no i hafty. Wykonanie tych obrazów pochłania mnie dużo czasu. W lipcu 2001 roku wystawiałam 3 moje prace w Muzeum Polskim w Chicago podczas wystawy urządzonej przez Polski Klub Artystyczny. Moje prace też można zobaczyć na internecie na stronie http://www.nowobilski.net

Oboje lubimy nasz domek z obszernym ogrodem, dużo podróżujemy, często do Polski i 3-4 razy rocznie odwiedzamy syna rodzinę w Houston gdzie są nasze cztery wnuki Tomek, Renata, Jola i Marzena.

OD AIN-KAREM DO
STOWELL PARK I GRENDON HALL
Maria Panfic-Jaworska (U.S.A.)

Należę do tych szczęśliwców świata, którzy w marcu 1942 r. wraz z wojskiem Gen. W. Andersa, opuścili Sybir.

Historia mówi, że Gen. Andersowi chodziło szczególnie o ratowanie dzieci polskich-wyrwanie ich na wolność, dzieci to przecież przyszłość narodu!

Niektórzy twierdzą, że osiągnięcie generała w tej dziedzinie, posiada donioślejsze znaczenie niż zdobyte w 1944 roku w Italii, Monte Cassino. Wkrótce na Środkowym Wschodzie w Indiach, Afryce zorganizowano szkoły polskie. Tego zażądał od Anglików gen. Andersa, przed udaniem się na front włoski.

Ain-Karem to uroczy zakątek obok Jerozolimy, miasteczko posiada Kościół Nawiedzenia. Tu Matka Boska mieszkająca w Nazarecie przyjeżdżała na osiołku by odwiedzić swą kuzynkę, Elżbietę. W centrum miasteczka mieścił się też kościół św. Jana Chrzciciela, obok którego w murach klasztornych znajdowała się nasza szkoła. Szkoła o wysokim poziomie nauczania, posiadała wysokiej klasy profesorów, wybranych z wojska oraz cywilnych. Dyrektorką Gimnazjum i Liceum była p. J. Hobler. Natomiast kierowniczką internatu- p. J. Masłoń, obie panie wojskowe w stopniu oficerów, obie oddane młodzieży.

Jeszcze dzisiaj z uśmiechem na twarzy wspominam nasze harcerskie wycieczki do Betlejem, do Jerozolimy na grób Chrystusa, udział w drogach krzyżowych, itd.

Anglia

Stowell Park, w szkole tej spędzam pierwszą klasę licealną. Moja starsza siostra Wanda zdaje maturę licealną. Podążamy na wakacje do rodziców w Newcastle. Dowiadujemy się, że Rodzice, którzy tak bardzo chcieli wrócić do Polski, po zastanowieniu się, uplanowali wyjazd do Argentyny, który nie doszedł do skutku.

Wracam znów do szkoły, tym razem do Grendon Hall, koło Aylesbury. Zawiadamiam moją przyjaciółkę Danusię Marszewską-Wilowską, (z którą utrzymuję kontakt około 50-ciu lat), która wyjechała z Ain-Karem'u wcześniej i do dziś mieszka w Londynie. Jakaż była moja radość, gdy na peronie w Londynie ujrzałam uśmiechniętą Danusię.

Danusia zabrała mnie do domu, a jej śp. Mama poczęstowała obiadem, później z Danusią zwiedzamy Londyn: Pałac Królewski, Tower of London, Trafalgar Square.

No i czas na pożegnanie. Danusia (była uczennica Grendon) daje mi ostatnie wskazówki odnośnie podróży. A oto druga miła niespodzianka - obok bramy szkolnej czeka na mnie druga Danusia (Nowacka), też koleżanka z Palestyny. Ach te kochane Ainkaremianki.

Danusia (już zmarła) przedstawiła mnie dyrektorce p. Płoskiej, prowadzi do naszej klasy w pięknym lordowskim budynku. Grendon to jedna z najstarszych polskich szkół w Anglii, o wysokim poziomie nauczania.

Tu ku mojej radości spotykam Jasię Krzywańską, Z. Klamut, D. Niewczasińska i inne Ainkaremianki. Z Lonią Słomek (która mieszka obecnie w Toronto) kontaktujemy się telefonicznie. Opowiadamy sobie o naszych ulubionych profesorach, o naszych koleżankach które los rozwiał po całym świecie. Grendon posiada specjalne miejsce w naszych sercach.

Wielkim plusem jest to że polskie szkoły w Anglii przygotowywały dobrze do wyższych studiów. Przekonałam się o tym gdy już w USA studiowałam i ukończyłam State University College.

ZOFIA RUCZKOWSKA BERDYCH
i
HALINA RUDKOWSKA KŁOSOWSKA

Przyjaźń nasza zaczęła się w Grendon Hall w 1948 roku i przetrwała aż do dnia dzisiejszego- to są chyba najmilsze wspomnienia! Obecnie mieszkamy w Kanadzie w prowincji Quebec. Spotykamy się raz w miesiącu, aby pogadać, pośmiać się, cieszyć się że jeszcze żyjemy i wspominać ubiegłe lata.

Wszystko przeminie
I wszystko się skończy
I sen się prześni
I cudne marzenia,
    Lecz jest coś w duszy
    Co nigdy nie zaginie
    Tym są wspomnienia.

Wiersz wpisany do mojego pamiętnika przez Halinę w 1950 roku.

BOGUSŁAWA SAWICKA KĄDZIELA YON

WANDA SAWICKA KANIASTY

Urodziłyśmy się w Hucie Stepanskiej na Wołyniu. 17 września 1939 roku wkroczyli Bolszewicy do Polski, niedługo potem mój Ojciec Henryk Sawicki został aresztowany i wysłany na Kołymę, najgorsze miejsce na Syberii. 10 lutego 1940 roku zastukano do drzwi naszego domu i weszło kilku Ukraińców i żołdaków rosyjskich i kazali nam się "zbierać". Mamę z trojgiem dzieci (ja lat 6, Wanda 5, Wiesław 6 miesięcy) załadowano na bryczkę i potem do wagonu zwierzęcego i wystano nas na Sybir.

Uważam moją mamę Antoninę Sawicką za bohaterkę, bo potrafiła, z trojgiem małych dzieci dotrzeć do armii Generała Andersa i opuścić ten okrutny krąj. Przeszliśmy przez obozy dla uchodźców w

Persji i w Indiach . W obozie koło Teheranu moi rodzice przypadkowo spotkali się na ulicy. W Indiach urodził się mój drugi brat Marian. Po wojnie ojciec z armią Generała Andersa przybył do Anglii i tam spotkała się cała rodzina. Zamieszkaliśmy w obozie wojskowym koło Melton Mowbray. 1949 roku po egzaminach, Wanda i ja zostałyśmy przyjęte do Grendon Hall. Był to piękny budynek, położony z dala od miasta, gdzie mieściły się klasy i sale rekreacyjne, a profesorowie i wychowawcy zwracali się do nas per "panienki". Tam zaczęłam się uczyć poczucia własnej godności i dumy ze jestem POLKĄ -już nie byłam uchodźcą ani tułaczem i poniewierki skończyły się. Choć była to polska szkoła uczyłyśmy się po angielsku i po polsku, aby po maturze mogłyśmy pójść na studia w Anglii.

Pamiętam Miss Wood, która poradziła nam aby czytać jak najwięcej książek po angielsku, ale do słownika zaglądać bardzo rzadko, chodziło o zrozumienie ogólne języka. Nadal lubię czytać po angielsku.

Prof. Szendzielosz, łacinnik, był naszą uciechą, robił często testy, a ta która najlepiej zdała musiała pójść po cukierek do stołu profesora. Gdy któraś z koleżanek zrobiła uwagę, ze profesor nie chodzi do kościoła, to zaczął chodzić, siadał w mało widocznym miejscu i czytał książkę, oczywiście, była mowa że czyta romanse po łacinie, ale w kościele był.

Pani Romiszewska, matematyk, to była bardzo elegancka dama, tak pięknie nosiła szale, nie mogłam się na nią napatrzeć i ja lubię nosić szale do dziś.

Pani Kuchna Zawadzka, polonistka, nasza wychowawczyni, jedna z najlepszych postaci w szkole Pani Płoska, kierowniczka szkoły, była oddana pielęgnowaniu polskości w panienkach pod jej opieką, ale przy tym wymagająca. Pamiętam że po latach spotkałam ją i chciałam się przedstawić ale ona pamiętała moje imię i nazwisko panieńskie i po mężu.

Miałyśmy też świetnych księży: Kazimierza Krzyżanowskiego i Józefa Gołąb, którzy dali nam solidne podstawy religijne.

Farmację ukończyłam w Plymouth i potem pracowałam przez dziesięć lat w Londynie.

W 1961 wyszłam za mąż za Zbyszka Kądzielę, a w 1962 urodził się Marek. Niestety w 1965 mój ukochany Zbyszek zmarł na zapalenie mózgu i rdzenia kręgosłupa, nie znaleziono przyczyny tej choroby. .

W 1969 zdecydowałam się na emigrację do Chicago, gdzie mieszkała moja rodzina. W Chicago na University of Illinois, zrobiłam Bachelor of Science in Pharmacy. Nie długo pracowałam, bo w 1975 wyszłam za mąż za Dr. Kemal Yon, a w 1976 urodził się Turan. Obaj synowie skończyli studia i mieszkają w Chicago. Marek ukończył BA in Political Science, a Turan BA in Sound Engineering i ma zamiar być słynnym "rock star". Aha, w 1984 rozwiodłam się z Dr. Yon.

Tu muszę powiedzieć kilka słów o mojej siostrze Wandzi. Po zdaniu matury, Wanda ukończyła, Teacher Training College w Hereford i potem wyemigrowała do USA, aby połączyć się z rodziną. Wyszła za mąż za Kazimierza Kaniastego, inżyniera chemii. Niestety, po wielkich cierpieniach z powodu komplikacji cukrzycy Wanda zakończyła życie w maju 1999 roku, pozostawiając męża, trzech synów, synową i dwie wnuczki. Wychowawcy i profesorowie polscy i angielscy w Grendon Hall dbali o wychowanie 'Panienek' i zachęcali do pójścia na dalsze studia. Zawsze za to byłam wdzięczna.

Bardzo lubię podróżować i odwiedzać znajomych w Polsce i w Anglii, a zwłaszcza nasza "czwórkę", Halinę Rudkowską Kłosowską i Zosię Ruczkowską Berdych w Montreal, a Irkę Król Rut w Londynie.

Jestem Polką, Brytyjką i Amerykanką i hymny tych krajów powodują łzy w moich oczach. Mój dom jest w Chicago USA i tu jest moja rodzina.

25 Luty, 2002r. Chicago, Illinois, USA.

Napisała *Bogusława Yon.*

KRÓTKIE WSPOMNIENIA

Anna Sołtysik-Lipińska

Wrzesień 1946r., matura już poza nami, koniec wojny, rozczarowanie, tragedia dla wielu Polaków wierzących i marzących o powrocie do kraju.

Zostajemy w Anglii. Byli żołnierze wracają do cywila, korzystają z różnych kursów przygotowujących do życia cywilnego. Biegnąc myślą do naszej szkoły w Dunalastair, żałuję że tak mały nacisk był kładziony na naukę języka angielskiego, a przecież tak bardzo przydałby się nam, w tych trudnych latach na początku naszego osiedlenia.

W tym samym roku 1946 wychodzę zamąż i opuszczamy piękne i ciepłe strony Sussex i przenosimy się do Huddersfield, a potem Leeds. Mąż mój kończy na północy architekturę, dostaje pracę i ma możność zapewnienia bytu rodzinie.

Dzieci przychodzą na świat, mamy pięciu synów i jedną córkę. W wychowaniu tej gromadki dzielnie pomaga nam moja mama, która przyjechała do nas z Afryki, (obóz Tengeru) i dalej kontynuuje pracę nauczycielki w szkołach sobotnich.

Mąż mój również udziela się społecznie w komitetach parafialnych, uczy w szkole sobotniej, reżyseruje sztuki teatralne w zespole amatorskim.

Lata lecą, dzieci idą na studia, dom pustoszeje i wtedy nadarza się okazja przeniesienia się do Henley, Fawley Court. Kolegium Bożego Miłosierdzia, prowadzone przez OO Marianów od 1953r powstało dzięki wysiłkowi O.J. Jarzębowskiego, przy pomocy Ks. Pawła Jasińskiego, Ks. Jana Przybysza i innych.

Ks. Józef Jarzębowski, wspaniały kapłan, pedagog, poeta i pisarz, szczególnie interesował się okresem powstania styczniowego, będąc zresztą autorem książek z tych lat, a zwłaszcza o Romualdzie Traugucie.

Rok 1979 wrzesień, zaczynamy naszą pracę w Kolegium Bożego Miłosierdzia. Mąż uczył historii, ja pracowałam w bibliotece szkolnej. Polubiłam bardzo swoją pracę, będąc matką pięciu chłopców, łatwiej było mi porozumieć się z krnąbrnymi młodymi uczniami, polubiłam ich, a oni mieli do mnie zaufanie. Najmłodsi tęsknili za rodziną i często popłakiwali sobie w „mojej bibliotece" oczekując na kilka słów pociechy. Starsi czasem prowadzili dyskusje, do których nie można się było nie dołączyć, a gdy głosy podnosiły się, zjawiał się Ks. A.Janicki, Rektor / ściany były tak cienkie, że nie sposób był nie słyszeć/ towarzystwo uciszało się natychmiast. Oczywiście wiemy, że biblioteka powinna być miejscem ciszy, więc brano mi to za złe i mieli rację. Byłam jednak zdania, że chłopcy nie mając innego odpowiedniego miejsca na wymianę zdań i rozmowę, potrzebowali podzielić się z kimś swoimi problemami. Byli to chłopcy z daleka od rodzin, często z rozbitych małżeństw, a kolega nie zawsze był odpowiednim powiernikiem.

Pracowaliśmy w Kolegium siedem lat, do czasu zamknięcia, co nastąpiło w 1986r. Nadal zostajemy w Fawley Court zajmując się Muzeum, mąż jako kustosz, ja biblioteką.

Muszę zaznaczyć, że przed nami, Muzeum i Biblioteką zajmował się p. A.Jacewicz, on uporządkował zbiory i skatalogował część książek, niestety odszedł, a taka szkoda. Napisał też przewodnik po Fawley Court, który był nam bardzo pomocny.

Muzeum początkowo składało się z Biblioteki (Pokój z kolumnami) następnie z pokoju zwanego Salą Muzealną, sala ta była z gablotami, stołami i exponatami. Sala Rycerska, dar ppłk. W. Buchowskiego, znajdowała się w najstarszej części Pałacu w podziemiach. Z przeładowanej Sali Muzealnej, zdecydowano przenieść exponaty do nowego pomieszczenia w podziemiach i tam powstała nowa Sala „Wojska Polskiego". W tym czasie Superiorem był Ks. P. Jasiński, dzięki któremu Muzeum się powiększyło, przybywały nowe obrazy, exponaty, dbał bowiem bardzo o całość.

Niestety mieliśmy mało gablot, stoły służył za gabloty, były nakryte plastykami, nie miały odpowiedniej oprawy, gdyż poprostu nie było na to funduszów. Mimo to Muzeum po otwarciu dla publiczności i ogłoszeniach w prasie, przyciągało wiele zwiedzających interesujących się zbiorami, podziwiając ilość, a nie ich oprawę.

Obecnie w Muzeum zaszły duże zmiany na lepsze, nowe gabloty, odpowiednie oświetlenie. Przeniesiono dwie sale muzealne z podziemia, do suchych sal na górę. Ks. Prowincjał Duda zdobył fundusze, dzięki którym udało się sprowadzić ekipę expertów z Biblioteki Narodowej, którzy uporządkowali dokumenty, starodruki, spisując na komputerze i zabezpieczając w specjalnych teczkach. Książki z osiemnastego wieku, 19go wieku zostały również spisane na komputerze, przez studentki bibliotekarki i historii sztuki. Cieszymy się, że wreszcie te cenne dary i zbiory są udokumentowane i zabezpieczone.

Praca nasza daje nam dużo zadowolenia, szczególnie, gdy oprowadzamy grupy młodzieży i nauczycieli z Polski. Interesują się oni bardzo historią Drugiej Wojny Światowej i naszymi przejściami, które często podawane im były fałszywie.

Muzeum O.O. Marianów jest oknem, przez które nasi gospodarze mogą poznać nasz kraj i naszą historię, o której tak mało wiedzą. Oprócz Brytyjczyków odwiedzają nas Chińczycy, Japończycy, byli też Australijczycy i ci wszyscy mają możność poznać naszą kulturę.

Podziwiają ilość zbiorów zgromadzonych za granicą. Poznają naszą tragiczną historię, krótki okres 20-lecia i znowu wrzesień 1939r. Następnie wywózki do Rosji Sowieckiej, tragedia matek polskich, powstanie Wojska Polskiego na terenie Rosji i walka wojska polskiego na terenie Włoch i Normandii. Przypominamy im o Lotnikach, Marynarzach, Spadochroniarzach pod Arnhem. O Armii Podziemnej, A.K. i to otwiera im oczy na nasz Kraj, nasze losy i wkład nasz do zwycięstwa nad Niemcami. Odchodząc dziękują, że poznali historię ludzi żyjących w ich sąsiedztwie o których losach nic, albo mało wiedzieli.

Wracam do rodziny, dzieci z których większość skończyła studia prowadzą własne firmy. Mamy siedmioro wnuków, często nas odwiedzają. Kiedyś zapytałam Hanię, córkę najmłodszego syna, Jacka, co mam jej kupić na urodziny, odpowiedz była „pierogi", bracia jej Henryk i Konrad też nie gardzą naszymi potrawami. Krzysio lat 19, studiuje na uniwersytecie w Reading, jego siostra Antonia ma 15-cie lat i przygotowuje się do O-Level a Joasia obecnie przygotowuje się do A-Level egzaminu. Najmłodszy Robert, bawi nas znajomością słownictwa polskiego, zasługa mamy krakowianki.

Będąc w Kanadzie spotkałam Krysię Sicińską-Zacios, Jadzię Mączyńską-Friedberg, zaprosiły nas na wspaniały obiad, nie widziałyśmy się od 1946 roku, oczywiście opowiadaniom nie było końca. Jadąc do Polski spotkałam się z Basią Jagielską-Dobrzycką, syn jej jest znanym scenografem w Polsce i za granicą. W Londynie spotykam się często z Jasią Baranowską, znaną malarką, bardzo czynną w kołach artystycznych. Telefonicznie często porozumiewam się z Helą Jóźwiak-Szatkowską i Haliną Kellar-Lubelską.

Może spotkamy się na następnym zjeździe

OLGA STEFANISZYN-HACZKIEWICZ

Grendon Hall dla mnie to oaza do której dotarłam drogą nam wszystkim podobną i dobrze znaną. Po kataklizmowych przejściach przez Syberię, Kazakstan, później Persję, Indie i Tanganikę znalazłam się w Anglii w roku 1948. Po niezliczonych obozach angielskich wreszcie dojechałam do szkoły z opóźnieniem.

W budynku klasy pierwszej nie było dla mnie miejsca, to też małą rozpłakaną dziewczynkę oddano w opiekuńcze ręce starszych już dziewcząt. Dobre były dla mnie i starały się osłodzić te pierwsze tygodnie pobytu w szkole, które zawsze są trudne po rozstaniu się z rodziną. Po feriach Bożego Narodzenia zostałam przeniesiona do moich rówieśniczek i od tej pory rozpoczęła się wielka miłość jaką do dziś czuję dla Grendon.

Gimnazjum internatowe było idealnym schroniskiem dla dziewcząt takich jak ja, mianowicie nowoprzybyłych ze świata, zdolnych a których język angielski, w moim wypadku brak jego, dawało szanse wyższego wykształcenia w innym tempie. Akcentowane były przedmioty ojczyste, wychowanie religijne, przygotowanie do polskiej jak i również angielskiej matury. Był to intensywny i poważny program nauczania. Szczegóły pozostawiam zupełnie na marginesie ponieważ jako jedenastoletnia dziewczynka nie interesowały mnie tego rodzaju detale. Grendon otworzyło mi oczy na zupełnie inny świat. Było w nim tyle słońca ciepła i przygód a dziewczęta-bliskie mi i dalekie koleżanki zawsze uśmiechnięte, wesołe, ambitne a przede wszystkim ładne-najładniejsze dziewczęta to GRENDONIANKI. Odróżniały się od innych swą pogodą i zachowaniem.

Dnie zaczęły się wypełniać najrozmaitszymi przeżyciami. Grono nauczycielskie przysparzało pracy i wypełniało dni dla ambitnych i mniej zainteresowanych, a po lekcjach i odrabiankach zaczynało się dopiero żyć. Końce tygodni były szczególnie piękne. W sobotę po szczegółowym sprzątaniu naszych sypialni, które bardzo często dawały temat do rozrabiania, a później zbiórka w sali-Rela grała na fortepianie a my uczyłyśmy się tańczyć. Były też i spacery, sport, tańce ludowe i kino (ach! Eddy Nelson i Jeanette Mcdonald!)

Do moich najpiękniejszych przeżyć należały te które połączone były z organizowanymi przez Ks Krzyżanowskiego imprezami np. rozgrywki gry w palanta! Ksiądz zbierał grupę najmłodszych na łące tuż poza obrębem szkoły i napełniony energią do gry, biegał jakby miał skrzydła i okrzykiwał sukcesy własnej drużyny. Bardzo nam go brakowało kiedy wyjechał do Rzymu na dalsze studia.

Ksiądz Krzyżanowski miał piękny głos. Lubił śpiewać i lubił być otoczony śpiewającymi dziewczętami. Jego chór rozkochany w melodiach, które Ksiądz sam tak umiejętnie dobierał, szczycił się wieloma sukcesami.

Podczas jego krótkiego pobytu w Grendon, Ks. Krzyżanowski zorganizował przedstawienie pod tytułem „Wesele na Kurpiach"- Ksiądz bowiem lubił bardzo ludowe pieśni. Udane przedstawienie w którym brałam udział w roli Teosia, nadał mi przydomek Teosia i tak mnie Ksiądz nazywał przy naszych spotkaniach.

O każdym z profesorów mogłabym dodać dużo miłych wspomnień a szczególnie o Pani Skoróbskiej. Była wtedy młoda i oczarowała nas wszystkich swoją piękną spódniczką „new look" na balu stodniówkowym. Wyglądała pięknie! Jaką tragiczną postacią okazała się na jednym ze spotkań-jej już ostatnim.

Wszystkie borykałyśmy się w większej i mniejszej mierze z nauką, szczególnie języka angielskiego, ale czułam się szczęśliwa bo nikt w Grendon nie doznał upadków, każdy, nawet mały nasz sukces był doceniany. Życie przecież składa się z tysiąca małych sukcesów a w Grendon Hall doznałam ich wiele.

MARIA SZUBER-KIELLERMAN

W roku 1948 wyemigrowałam do Kanady i zamieszkałam w Toronto. W 1952r wyszłam zamąż za Polaka-ze szkoły Junaków.

Mamy syna i 4 córki i 10-cioro wnuków. Wszyscy są wykształceni i na dobrych stanowiskach.

Teraz oboje z mężem jesteśmy na emeryturze i zwiedzamy świat. Byliśmy już we Włoszech, Argentynie, Anglii, Polsce i Ukrainie (Lwów, Tarnopol, Zbaraż).

Jesteśmy zdrowi i mamy wiele zainteresowań i należymy do rożnych polskich organizacji.

15-ty styczeń 1998r.

UPŁYWA SZYBKO ŻYCIE

Maria Świda - Wawroska

Rzeka Tummel spokojnie wypływała z Loch Rannoch, drzewa parkowe z cicha szumiały. W starym, szkockim zamku Dunalastair House toczyło się pensionarskie życie. Najstarsza klasa przeżywała swoje ważkie dnie.

Był to dzień sądu ostatecznego—matura. Oderwane od życia, zauczone do ogłupienia, raptem stałyśmy się bohaterkami sezonu.

W pierwszym tygodniu trzydniowe egzaminy pisemne, w następnym ustne.

Znana od trzech lat klasa wydała się jakaś inna. Aha, na froncie długi stół prezydialny, nakryty zielonym suknem. Z boku nieduży bufecik. Byłyśmy już po śniadaniu, a tu jeszcze jakieś frymuśne kanapeczki, „petifurki", kawa.

Pani przełożona osobiście odlicza krople waleriany, komu wola,—na uspokojenie. Profesorowie zstąpili z piedestałów, podają kawę, chyba na rozwianie tępoty umysłowej. Potulnie zażywamy walerianę, popijamy ją kawą.

Srogi ksiądz prefekt to już nie karzący Archanioł z połyskującym groźnym mieczem, ale poczciwy, opiekuńczy Anioł Stróż. W myślach wzywa pewnie Ducha Świętego na ratunek.—czy nie zapóźno?

Nad wszystkimi góruje postać delegata z ministerstwa, przewodniczącego komisji egzaminacyjnej.

Siadamy przy naszych stołach. Wszystko za mgłą. Kompletne otępienie.

Dopiero otrzymanie tematów egzaminacyjnych jest jakby iskrą elektryczną, pobudza świadomość. Wszystko dookoła staje się nieważne. Skoncentrowana myśl pracuje intensywnie nad tematem i to przywraca spokój i równowagę ducha.

Na uroczystości rozdania świadectw maturalnych śpiewałyśmy piosenkę: „Upływa szybko życie...i nasze młode lata popłyną szybko w dal..."

Jakże szybko przepłynęły.

Po zdaniu matury w 1945 roku trudno się było dostać na studia. Anglicy przestali się entuzjazmować Polakami. Starali się jak największą ilość wypchnąć ze swej wyspy i nie ułatwiali już nam życia.

Polskie Gimnazjum i Liceum im. Marii Curie Skłodowskiej w Szkocji powstało po to, aby przynajmniej część młodzieży wykształcić na powojenny powrót do Polski. Tymczasem życie, które chodzi własnymi drogami, na inne tory to skierowało. Do zniewolonego kraju wrócił tylko znikomy procent. A my swoją polskość, swoją wiedzę o niej, miałyśmy rozmieść po szerokim świecie—ocalić, zachować, przekazać następnym pokoleniom.

W 1949 r. wyjechaliśmy do Argentyny. Tamtejsza Polonia powojenna była liczna, prężna i dobrze zorganizowana. Po wyjściu dzieci z niemowlęctwa włączyłam się w życie polonijne. Zaczęłam pracować w redakcji tygodnika Głos Polski. Nie zależnie od tego pisywałam dorywczo do Kuriera Polskiego, Młodego Lasu, Bóg i Ojczyzna.

Włączyłam się też czynnie w działalność Polskiej Macierzy Szkolnej. Prowadziłam teatr dla dzieci i młodzieży i wiele innych imprez. Otrzymałam wtedy śliczny, choć b. zabawny komplement. Był to chyba jakiś egzamin konkursowy z wiadomości o Polsce. Któryś z egzaminatorów zadał niespodziewane pytanie:

Dzieci, a czy wiecie, co to jest P.M.S.?

Kilkoro podniosło ręce. Zapytany rezolutny dziesięciolatek, z pełnym przekonaniem wyrecytował:

—P.M.S. to jest Pani Maria Swida.

Choć był to tylko zbieg podobnych inicjałów, ciepło mi się w sercu zrobiło.

W roku 1963, przed samym już wyjazdem do Stanów otrzymałam pierwszą nagrodę na konkursie literackim w Belgii za sztukę sceniczną p.t. Klawikord.

Mam takich miłych „szpargałków" więcej: podziękowania, gratulacje, recenzje i.t.p.

O tych drobnych sukcesach piszę nie ze względu na siebie. Chcę tylko wykazać, że mogłam je osiągnąć dzięki temu co wyniosłam z naszej szkoły. Wyrażam też tym swoją wdzięczność naszym nauczycielom i wychowawcom.

Wiele zadowolenia daje mi też to, że dzieci nasze mówią poprawnie po polsku, bez akcentu, czytają polskie książki i mają serca otwarte na sprawy polskie.

Z wnukami trochę gorzej—zdarza im się powiedzieć „moja kolega", ale też się interesują sprawami polskimi. A prawnuki?

Mieszkając w Kalifornii trochę się jeszcze udzielałam sprawom polonijnym: w szkole i w prasie, jednak praca zawodowa przez przeszło ćwierć wieku w Banku Amerykańskim zbyt wiele czasu i sił pochłaniała.

Dziś już oboje z mężem jesteśmy emerytami—zamknięci we własnej szklanej kuli, z ulubionymi książkami, prawdziwą muzyką ze starych płyt, z dawnymi, ulubionymi filmami. Chętnie wychylamy się z tego kręgu do dzieci i przyjaciół, lub z konieczności do spraw bieżących. Z żałością w sercu oglądałam fotografie obecnego Dunalastair House. Dawny zamek kompletnie zrujnowany. Park podobno zaniedbany. A czy nadal jeszcze tak ślicznie kwitną rododendrony?—I czy nas pamiętają? Bo ja pamiętam. W sercu ten piękny zakątek mam wyryty.— Czasem mi się śni.

Wyjątek z opowiadania: „ Powiedziały Rododendrony "
Marytka Wawroska Maria Świda - Los Angeles, 2001

IZABELLA TELEŻYŃSKA

Urywki z Dziennika Polskiego z 14go października 1993r.
Maciej Cybulski pisze:

Lata wojny pani Izabella spędziła w Szkocji (była uczennicą Dunalastair House). Po przyjeździe do Polski związała się wyłącznie z warszawskim Teatrem Dramatycznym, w którym grała przez siedem lat.
Kiedy przyjechała do Anglii, wiele się zmieniło. Izabella Teleżyńska zaczęła grać po angielsku, a wybitny reżyser filmowy Ken Russell obsadza ją w rolach dramatycznych. Wtedy okazało się, że jest również charakterystyczna i komediowa. Nie interesują jej natomiast płaskie postacie amantek albo „szarych myszy". Dziś woli film, bądź telewizję od teatru.
Moje filmowe pierwsze spotkanie z panią Izabellą zdarzyło się dzięki „Izydorze".
W tym imponującym filmie o życiu „arcykapłanki" tańca wyzwolonego, w reżyserii Karela Reisza, z Vanessą Redgrave w głównej roli, Izabella grała krótką epizodyczną rolę, w której jest akcent dramatyczny, a zarazem prawie komiczny. Zauważyłem już wtedy, że jest to świetnie zagrane.
Potem przyszedł następny film Russella „The Music Lovers (Kochankowie muzyki) o Piotrze Czajkowskim. W centralnych rolach Richard Chamberlain, Glenda Jackson i Izabella Teleżyńska. Gra ona

baronową von Meck, osobę samotną, bardzo bogatą, zakochaną w muzyce i-Czajkowskim.
Rola Madame von Meck stała się dla Izabeli Teleżyńskiej otwartą na oścież bramą do kinematografii najwyższej próby. Przyszedł Luchino Visconti. Potomek renesansowych władców Mediolanu, umiał ocenić śródziemnomorską urodę i głos Izabeli. Ale chyba nade wszystko dostrzegł jej wszechstronne możliwości artystyczne. W epokowym i kostiumowym filmie „Ludwig" dał jej dużą rolę królowej matki.
Gra też w polskim filmie „Bestia" (prof.Andrzej Wajda, reż. Jerzy Domaradzki).
Telewizja też nie jest obca pani Izabelli. Wystarczy wymienić brytyjskie filmy Kena Russella „Piekło Danta"- rola Krystyny Rossetti, „Debussy" i „Opary chwały", a z amerykańskich „Białego królika" i „Opowieści starych kobiet"... W londyńskim teatrze Watford występowała w zabawnej, ale gorzkiej chwilami komedii „Zabicie siostry George."
Długa rozmowa z nią była interesująca, kiedy mówiła o sprawach sfery filmu i teatru. Opowiadała np. jak ciężko było jej w Londynie, kiedy nie miała kontraktów. Miała natomiast córkę w nietaniej na pewno szkole. Kupowała warzywa na straganach, żeby się przeżywić. Ale kiedy przyszliśmy z żoną do jej mieszkania na Kensingtonie, to koniak się znalazł.
Inny przykład zmysłu humoru pani Izabeli zanotował Lesław Bobka w Buenos Aires: „Poszukiwano właśnie (w Hollywood) aktorki z cudzoziemskim akcentem, która umiałaby zagrać charakterystyczną rolę 50-letniej kobiety. Nie przemawiało to do mnie zupełnie; dla aktorki 50 lat to żaden wiek. Dlatego też na zdjęcia próbne ucharakteryzowałam się na 90-letnią zwariowaną staruszkę w łachmanach. Skutek był taki, że cały zespół włącznie z reżyserem prychnął śmiechem. Rolę oczywiście otrzymałam z tym, że musiano wprowadzić zmiany w scenariuszu. Aktor, który miał grać mojego męża, grał ostatecznie mojego syna. To właśnie „pandemonium".

159

WSZYSTKO CO PRZYJEMNE

Krysia Biernakiewicz-Kosiba

Wszystko, co przyjemne, dość prędko przemija
Tak i nasza książeczka końca już dobija.
Zastało nam już tylko pięknie podziękować wszystkim,
Którym chciało się trochę popracować
Nad zdobyciem materiału, papieru i zdjęć
Poświęcić trochę czasu, ważniejsze mieć chęć.

Hali (T-B) za urzędu prezeski piastowanie
Transport tam i z powrotem, telefonowanie
Za zgodę i harmonię w zarządzie trzymania i
Sprawne prowadzenie każdego zebrania.
O Danuś, Wisi i Isi walorach niecodziennych
Pisałyśmy już w rubrykach odmiennych.

Jeszcze o Halinach, którym Bóg dał zdolność do ołówka
Trzeba i o nich wtrącić chociażby dwa słówka.
Humlowa piękne kartki nam narysowała
Kuźmierkiewicz natomiast pierwszą stronę zaprojektowała.
A teraz zagadka:, która to być może?
Pomyślcie, rozpoznajcie - to nie ja, broń Boże.

Trzech synów, jedną córkę sama wychowała
Sama, bo bardzo wcześnie owdowiała.
W domu zawsze pełno przyjmowała gości
Do stołu zasiadały, wielkie ich ilości.
Szyła, piekła, paczki do kraju wysyłała
I Matki do późnego wieku doglądała.

Bez niej i tej książeczki pewnieby nie było
Bo fotokopiowanie samo by się nie zrobiło,
20 tysięcy kartek! Głupstwo, bagatela,
A ona je sama odbija, rozdziela,
Numerami układa i przygotowuje
Mimo że maszyna stara i często się psuje.

Czyści ją, oliwi, smaruje, ustawia
I w między czasie jeszcze dwoje wnuków zabawia.
Czy zgadłyście? Łatwe, napewno już wiecie
Że to niestrudzona nasza Iza (M-L) przecie.
Została jeszcze Krystyna (B-K) zdolnościami nie świeci
Za wiele ma pomysłów i trochę wierszo-kleci.

ZASŁYSZANE

Czy wiecie że:
> *Krysia Bernakiewicz-Kosiba,*
> *Danka Ruchaj-Bogdanowicz-Rosco i*
> *Hala Tomaszewska-Klimacka-Batog.*

Po „przejściu na emeryturę"- czyli po przekazaniu różnych funkcji w Zarządzie Koła Absolwentek Szkoły w Scone, Dunalastair i Grendon młodszym koleżankom, postanowiłyśmy w jakiś inny sposób wypełnić sobie „wolny" czas. Wybór padł na prace w Zjednoczeniu Polek na Emigracji, organizacji charytatywnej, która powstała w 1946r. i ma za cel pomaganie osobom biednym, samotnym, wielodzietnym rodzinom, chorym dzieciom i.t.p. Praca absorbująca i dająca bardzo dużo satysfakcji. Danka została wybrana przez Zarząd Zjednoczenia jako przewodnicząca, załatwia korespondencję i bieżące sprawy, Hala, z wielkim zapałem pakuje paczki wysyłane do Polski, Krysia czyta listy z prośbami i przydziela pomoc. Ostatnio Krysia dokooptowała do pomocy Danusię Gorgolewską-Gąsiorek, która pięknie pisze na komputerze.

Na tym jednak nie kończy się udział koleżanek w pracy społecznej. Od paru już lat Hala i Krysia pracują w Bibliotece w POSKu porządkując materiały w archiwum. Do tej pracy ściągnęła je Gienia Polnik-Maresch, była przewodnicząca. Janka Salach-Typrowicz i Wiesia Deputowska-Błaszczak również biorą udział w pracy w Bibliotece.

Danka już od 16 lat pracuje dla Medical Aid for Poland. Zaczęła pracę w magazynie przy sortowaniu lekarstw, po zlikwidowaniu magazynu i założeniu sklepu pracuje w nim razem z Halą Leszkowicz-Kuźmierkiewicz i przez pewien czas z Totą Dembińską-Żubkowską. W magazynie dotrzymywała jej kroku Oleńka Jaczyńska-Chrzanowska. Czas leci – koleżanki się nie starzeją – ciągle jeszcze mają czas, siły i ochotę na pracę społeczną i pomoc dla innych. Plecy bolą, biodra i kolana 'wysiadają', ale animusz i zapał do pracy jeszcze jest. Oby tak dalej.

> *Danusia Marszewska-Wilowska i Lonia Leszczyńska-Kwiatek* otrzymały Medale Zasługi od Arcybiskupa. Szczepana Wesołego za gorliwą pracę dla kościoła i Polskiej Wspólnoty Emigracyjnej.

> *Halina Skibinska* otrzymała Medal Zasługi od Arcybiskupa Szczepana Wesołego za długoletnią pracę dla kościoła i Polskiej Wspólnoty Emigracyjnej w Londynie. (28 kwiecien,1994)
Oraz Złoty Krzyż Zasługi od Rektora Polskiej Misji Katolickiej w uznaniu zasług dla duszpasterstwa polskiego.(21 grudzień, 1994)

> *Emilia Nowicka-Knapczyk* otrzymała - Złoty Krzyż Zasługi za zasługi w krzewieniu kultury polskiej wśród społeczeństwa angielskiego. Od S.P.K. otrzymala Złotą Odznakę Honorowa w uznaniu zasług położonych dla realizacji celów stowarzyszenia. Jest działaczem Harcerskim i prezeską Polskiej Wspólnoty w Nottingham.

Niewątpliwie wiele innych byłych absolwentek szkoły otrzymało podobne odznaczenia, ale, z przykrością stwierdzamy, że nie mamy danych szczegółów.

> *Krysia Ackerman-Sadowska*, nasza była reprezentantka na Kanadę, zorganizowała w Toronto w 1995 I-szy Zjazd w Ameryce Północnej dla koleżanek którym trudno przyjeżdżać do Londynu. Obecnych było 16 osób.

> *Wisia Andrzejewska-Hobot* spędza swój czas pomiędzy nowym mieszkaniem na Beckenham a Kanadą. Przez wiele lat prowadziła ożywioną korespondencję w imieniu naszego Koła z wszystkimi pozostałymi członkami grona nauczycielskiego.

➢ **Ks. Lucjan Bernacki**, nasz dawny prefekt z Dunalastair House, po powrocie do Polski został Sufraganem Gnieźnieńskim. Umarł w Rzymie w drodze do Londynu, na nasz Zjazd w 1975r.

➢ **Krysia Bernakiewicz-Kosiba**, była prezeska (1983-1984), była inicjatorką „Fotoramy" i Biuletynu a teraz pracuje charytatywnie w Zjednoczeniu Polek i Bibliotece POSKu. Krysia wybrała się na dwie wycieczki - wycieczkę Polorbisu do Warszawy, Krakowa, Zakopanego i Żelazowej Woli w towarzystwie Anglików, Amerykanów i Kanadyjczyków z polskimi połączeniami (między innymi wdową po znanym pisarzu Graham Greene i Japończykiem szukającym wpływów polskiego krajobrazu na muzykę Chopina). Druga wycieczka zaniosła Krysię do Kinloch Rannoch (niedaleko od Dunalastair House) i wspinaczkę na Schiehallion'a w towarzystwie „chłopców" z naszych młodszych lat. Krysia mieszka w Londynie, ma dwie córki i wnuka.

Pacjenci w Harrow i Wembley ciągle jeszcze wspominają
➢ **Dr. Zytę Warner (Betowską)** która przeszła na wczesną emeryturę.

➢ **Hanka Bogucka-Nowosielska** skończyła architekturę w 1948r. Wraz z mężem wyjechała do Afryki Zachodniej gdzie spędziła siedem lat - po powrocie z Afryki osiedliła się w Dundee w Szkocji gdzie jej mąż wykładał na uniwersytecie. Hanka ma siedmioro dzieci, wszystkie z wyższym wykształceniem.

➢ **Ela Bulewicz** wróciła do Polski, jest kierowniczką Zakładu Chemii Nieorganicznej Instytutu Chemii i Technologii Nieorganicznej w Krakowie.

➢ **Jadzia Chruściel,.Kozak"** nasza jedyna z „PSMK" kobieta z Marynarki Wojennej w szkole była źródłem wiadomości o Powstaniu Warszawskim i chodzącym śpiewnikiem piosenek. Od niej nauczyłyśmy się wielu piosenek. Po wyjściu ze szkoły uczyła młode zastępy harcerek w USA polskich pieśni. Projektowała piękną biżuterię, broszka „Apollo 16" - księżyc wysadzany brylantami i rubinami - poleciała z załogą na księżyc. Na Zjazd z okazji 50-lecia szkoły (w 1991 r.) przysłała 100 broszek dla uczestniczek, broszki zaprojektowała w kształcie kwiatu rododendrona rosnącego w ogrodach Dunalastair House.

➤ **Pani Maria Dąbrowska,** która uczyła nas robot ręcznych i gimnastyki w Dunalastair wróciła do Polski w 1947r., ale stale utrzymywała kontakt z nami. W jednym z listów wspomniała pobyt w Dunalastair i piosenki śpiewane przez uczennice w czasie haftowania obrusu na prezent ślubny dla księżniczki Elżbiety

➤ **Syn Basi Jagielskiej-Dobrzyckiej,** Rafał, jest wybitnym polskim scenografem teatralnym. Basia mieszka w Krakowie.

➤ **Bożena Dybaś,** lekarz, specjalista od chorób skórnych, mieszka na Ealing'u.

Znaną dentystką w Łodzi, zanim przeszła na emeryturę, była
➤ **Irka Filipiec-Styczyńska.** W szkole słynęła z ładnego, mocnego, głosu. Irka zaczęła studia dentystyczne w Newcastle on Tyne, skończyła w Polsce.

➤ **Hela Gajdzik-Woszczyńska** słynie z wyrobu przepysznych drożdżowych bułeczek i pierogów z kartoflami i serem. W szkole Hela wyhaftowała piękny obrus który zdobił ołtarz w kaplicy w Scone Palace.

➤ **Teresa Gałecka-Łubkowska** miała bardzo udaną wystawę swoich akwareli w Galerii POSKu. Jej uczennica Lindka Cierach projektowała suknię ślubną Duchess of York.

➤ Policjanci londyńscy słyną z uprzejmości - nic dziwnego nasza **Danusia Gorgolewska -Gąsiorek** przez wiele lat przykładała się do tego wykładając w szkole policyjnej w Hendon.

➤ **Marysia Hepel-Czyżewska** jest zapaloną brydżystką, jej mąż pisał do „Dziennika Polskiego".

➤ **Małgosia Hudec-Swiętochowska** bardzo lubi psy i rośliny. Uprawia dwa ogrody i działki. Odwiedzające koleżanki obdarowuje własnego chowu jarzynami i owocami.

➤ *Mira Jaroń-Newbold* od 1967 r. mieszka w Nowej Zelandii. Studiowała dentystykę na uniwersytecie w Leeds gdzie poznała swego męża również studenta dentystyki. W Nowej Zelandii oprócz praktyki dentystycznej próbowali hodować kury i prosięta. Mają trzech synów.

➤ *Zosia Konwerska-Milkowska* mieszka w Londynie. Ma córkę.

➤ *Halina Koźlakowska-Ostrowska* mieszka w Essex, reprezentowała naszą szkołę na pogrzebie pani Płoskiej.

➤ *Hala Leszkowicz-Kuźmierkiewicz* pracuje charytatywnie w sklepie Medical Aid for Poland Fund. Ma syna i córkę.

➤ *Danka Marszewska-Wilowska* słynie w Londynie z prowadzenia zebrań. Była już wielokrotną prezeską w różnych stowarzyszeniach. Udziela się, wraz z - *Lonią Leszczyńską Kwiatek* w Kole Pań na Balham organizując bazary, loterie, tombole, i.t.p.. Za ich długoletnią pracę w parafii na Balham obie dostały odznaczenia od Arcybiskupa Szczepana Wesołego.

➤ *Krysia Mindak-Kowalczyk* tańczyła w Mazurach, ma syna i wnuki.

➤ *Danusia Mniszek* mieszka w Brighton. Jest doktorem psychologii, swoje prace przedstawiła na Kongresie Światowym Zdrowia Psychicznego. Z jej ogródka jest piękny widok na morze i dużą część Brighton.

➤ *Danka Modzelewska-Dąbska-Nerlich* pięknie maluje, wystawiała swoje obrazy w jednej z londyńskich galerii.

➤ *Śp. Danusia Nowacka-Wolnik* wychowała czterech synów. Kurierowała przez wiele lat z wycieczkami do Polski i prowadziła sklep z antycznym srebrem w Niemczech.

➤ *Śp. Profesor Nowacki* w 1977, na 35-lecie matury klasy której był wychowawcą, z wszystkimi byłymi uczennicami wypił „bruderschaft".

➤ *Krysia Orechwa-Nowobilska* jest naszą reprezentantką na USA i sprawuje tę funkcję z wielkim zacięciem i, mamy nadzieję, z przyjemnością.

➤ *Śp. Irka Pawłowska-Filipiec* pracowała jako dentystka w Manchester. Na emerytalne lata przeniosła się z mężem do Szkocji.

➤ *Genia Polnik-Maresch* oprowadzała Lecha Wałęsę i Tadeusza Mazowieckiego po bibliotece w POSK'u, której była prezeską. Z okazji 50-lecia istnienia Biblioteki zorganizowany został w POSK'u Wieczór Literacki z udziałem profesora Normana Davies'a, Adama Zamojskiego i Allana Simmons'a. Również Genia, jako Przewodnicząca Komisji Bibliotecznej i Wiceprezes POSKu brała udział w otwarciu wystawy poświęconej historii i działalności Biblioteki Polskiej w Londynie w nowo otwartym gmachu Biblioteki Narodowej w Warszawie.

➤ W Chicago dom pp. Mazurskich słynie z gościnności. *Czesia Przekop-Macuska* często przyjmuje koleżanki włącznie z odstawianiem na lotniska. Przez wiele lat pracowała w firmie Marshall and Fields w Chicago.

➤ *Teresa Robak* przez parę lat pracowała w Polskiej Sekcji Radia Wolnej Europy.

➤ *Danka Ruchaj-Bogdanowicz-Rosco* jest Przeską Zjednoczenia Polek, pracuje w Medical Aid for Poland, prowadzi szerokie życie towarzyskie, gra w brydża, jeździ na nartach i jeszcze na wszystko ma czas.

➤ *Alina Ruchaj-Pietkun* wcześnie owdowiała, wychowała dwie córki i syna, uprawia ogródki zaopatrując całą rodzinę w owoce i jarzyny.

➤ *Marysia Salach-Słubicka* mieszka w Kanadzie.

➤ *Janka Salach-Typrowicz* świetnie gra w brydża, jeden dzień w tygodniu pracuje w bibliotece POSK'u.

➢ **Lala Schon-Koch (*Halina Koch*)** w London Ontario urządziła swój dom w stylu hiszpańskim. Prowadzi pensjonat. W wolnych chwilach, a ma ich niewiele, maluje i rzeźbi.

➢ Najlepszą kawę i herbatę w kawiarni przy kościele św. Andrzeja Boboli po mszach świętych w niedziele i święta robi ***Halina Skibińska***. Halina jest naszym stałym kontaktem z kościołem i restauracją przy kościele.

➢ ***Anna Sołtysik-Lipińska*** mieszka w Henley-on-Thames, była bardzo zaangażowana w bibliotece Fawley Court. Mąż jej został udekorowany Krzyżem Kawalerskim Orderu św. Sylwestra w kościele św. Anny w Fawley Court.

➢ ***Joasia Sołtyska-Barton*** mieszka w Australii.

➢ ***Halka Sliwińska-Butler*** wyemigrowała z rodziną do Argentyny skąd po 12 latach przeniosła się na stałe pod San Francisco, USA. Córki jej brały udział w obozach harcerskich prowadzonych przez Jadzię Chruściel na terenie USA.

➢ Kanadyjscy Eskimosi w latach 80-tych chodzili w koszulkach „Solidarność" przywiezionych z Polski przez ***Jasię Świetlik***. Artystyczne fotografie Jasi sprzedawane są jako pocztówki i widoki na kalendarzach.

➢ ***Halina Szalińska Huml*** w czasie wojny chodziła do szkoły we Francji. Studiowała w St. Martin's School of Arts, przez lata prowadziła Sekcję Rozrywkową w POK'u na Ealingu. Ma dwie córki.

➢ ***Hala Tomaszewska-Klimacka-Batog***, nasza była prezeska (1990-1997) ma syna który był w Sandhurst i West Point a obecnie ma firmę produkującą piękne meble w Irlandii. Córka Hali mieszka w USA - ma trzech bardzo wysportowanych synów. Hala została odznaczona w 1992r. medalem papieskim „Exsuli Bene de Ecclesia Merito" za pracę na terenie parafii Willesden Green.

➢ ***IsiaTomaszewska-Giżejewska***, nasza była skarbniczka, ma jedną córkę.

Tak cudownie inwestowała, mnożyła i dzieliła nasze składki (£2 rocznie) że zawsze na wszystko wystarczyło i jeszcze mogłyśmy pomagać innym. W czasie jej „urzędowania" udało nam się wygospodarować: ogólną sumę £3,543.15 w ciągu 9-ciu lat:
Na pomoc dla koleżanek w Kraju
Na Dom Dzieci Niepełnosprawnych w Krakowie
Na Dom Dzieci w Puławach
Na cegiełkę kościoła w Jeleniej Górze
Na Fundusz Biblioteczny
Dotacje, nekrologi, prezenty dla księży i.t.p

➢ *Ewa Tomaszewska-Kot*, była naszą pierwszą prezeską (1970-1971) i organizatorką zjazdu na Balham w 1971 roku, który zapoczątkował działalność naszego Koła. Ewa zawsze bierze czynny udział we wszystkich naszych spotkaniach pomimo choroby, która jej już od paru lat dokucza, jest zawsze pogodna i uśmiechnięta.

➢ *Alina Ulicka-Uchman* opiekuje się „seniorami" w Nottingham, organizuje wycieczki letniskowe nad morze w Anglii i do Polski. Można ją zawsze spotkać w Polskim Centrum Parafialnym – zawsze uśmiechnięta, służąca wszystkim pomocą i radą.

➢ *Śp. Profesor Wieniewski*, który prowadził „Kącik Językowy" w Dzienniku Polskim, uczył łaciny w Scone, a do Dunalastair przyjeżdżał jako egzaminator maturalny. Umarł w 'Antokolu', Chislehurst, Kent.

➢ *Ela Wołłowicz-Bisping* mieszka w Kanadzie, skończyła szkołę garncarstwa i pracowała przez 15 lat ucząc innych i sprzedając własne wyroby. Ela ma dwie córki i trzech synów i całą gromadę wnucząt.

➢ Słynna w Londynie malarka *Janina Zbaraszewska-Baranowska*, Prezeska Stowarzyszenia Plastyków, to też nasza koleżanka z Dunalastair. Jej obraz Matki Boskiej zdobił główny ołtarz w kaplicy w Dunalastair.

➢ *Danka Zielińska-Scott* mieszka w Anglii, ma syna, trzy córki i siedmioro wnuków. Od paru lat walczy ze zdrowiem, ale nie poddaje się.

Ciekawostka!

Hala Tomaszewska-Klimacka mieszka na ulicy
Blair Ave., obok
Kinloch Drive i
Rannoch Avenue
czy to przypadek?

LISTA UCZENNIC SZKOŁY

]Szajdewicz-Gawalewicz Mira
Adler Polak Bronisława
Alexander Klamut Zofia
Antosiak-Duźniak Henia
Arkinówna Irka
Aubrey Mielniczek Danka
Babicz Bala Teresa
Bałaban-Kamińska Janka
Banasiewicz Halina-Smardzewska
Baranowska Zbaraszewska Jasia
Bargielska-Przewoźniak Hanka
Bargielska-Stanecka Maria
Bartel-Kalińska Lala
Barton -Sołtyska Joasia
Bartoszewska -Kobylec Miecia
Bautsch-Witkowska Jadzia
Bazylko-Radomska T. Grażyna
Bąk-Collins Wanda
Bednarczyk -Hebda Danka
Benett -Grabowska Janka
Berdych-Ruczkowska Zosia
Bermbridge -Bomba Roma
Bernakiewicz –Kosiba Krysia
Bernas -Głowacka Irka
Betowska-Mudrewicz Bożena
Bielska -Puszczyńska Olesia
Bird -Zaleska Marysia
Bisping -Wołłowicz Ela
Błaszczak Deputowska Wiesława
Bogatek-Kafka Stasia
Bogdanowicz–Rosco-Ruchaj Dana
Bomba-Bembriddge Roma
Borkowska -Fait Janina
Bortnowska -Sławecka Hanka
Brinkenhoff -Melichar Hanka
Bukraba-Wyszyńska Krystyna
Bulewicz-Padhey Ela
Burgar-Król Ziuta
Burhardt-Kowalewska Krystyna

Burkraba Zosia
Butler -Śliwińska Halina
Carson -Krawczuk Krystyna
Chętowska Krysia
Chrobok-Deskur Zosia
Chruściel Jadzia
Chrzanowska -Jaczyńska Aleksandra
Chwedyk -Kwoka Renata
Ciuła-Michałowicz Fela
Curtis -Zemanek Wanda
Czarnecka Halina
Czepiel -Lesgold Giena
Czerkawska Popiel Hanka
Czerniajew-Szablewska Barbara
Czerniak-Skoczek Kamila
Czuło -Synowiec Janina
Czumaczenko-Sawicka Natalia
Czyżewska -Heppel Marysia
Ćwikowska-Głowczyńska K
Ćwikowska-Głowczyńska Krystyna
Dąbowiecka-Sikorska Basia
Dąbska-Nerlich-Modzelewska Danka
Dembek -Trybuchowska Irena
Dembińska –Zubkowska Antonina
Deputowska-Błaszczak Wiesława
Deskur -Chrobok Zofia
Dmowska -Relich Halina
Dmuchowska Rózia
Dobrzycka -Jagielska Basia
Dover Malicka Mira
Draus-Musiał Wanda
Dunin-Borkowska-Grzęda Hanka
Dybas Bożena
Dybowska-Gerburgh Janka
Dziemianko -Raginia Mira
Dzieślewska -Telerzyńska Izabela
Dziuba -Krzywiec Krystyna
Emerle -Jaźwińska Marysia
Englicht-Jarosz Krystyna

Fabierkiewicz-Fabrycy Marysia
Fanzos-Buttawoth Liana
Farbotko Teresa
Fijołkowska -Płoska Jotka
Fila -Organistka Halina
Filipcówna-Styczyńska Irena
Filipiec -Pawłowska Irka
Finegan -Leśniowska Zofia
Firley-Ornas Zofia
Foremna-Obuchowicz Stefa
Friedberg -Mączyńska Jadwiga
Galica-Murphy Anna
Gałecka-Łubkowska Teresa
Gara -Dybowska Janina
Garbacka -Czapka Zofia
Garlicka -Messinger Krysia
Gatowska -Świryd Irka
Gawalewicz -Szajdewicz Mira
Gąsiorek -Gorgolewska Danuta
Gerber -Szumiejko Krysia
Gieszczykiewicz -Jaroń Stenia
Giżejewska- Tomaszewska Isia
Gładysz-Dobrowolska Wanda
Głowacka-Bernas Irena
Głowacka-Szczepańska Hanka
Głowczyńska-Ćwikowska   K
Goczyła Kulig Krystyna
Godlewska -Antosiak Alfreda
Gorgolewska-Kłodzińska Basia
Gorgolewska-Wąsowska Hala
Grabowska-Bennett Janka
Gralak- Żurek Zofia
Grzenda -Dekańska Alina
Grzesik -Burzawa Maria
Hebda-Bednarczyk Danka
Hebda-Ocwieja Irka
Heppel-Czyżewska Marysia
Hergorel-Strzelczyk Krysia
Hildenbrandt Hanka
Hirowska-Sierakowska Ewa
Hobot -Andrzejewska Wisia

Horrocks-Krzyska Krystyna
Horrocks-Tabaka Danka
Hudeć-Świętochowska M.
Huml -Szalińska Halina
Hurna -Zabłocka Irena
Jabłońska -Kinasz Maria
Jackowska -Durkacz Renata
Jaczyńska-Chrzanowska A.
Jakubowska-Pawlik Stasia
Jankowska-Miarkowska D.
Jaroń-Geszczykiewicz Stenia
Jaroń-Newbold Mira
Jarosz -Englicht Krystyna
Jarosz -Wiluś Marysia
Jaworska -Ponfic Maria
Jaworska-Kłopotowska Basia
Jaworska-Niemczyk Marysia
Jaźwińska-Emerle Marysia
Jeruzalska-Kisiel Janka
Johns Pronko Helena-
Jóźwiak-Szatkowska Hela
Juchniewicz-Doroszkiewicz W
Jurkiewicz -Fall Bożena
Jutkowiak-Robins Janka
Juźwiak-Urban Hanka
Kafka -Bogatek Stasia
Kajdanek-Tyczyńska Joanna
Kaleta -Mołda Regina
Kalińska-Batel Lala
Kamińska -Bałaban Irena
Kamiński-Karpińska Krystyna
Kaniasty -Sawicka Wanda
Karpińska Krystyna
Karpińska-Maciejowska Zosia
Karwatowska -Krzywańska Janka
Kawa -Marska Krystyna
Kiellerman- Szuber Maria
Kiersnowska T.
Kiersnowska-Nowicka Zosia
Kinasz-Jabłońska Maria
Kinel Zosia
Kirklewska-Kowacz Danka

Kisiel-Jeruzalska Janina
Kisiel-Matten Irena
Kiszkiewicz-Gatner Lusia
Klamut-Alexander Zosia
Klein-Lifszyc Mira
Klimacka-Batog Tomaszewska H
Kłopotowska -Jaworska Basia
Kłosowska -Rudkowska Halina
Kobylec-Bartoszewska Miecia
Koch- Schón Halina (Lala)
Kolendo -Smagowicz Olga
Kołodziej -Stojak Zosia
Kołosińska- Zawadzka Zosia
Komar-Watrachowa Ela
Konwerska-Mikowska Zosia
Kopaniarska-Wyspiańska A
Koperska-Durkacz Janka
Koperska-Wojciechowska Danka
Korzeniowska-Mrówczyńska M
Kosiba -Bernakiewicz Krystyna
Kossobudzka -Śliwińska Wanda
Kossowska-Rudnicka Hela
Kostanowicz -Śleszyńska Hanka
Kowacz- Kirklewska Danuta
Kowalczyk -Mindak Krysia
Kowalewska-Burhardt Krystyna
Kowalik -Strzelecka Marysia
Kozłowska -Januszewicz Halina
Koźlakowska-Ostrowska Halina
Krawczuk-Carson Krysia
Król-Burger Józefa
Król-Rut Irena
Krucińska –Toal Jadwiga
Kruk-Wańtuch -Malicka Krystyna
Krzaniak -Flisek Danka
Krzyczkowska-Suzin Wanda
Krzyska -Horrocks Krystyna
Krzywańska Janka
Krzywiec-Dziuba Krysia
Kulig-Goczyła Krystyna
Kutereba -Skuriat Maura
Kuźmierkiewicz Leszkowicz H

Kwiatek -Leszczyńska Lonia
Kwiecińska-Mindak Maryla
Kwiecińska-Stankiewicz Zula
Kwoka-Chwedyk Renata
Leszczyńska-Hudson Maria
Leszczyńska-Kwiatek Lonia
Leszkowicz-Kuźmierkiewicz H.
Lewszuk -Szyler Jasia
Lezgold-Czepiel Gienia
Lezgold-Kapusta Renia
Lifszyc-Lurye Mira
Lipińska -Sołtysik Anna
Lissowska -Maszadro Iza
Liszkowska-Manicyus Danka
Lokajczyk-Rutkowska Basia
Lokajczyk-Spytek Krystyna
Lombardi -Nalewajko Czesia
Lorenc-Plusa Danka
Lubelska-Kellar Helena
Ludwińska-Swiryd Hanka
Łabędź-Raca Aurelia
Łobaczewska -Wielgosz Róża
Łubieńska-Malakowska B.
Łubkowska -Gałecka Teresa
Łukasiewicz -Skoczek Janka
Łukas-Winnicka Genia
Łukaszewicz-Rzepecka Irka
Maciejowska -Karpińska Zofia
Macuski -Przekop Czesia
Malakowska -Łubieńska Barbara
Malicka-Dover Mira
Malicka-Kruk-Wantuch K
Maresch -Polnik Eugienia
Markwart -Moss Wacia
Marska-Kawa Krysia
Marszewska-Wilowska Danka
Maszadro-Lisowska Iza
Matten -Kisiel Irka
McAllister-Dąbrowska Jadzia
Melichar-Brinkenhoff H
Messinger-Garlicka Krysia
Miarkowska-Jankowska D.

Michałowicz -Ciula Fela
Michorecka-Szczerbowicz Irka
Mielniczek Aubrey Danka
Miętus-Szaflarska Zosia
Migdał Leduchowicz Franciszka
Mika -Szwedko Helena
Milczak Teresa
Miłkowska -Konwerska Zofia
Mindak -Kwiecińska Maryla
Mindak-Kowalczyk Krysia
Misiuro-Kazimierczak Ewa
Miszczak -Wytrykowska Halina
Miziołek -Werbska Janka
Mniszek Danka
Modzelewska-Dąbska Danka
Mordas –Reszczyk Krystyna
Moss-Markwat Wacia
Moysefowicz -Szyłeyko Ela
Mrówczyńska-Korzeniowska M.
Murphy -Galica Anna
Musioł -Draus Wanda
Myszkowska-Szeliski Jaga
Newbold -Jaroń Mira
Niczewska -Siemianow Stella
Niemczyk -Jaworska Marysia
Nikerk- Melichar Janka-
Nowacka-Wolnik D.
Nowicka Knapczyk Emilia
Nowicka -Stronczak Basia
Nowicka-Kiersnowska Zofia
Nowobilska -Orechwa Krystyna
Nowosielska -Bogucka Hanka
Okołowicz -Tomczycka Irena
Orechwa-Nowobilska K
Orechwa-Porwit Stenia
Organistka-Fila Halina
Ornas -Firley Zosia
Ostrowska-Koźlakowska Halina
Oświeja -Hebda Irka
Panfic-Jaworska Maria
Pawlik -Jakubowska Stasia
Pawłowska-Filipiec Irka

Pieńkos-Sifter Stasia
Pieńkos-Zak Ludmiła
Pietkuń- Ruchaj Alina
Plussa -Lorenc Danka
Płoska-Fiołkowska Jotka
Polak-Adler Bronia
Polak-Stolińska Alicja
Polnik-Maresch Gienia
Poncet -Urbańska Lidia
Popiel-Czerkawska Hanka
Poręba-Brendow ładzia
Porwit -Orechwa Stefania
Przednowek -Szczucińska Krystyna
Przekop-Macurska Czesia
Puszczyńska-Bielska Olesia
Raca –Labędz Rela
Raginia-Dziemianko Mira
Rak-Babicz Regina
Reder-Wnęk Zofia
Relich-Dmowska Halina
Remlissenet -Tyszczuk Wiktoria
Reszczyk-Morda H
Robak Teresa
Robak-Fielder Iza
Romaniszyn-Dubieńska Janina
Romaniszyn Alina
Ruchaj-Pietkun Alina
Ruczkowska Helena
Ruczkowska- Kopeć Leokadia
Ruczkowska-Berdych Zofia
Rudkowska-Kłosowska H
Rudnicka -Kossowska Hela
Rutkowska -Lokajczyk Barbara
Rut-Król Irena
Sadowska -Akerman Krystyna
Sagan-Szewczyk Ula
Salach-Słubicka Marysia
Salach-Typrowicz J.
Sass-Zienkiewicz-Boluk Krystyna
Sawicka -Czumaczenko Natalia
Sawicka-Yon Bogusia
Schon-Koch Halina

Scott -Zielińska Danka
Serbińska -Jarosz Wanda
Sewerniak -Kurpiel Genia
Sicińska-Zacios Krystyna
Sierakowska -Hirowska Ewa
Sikorska -Dąbrowiecka Basia
Siostra-JakubowskaAssumpta M
Skibińska Hala
Skirmutt Jadwiga
Skoczek -Czerniak Kamila
Skrzypczak -Czart Celina
Sleszyńska-Kostanowicz Hanka
Sławecka -Zych Marysia
Słubicka -Salach Marysia
Smardzewska-Banasiewicz H
Sołtysik--Lipińska Anna
Sołtyska-Barton Joasia
Spence -Grzegorzewicz Irka
Spytek -Lokajczyk Krystyna
Stankiewicz -Kwiecińska Zula
Stojak-Kołodziej Zosia
Stolińska-Polak Alicja
Strelau-Uszycka Czesia
Stronczak-Nowicka Basia
Strzelecka-Kowalik Marysia
Styczyńska -Filipiec Irena
Sugiero- Bąk Stenia
Synowiec Janka
Szablewska -Czerniajew Barbara
Szabłowska Krysia
Szalińska-Huml Halina
Szatkowska -Jóźwiak Hela
Szczepańska -Głowacka Hanka
Szczerbowicz -Michorecka Irka
Szelińska -Mieszkowska Jadzia
Szewczyk-Sagan Ula
Szulc -Kopacewicz Danuta
Szumiejko-Gerber Krysia
Szumiejko-Krystkiewicz A.
Szumiejko-Urbańczyk Zosia
Szydłowska- Wojtczuk Jadwiga
Szyler-Lewszuk Jasia

Szylińska -Skrzeczkowska Barbara
Śliwińska-Kossobudzka W.
Świdowa -Wawroska Marytka
Świetlik Janina
Świętochowska -Hudec Małgorzata
Świryd- Ludwińska Hanka
Świryd-Charlińska Irka
Tabaka -Horrocks Danka
Telerzyńska- Dzieślewska Izabela
Terelak- Rubczewska Ela
Toal -Krucińska Jadwiga
Tomaszewska -Kotowa Ewa
Tomaszewska-Giżejewska Isia
Tomaszewska-Kot Ewa
Trawińska -Górniewicz Hanka
Trojanowska Teresa
Trybuchowska-Dembek Irena
Trzebińska Lala
Tuńska -Płosaj Danuta
Twarowska -Berezowska Krystyna
Tylman-Duczyńska Sława
Typrowicz-Salach Janina
Tyszczuk Wiktoria
Uchman -Ulicka Alina
Ułaszyn-Hanvas Teresa
Urban -Jóźwiak Hanka
Urbaska-Poncet Lidia
Wachnicka- Orawiec Aniela
Warner -Betowska Zyta
Wasilkowska-Orchel Róża
Wasiuk -Akerman Łucja
Wasiuk -Horawska Lodzia
Watrachowa -Komar Ela
Wawroska-Świda Maria
Wiernicki -Macander Jadwiga
Wilowska -Marszewska Danka
Wiluś-Jarosz Maria
Wojciechowska Wanda
Wojtczuk-Szydłowska Jadwiga
Wołowicz Bisping Ela
Woszczyńska -Gajdzik Hela

Wozniak -Bednarczyk Helena
Wyspiańska -Kopaniarska A
Wyszyńska -Bukraba Krystyna
Wytrychowska-Miszczak H
Zabłocka-Hurna Irena
Zacios- Sicińska Krystyna
Zajdel-Jasiewicz Teresa

Załęska-Bird Marysia
Zawadzka-Kołosińska Zofia
Zemanek-Curtis Wanda
Zielińska-Scott Danka
Zubkowska -Dembińska Antonina
Zwartyńska -Morelowska Iwona
Żak -Pieńkoś Ludmiła

SZKOLNE FOTOGRAFIE

SCHOOL PHOTOGRAPHS

Scone Palace 1941 - 1942

1941r. Dyrektor szkoły Dr. M. Pawłowski i ks. Lorenz z uczennicami

1942r. Witanie Prezydenta Raczkiewicza, Generała Hallera i Biskupa Gawliny

*1942r. Prezydent Raczkiewicz i Gen. Haller wśród uczennic.
(od lewej) L. Schon, H. Organistka, H. Tomaszewska, K. Horroks,
Prez. Raczkiewicz, Prof. Bakun i I. Filipiec*

1942r. Biskup Gawlina i Gen. Haller z uczennicami

*Kaplica w Scone Palace – na drzwiach Sali tronowej.
Obrus na ołtarz uszyła H. Gajdzik*

Prezydentowa E. Roosevelt z adoptowaną wojenną córką Nuną Dybowską

1941-1942r. Scone Palace - chór szkolny

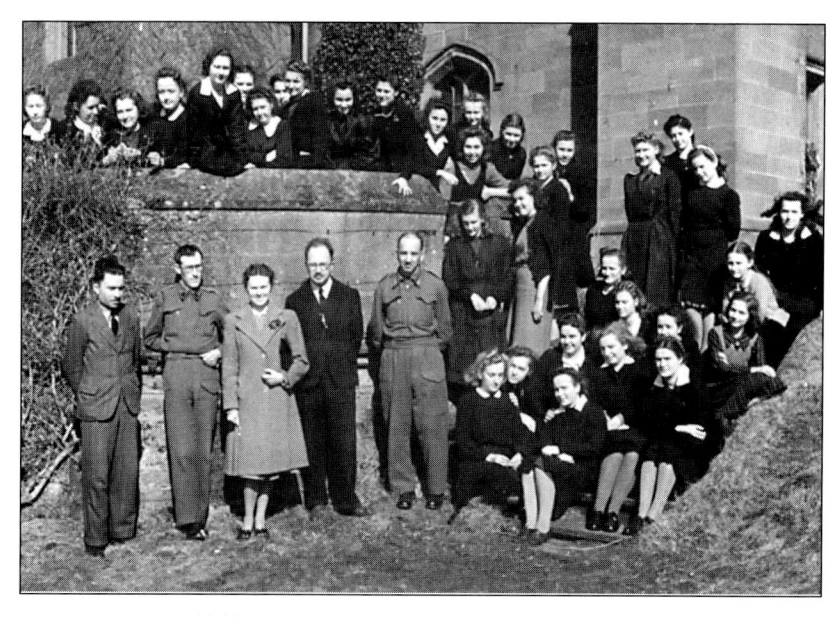

1942r. Grono nauczycielskie z uczennicami

Dunalastair House 1942 – 1947

Grono i uczennice na tle Dunalastair House

Lekcja polskiego z p. Litawską

Pocztowy autobus „Jasio"

Prof. M. Dąbrowska i S. Gostyńska na tle Białego Mostku

Kaplica (była pralnia)

Lucjan Bernacki z „Pestkami"

1945r. Maturzystki z ks. Bernackim

*Profesorowie: dyr.Z.Niedźwiecka, H. Nowacki, P. Szendzielorz
i J.Więckowski z uczennicami*

Trzy siostry Ruchaj – Danka, Alina i Aldona

S. Bąk, D.Dzieślewska, H. Skibińska, T. Robak i L. Francos z profesorami

1946r. Grono nauczycielskie z uczennicami

1947r. Ostatnie maturzystki w Dunalastair

Trzy siostry Gorgolewskie-Basia, Hala i Danka

(od lewej) Irka Michorecka, Marytka Wawroska

Dunalastair House w 1944 r.    *Szkielet Dunalastair House w 2003 r.*

Grendon Hall 1947 – 1951

1951r. Grono nauczycielskie z uczennicami na tle szkolnego budynku

Kaplica z ryngrafem Matki Boskiej Ostrobramskiej na tle skrzydeł husarskich

Grono nauczycielskie i personel pomocniczy

Dyrektorka szkoły Janina Płoska

1950 r. Klasa 3 z Ks. K. Krzyżanowskim

Ks. Kazimierz Krzyżanowski wśród uczennic

1951 r. Klasa 4 z wychowawczynią Zofią Gout

1950 r. Miss Agnes Martinet (wychowawczyni) ze swoją klasą

Najmłodsze uczennice w Grendon

Sodalicja Mariańska z księżmi

Drużyna Harcerska

„Wesele na Kurpiach". Producent: Ks. K. Krzyżanowski

Kurpiowskie wesele

*Tańce narodowe –
Lonia Leszczyńska i Irka Król*

*Entuzjastyczny producent –
Ks. K. Krzyżanowski*

1949r. Grupa przebranych uczennic. (od lewej) Teresa Milczak, Jadwiga Macander, Grażyna Bazylko, Ela Rubczewska i Regina Kaniewska

*Niedziela - okazja „urwać się" na rowery.
(od lewej) W. Deputowska, M. Jaźwińska i I. Świryd*

*Zżyta piątka: (od lewej) Teresa Milczak, Wanda Zemanek,
Jadwiga Macander, Hanka Dunin-Borkowska i Grażyna Bazylko*

*Zżyta czwórka-Władzia Doroszkiewicz, Frania Leduchowicz,
Emilia Knapczyk i Jasia Romaniszyn*

Zakończenie Szkoły-1951r. przemawia Mr. H.Harrod

Spotkania i zjazdy Koła Scone-Dunalastair-Grendon.

1970 r. Spotkanie na Ealingu. Dyr. J. Płoska z Jasią Świetlik, Danusią Marszewską i Danusią Nowacką-Wolnik

*1975 r. Zjazd na Balham.
Od lewej: Tenia Robak, Jadzia Krucińska –Toal, Iza Dzieślewska*

1975 r. Zjazd na Balham. Prof. H. Nowacki wśród byłych uczennic

*1975 r. Zjazd na Balham. Wspólny obiad.
Od lewej: Jerzy Sugiero, Zosia Chrobok,
Stenia Bąk - Sugiero i Danka Mniszek*

1986 r. Zjazd na Balham z udziałem 6ciu profesorek

1986 r. Zjazd na Balham

Szkolna przyjaźń trwa w dalszym ciągu.Isia Tomaszewska, Jadzia Macander, Hania Dunin-Borkowska i Ela Rubczewska

*1989 r. Zjazd na Balham z udziałem: prof. Laurentowskiej, Ks. J. Gołąba,
p. S.Chrząstowskiej i prof.H. Romiszowskiej*

*1989r. Zjazd na Balham. Od lewej: B. Betowska, Z. Betowska,
„Josek" Kajdanek, Z. Klamut, E. Tomaszewska, J. Salach,
M. Salach, D. Ruchaj*

Prof. Helena Romiszowska i Josek Kajdenek

1990 r. Hala Skibińska, Hala Śliwińska i Krysia Bernakiewicz przed POSK-iem w Londynie

1991r. Zebranie Zarządu Koła. D.Ruchaj, K.Bernakiewicz, W. Andrzejewska, D. Marszewska, H.Tomaszewska, H.Szalińska i H. Leszkowicz

Jasia Świetlik w Londynie z maturzystkami z 1947 r.

Zjazd na Balham. Przy stole: Gienia Polnik, mąż Danusi Bogdanowicz Rosco, Wanda Dobrowolska

Spotkanie na Balham. Isia Tomaszewska, Ela Rubczewska, Frania Leduchowicz, Mila Knapczyk, Władzia Doroszkiewicz, Krysia Orechwa i Ela Komar

P. Gostyńska z uczennicami

*1980 r. Urodziny Hani Sleszyńskiej. Obecne: S. Golaś, D. Marszewska,
B. Dybaś, H. Szalińska, J. Świetlik i J. Kajdanek*

Ks. J. Gołąb otrzymuje stułę od Koła na 55-lecie kapłaństwa

*1999 r. Zjazd koleżanek w Chicago. Od lewej: Celina Czart,
Stenia Orechwa, Czesia Przekop, Krystyna Orechwa,
Bogusia Sawicka, Danusia Lorenc, Danusia Płosaj*

1999 Spotkanie w Chicago

Spotkanie w Chicago

*Spotkanie w Chicago.
M. Jaźwińska, I. Swiryd i D. Lorenc*

*Spotkanie w Kanadzie.
K. Karpińska i K. Messinger*

Kolejne Prezeski Koła.

Pierwsza Prezeska Koła: Ewa Tomaszewska-Kot

Druga Prezeska: Wanda Krzyczkowska-Suzin.
Trzecia Prezeska: Krysia Bernakiewicz-Kosiba

Czwarta Prezeska: Wanda Dobrowolska-Gładysz

Piąta Prezeska: Hania Dunin-Borkowska Grzęda

Szósta Prezeska: Hala Tomaszewska-Klimacka

*Żelazna sekretarka
Danusia –Ruchaj-
Bogdanowicz-Rosco*

*Siódma Prezeska Koła:
Wiesia Deputowska-Błaszczak*

Po opuszczeniu szkoły

55-cio lecie państwa Lipińskich

*Państwo Lipińscy z Basią Dobrzycką-Jagielską z Krakowa
i Basią Zbaraszewską-Baranowską
(prezeską Stow. Plastyków w Londynie)*

Państwo Lipińscy z wnukami

Eugienia Polnik-Maresch

*Państwo Juchniewiczowie z synem Henrykiem
po otrzymaniu dyplomu lekarskiego*

*Iwonka Juchniewicz -
włada płynnie kilkoma językami*

Jola Juchniewicz z ulubionym kotkiem

Pierwszy bal po szkole. Frania Leduchowicz z przyszłym mężem

Frania Leduchowicz-Migdał w szkole angielskiej przy ręcznych robotach

*Dożynki w Nottingham. Zespół „Podhale"
prowadzony przez Milę Knapczyk-Nowicką*

1998 r. Zosia Leśniowska na przyjęciu rozmawia z L. Wałęsą

Złoty Jubileusz Królowej Elżbiety. W zespole „Tatry" tańczyły córki Danki Wilowskiej : O. Zakrzewska i K. Wilowska

Lipiec 1981 Spotkanie w Chicago

Iwonka Morelowska-Zwartyńska

Życzenia świąteczne od rodziny Nowobilskich z U.S.A.

Jadzia Wojtczuk-Szydłowska z mężem na zjeździe w Chicago

Jadwiga Macander-Wiernicki z wnukami

„Thanksgiving" w U.S.A. u Bogusi-Sawickiej-Kądziela-Yon

Synowie Bogusi Yon

*Byli uczniowie (Eskimosi), po latach, odwiedzają
swoją ulubioną nauczycielkę Jasię Świetlik*

Jedna z fotografii Jasi Świetlik - z kalendarza kanadyjskiego

*Tablica upamiętniająca projekt
Jasi Świetlik w szkole.*

*Joasia Migdał na spotkaniu
z kard. Humem*

*Basia Migdał po otrzymaniu
dyplomu w Stirling University*

Mila Knapczyk-Nowicka z Mężem

Mila Nowicka na Zlocie w Comblain La Tour - Belgia

p. Chrząstowska z Milą i Elą na zjeździe Koła

Mila Nowicka z dziećmi 1973 r.

Wnuki Mili Nowickiej: Alex, Joseph i Lois

Adam Nowicki - nasz komputerowy expert

A REMARKABLE SCHOOL

The Marie Curie-Skłodowska
Polish Grammar School and Lyceum for Girls

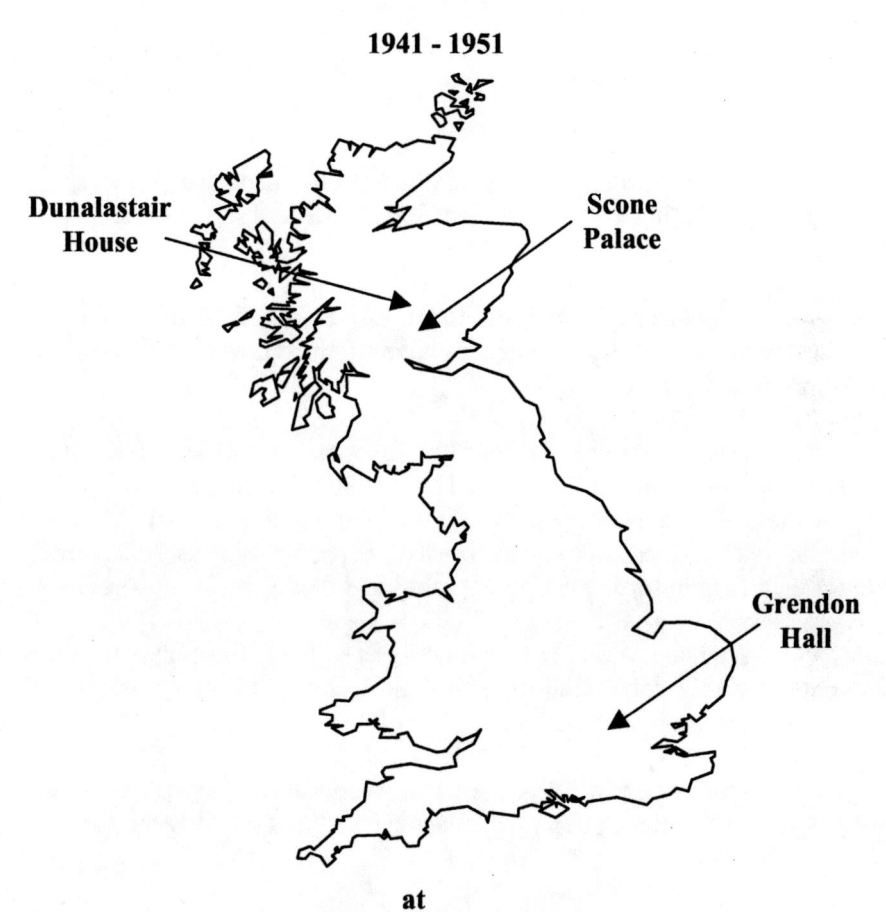

1941 - 1951

Dunalastair House

Scone Palace

Grendon Hall

at
SCONE PALACE
DUNALASTAIR HOUSE
GRENDON HALL

Dedication

To our teachers with gratitude and fondest memories.

Acknowledgements

We wish to express our gratitude to the Archbishop Szczepan Wesoły for writing the preface to our book and for his support in securing financial help.

Our sincere 'Thank you' to the PAFT- Polonia Aid Foundation Trust Organization- for their generous contribution towards the expenses of printing this book.

The 'Biuletyn' written by Krystyna Bernakiewicz-Kosiba, Danusia Bogdanowicz-Rosco and Hala Tomaszewska- and their friends for the 50th Anniversary of opening of our school, was scanned and translated by us, and became the basis of this book. We are also grateful for their help in sorting out photographs and their general support.

We thank Adam Nowicki who has so freely given his time and without whose computing expertise and technical guidance this book would not have been possible.

This book is a collective work. We wish to state that, as far as possible, the articles submitted have been kept in their original form
.

EDITORS:
Franciszka Leduchowicz-Migdał
Emilia Knapczyk-Nowicka

ARCHBISHOP SZCZEPAN WESOŁY
23. 08. 2001

Looking back at the history of Polish emigration, we notice that everywhere the Polish people settled, the very first community building erected, would be the church with a school close by. Emigrants were very keen to educate their children and the facilities for that varied depending on the country of their settlement. For instance in North America the emigrants settled in close communities while in the South they lived dispersed on their own land. Yet, in spite of being scattered they would build a school building, sometimes comprising one or two classes only.

It is not surprising then that after 1939 wherever emigrants stayed the schools would be built. There was a school in Hungary, a Grammar School in France. Similarly, in a short time after arrival of emigrants and the Polish army to U.K., a Grammar School and Lyceum were set up in Scotland in 1941.

Later, when the Polish army was organised in the Soviet Union and in particular after evacuation of the army to the Middle East, Polish schools soon sprang up in Iraq, Lebanon and Palestine. Educational establishments also developed in all places of Polish settlement in Africa and India.

Even before war action ended in Italy, General Anders agreed for organization of Matriculation Courses for soldiers who had their secondary school education interrupted by the events of the war. Division II of the Corps already had Grammar School and Lyceum organised. Among soldiers, particularly the army officers, there were many university educated soldiers, who could undertake the role of educators, and at a very high level.

This book/diary describes history of one such Grammar School and Lyceum which was established in 1941 in Scotland for girls. After several years the School was moved to England.

During the war, it was everyone's belief that after victorious ending to the war, we would all return to Poland. For that reason the educational programme and the books used were from the period of independence. But after Yalta agreement it became obvious that for a lot of people return to Poland would be impossible and a necessity arose to adapt educational system at school to the English requirements.

History of the School in this Book reflects experiences of our war years. The first pupils of the School belonged to the group of emigrants who passed through Rumania, Hungary and France. Later groups of pupils were the lucky ones, who managed to leave Russia with the army. After liberation of Europe arrived so called "Akaczki" liberated from German prisons, followed by D.P. (Displaced Persons) girls.

It was a positive move by the past professors of the School and the past pupils to take the decision to commemorate School's history, enriched by the past pupils' memories. It represents part of our Polish war experiences. Today, after more than half century, these experiences may be unfamiliar to many and need to be recollected and passed on to posterity. It is part of history of our mother country. The history of the School speaks of the professors' effort and dedication intent on imparting knowledge in circumstances far removed from normal school conditions. It demonstrates drive for learning by the Polish youth, whose desire was not only for personal enrichment but also to serve the country. The School educated and brought up its pupils while at the same time it propagated Polish cultural achievements among the Scottish and English public.

The youth were animated by high patriotic ideals. Recollections from this period point to a significant involvement of the generation of professors and the generation of youth in the political issues of the day. Possibly, it may serve as an example to the present generation.

CONTENTS

Acknowledgements 178
Dedication 178
Forward by Archbishop Szczepan Wesoły 179

CHAPTER I

History of the School - 1941-1951
    Scone Palace 182
    Dunalastair House 185
    Grendon Hall 194

Biographies/Autobiographies of teachers:
    Janina Płoska 205
    Fr. Kazimierz Krzyżanowski 207
    Fr. Józef Gołąb 212
    Henryk Nowacki 214
    Maria Dąbrowska 216
    Agnes Martinet and J. Thomson 215

CHAPTER II

Life of the 'Scone-Dunalastair-Grendon' Association
in Polish only. Please refer to page 80

CHAPTER III

Autobiographies of some former pupils 224

HISTORY OF THE SCHOOL 1941 – 1951

SCONE PALACE 1941 - 1942

On 18 February 1941, the Committee for Education (Urząd Wychowania Narodowego) of the Exiled Polish Government in London decreed that a school be established to cater for the needs of Polish girls living in exile in Great Britain. Thus, the girls' Lyceum and Grammar School, Marie Curie-Skłodowska, was founded. Until that time, such schools had not existed and Polish youth deported to Russia had largely been deprived of education except for the clandestine teaching of Polish language and culture within Poland itself and, subsequently, the Grammar School and Lyceum set up at Les Ageux, near Paris. This constituted the forerunner of the eventual exclusive educational provision for exiled Polish children heavily supported by the exiled Polish Army.

FIRST STEPS

On 17 March 1941, the first staff meeting of the newly created school took place in Scone Palace, the scene of many a Scottish coronation, in Perthshire, Scotland. They began with a staff of five including the headmistress, Mrs. A. Maluska, and without any textbooks or resources. Furthermore, they did not have sole use of the palace as it was to be shared with a Private Scottish School evacuated there from Edinburgh during the war.

At this first meeting, the staff devised a plan aiming, if possible, to complete one-year's educational programme by the end of August. At the same time, a decision was made that the programme in future years' be scheduled in accordance with the traditional academic calendar.

It was decided that, as an experiment, the study of English Language be undertaken together with the pupils of a neighbouring school. Teaching classes were introduced on a gradual basis beginning with the upper forms and adding the lower forms as the school developed. In this way, Class II Lyceum opened with 14 students on 17 March 1941, followed by Class I Lyceum with eight students and Form IV Grammar School with six pupils on 19 May, Form III - seven pupils on 9 June and Form II eleven pupils on 1 July. Finally, Form I Grammar School was opened on 1st October with six pupils. Hence, in its inaugural year, the school numbered barely 56 pupils, which was more than enough given the space restrictions.

SCHOOL CHARACTERISTICS

Initially, it was proposed that the school should offer a vocational curriculum. However, on 12 May 1941, the staff, now numbering ten, held its fifth meeting, which was attended by Dr. Fr. Lenczowski, Minister of Education. It was decided to set up a Grammar School and Lyceum specialising in Humanities. The chosen curriculum was to be that of pre-war Poland. Due to a complete lack of textbooks, the teachers themselves undertook to write the texts for each subject.

In terms of personal and social development, the pupils sometimes proved difficult to manage due to their various experiences during the war.

'The girls of this school,' wrote one reporter, 'have spent over two years in abnormal conditions, living in different environments and experiencing varied and different traumas due to their military lifestyle. All of this reflects upon their approach to different problems of life as well as their behaviour. At the same time, the students show a great deal of self-reliance.'

However, it was generally stated that the girls' thirst for learning resulted in the gradual surmounting of these difficulties leading, in turn, to the higher levels of achievement, which were to characterise the school. This is born out by the examination success of the first cohort of school leavers who sat their Matriculation in December 1941 after only eight months of schooling.

DEVELOPMENT OF SCHOOL LIFE

As the school became more defined in character, it was able to offer different activities. In June 1941 Girl Guides was started and a school library opened in the September with a modest collection of 639 books, which later increased to a total of 17,000.

In the October, a school chapel was created and Marian Sodality established. A student common room was designated for private study in the November and, in the December, a school choir was initiated. The addition of such activities as a Chemistry-Physics Club and a dancing team resulted in the student council taking on the organisation of the entire programme of extra-curricular activities.

In spite of the limitations of the school facilities, the extra-curricular activities were expanded beyond the immediate requirements of the school. For example, in November 1941, Polish language courses were organised for Polish students attending local Scottish schools and, conversely, a Polish language and culture course was offered to the local Scottish population. However, although attendance on these courses never exceeded 20, the fact that the courses had been offered was testimony to the school's willingness to act as ambassador.

DIFFICULTIES

The greatest difficulty arose from the Polish School having to share the premises with another school without a contract defining their legal rights as to the use of the building.

As life became increasingly complex, misunderstandings grew between the two schools. At one time, the difficulties reached such proportions that new student admissions were suspended whilst the option of closing the school was considered. At the same time, every effort was being made to move the school from Scone Palace to another site with better facilities.

At that time, the school enjoyed the unprecedented interest of the national government and, in particular, the Department of Education. In the first year of the school's existence it was visited twice by General J. Haller, the Minister for Education and School Affairs, twice by Bishop J. Gawlina, and, in December 1941, the school welcomed W. Raczkiewicz, the President of Poland. In this way, the school gained understanding of its needs and received support. Thus, on 16th April 1942, the new headmaster as of October 1941, Dr. Mieczyslaw Pawłowski, received an order to relocate the school to Dunalastair House.

DUNALASTAIR HOUSE 1942-1948

The new school building was situated in the Grampian Mountains near Pitlochry, Perthshire and had magnificent views of both the Tummel Valley and the gorge between Lake Rannoch and Tummel. This and the fact that this beautiful, spacious Scottish Palace comprising 43 rooms of varying sizes did not have to be shared with anyone else, was the subject of genuine delight. The school had sole authority in the managing of the site. The school was able to expand and enjoyed greater comfort than hitherto. In this initial rush of enthusiasm, the school did not foresee that the building was to prove cold and draughty or that accommodating the school, the resident teaching staff and also the administrative offices was to present them with some difficulties. In 1942, the teaching staff grew to 13 and the support staff to five. The school itself comprised four Grammar School forms and two Lyceum classes numbering 60 pupils in total.

In these new conditions, the school enjoyed total independence in its organisation and soon began to acquire the characteristics of a genuine Polish school. This was reflected not only in the classrooms decorated in typically Polish fashion by the pupils themselves (which were furnished with benches and desks as well as school blackboards made by the teachers themselves), but also radiated from the chapel, the common room and the workshops used for Physics/Chemistry, Humanities and Geography/Biology.

The different school departments developed in the normal way except for the self-governing student council, which was divided into sections for administration, social and personal education, information about Poland and theatrical enterprise. Marian Sodality was again active as well as the guides, the literary circles and the chemical/photographic groups.

The school choir was re-established, games were systematically introduced as well as dance, particularly traditional Polish dance. At a later date, a Society was formed whose members included all Polish students in the U.K. as well as the members of both Lyceum classes and all ex-students. Finally, in order to provide the pupils with some constructive relaxation, a screen was installed in the school dining room for the weekly screening of a film carefully chosen to supplement that, which was taught in the classroom.

A great deal of attention was being paid to stage annual celebrations of our national events, which were to stress the Polish character of the School. Celebrations took place to commemorate the November Day of Independence (1918), the November Uprising (1863), the Sea Feast and the Constitution of 3rd May. In addition to the above, the school organized an evening dedicated to Marie Curie-Sklodowska, and another one to Nicholas Copernicus. Some celebrations had no connection with our past history; they were either of some literary nature or Marian Sodality Group. Individual classes organized various other social events.

Some of these extra curricular activities were taken into the community outside the school. Several performances were given in the War (Military) Hospital Nr. 1. A display of Polish Regional Dances was given in Glasgow. An evening of entertainment was also staged for the Military School in Falkirk, as well as the one given for the local Scottish population in Kinloch-Rannoch. Finally, the school took part in a few-days' Rally for the Youth of Allied Nations.

The interest into the school life by the Polish Education Authorities as well as by the local Scottish population continued unabated. The school chronicle of that time mentions four visits by general Haller, the current Minister of Education, five visits by the Director of Schools Section, two visits from the Ministry of Documentation and Information, one by Bishop Radomski and by several inspectors, on behalf of the Board of Education. There were also visits by some English reporters and one by an American journalist from a leading aviation unit.

Obviously, all the above activities were additional to the school programme, which manifested itself in excellent matriculation results. All nine students were successful in passing their examinations, while in two external examinations, organized at the school, five out of 19 in the first instance and 10 out of 27 in the second, gained their matriculation certificates.

ATTEMPTS TO CREATE A CO-EDUCATIONAL SCHOOL

At this time, partly out of necessity and partly as an experiment, attempts were made to establish coeducational system in the lower classes. In the second half of the school year, eight boys arrived in the school. Although initially, the boys were totally unaccustomed to school life and lacked social upbringing however, during their stay there, they adapted themselves to school duties, made new friendships, acquired discipline, became reliable and their attitude towards the girls became quite exemplary.

The coeducational character of the school continued throughout 1943/44 but only in the most junior classes. The boys from class II were transferred to the State Lyceum and Grammar School for Boys in Glasgow.

In the next year, the lowest form, still had two boys, but in the year 1945/46, the attempt to create a coeducational school was completely discontinued.

NEW PRINCIPAL AND TEACHING PERSONNEL

At the beginning of the new school year, on 20th July 1943, a new principal was appointed. This position was entrusted to Mrs Zofia Niedzwiedzka, a graduate of Higher School of Commerce, Warsaw. Big changes also took place in the composition of the teaching personnel, as 8 new members joined the staff and only four of the old staff, remained.

The composition of the pupils also underwent some changes. The school started to enrol new students they were the ones who, with their families, had been deported to Russia and therefore had a few years' gap in their education. 70% of the young girls were daughters of army officers of different ranks and 7% were complete orphans. They had come from different environments and having gone through many experiences in their exiled life, became conditioned to a specific military outlook on life, lacked some code of good behaviour and were unwilling to submit to any directives. However, in spite of great gaps in their upbringing and their resistance to obedience, their deep religion, inborn goodness of their hearts, as well as willingness to work hard and value the necessity of good education, it was possible to continue maintaining good atmosphere in the establishment conducive to study. All this resulted in every candidate, nine passing matriculation examination. All the other remaining 69 pupils, except for one, gained promotion to a higher class.

Under new management, the following extra curricular activities continued successfully such as: autonomy, Marian Sodality and Girl Guides. In addition to the above, a new theatrical circle came into being, which staged 'The Magic Pipe' by Rydel. This play was later repeated several times outside the school premises.

The school continued to organize some functions on the premises, such as an evening of St Nicholas where gifts were freely distributed and of Marian Sodality Group with a raffle. These functions have acquired somehow different character by becoming fund raising events to raise money for the Polish prisoners of war.

The external events have acquired the same aim. Unfortunately, there was no financial gain in the Allied Youth Rally in Dundee, where the girls' regional dancing and singing were received enthusiastically, but two similar evenings one at Kinloch Rannoch and the other at Tummel Bridge, made it possible to dedicate the funds collected towards 'Salute to the Soldiers' and for the Red Cross. The school was duly acknowledged as the charities' donor.

It needs to be pointed out that the number of visits by the school's inspectors had greatly diminished. It was limited to two visits by the minister, Mgr Kaczynski and one by Dr. Lanczowski, in charge of Grammar School Education.

NEW PUPIL INTAKE

In the meantime, new circumstances took place, which needed repeated attention. In the academic 1944/45-year, while there had been no changes in the teaching personnel, there occurred considerable changes in the composition of new pupils. Namely, 24 out of 68 girls came from the army; they were mainly in the upper forms. Their arrival contributed to the opinion of the teaching staff that, today's youth, having undergone war experiences, differs considerably from that of the pre-war youth and for that reason, it's harder to be given a new directives and proper upbringing. Moreover, it became obvious that owing to the hardship suffered by the girls while living in Russia, their physical condition was very poor. They needed constant doctors' attention and vigilance. This too proved to be hard to achieve, as there was no resident doctor. The school greatly acknowledges all kindness and help given to her by the doctors and nurses from the Polish War Hospital Nr. 1 at Taymouth Castle. This help continued until the hospital's closure.

In spite of teaching problems, the final academic results remained promising. Only one pupil failed to be promoted to a higher form. The matriculation class was divided into two groups and examination was held in two consecutive fixed periods namely, for the nine former pupils the exam was held in winter of 1945 and for the ten newly arrived ex-army students it was held at the beginning of 1945/ 46.

Most of the extra curricular activities gradually decreased. However, Marian Sodality Group continued to organise events to raise money for the prisoner-of-war funds and students committee always faithfully organized events commemorating our national feasts. A limited number of shows normally given outside the school limited itself to Polish audiences such as the Polish War Hospital Nr. 1 and the Polish soldiers, recently arrived in Great Britain released from German army, having been integrated there against their will. On one occasion, Polish dances were performed for the local Scottish children. However, there has been an intensive increase in the external influence from the cultural and educational spheres. To illustrate this, there was an evening of song and verse readings by Mira Gorzechowska, a recital of Gaelic songs by Miss Russell-Ferguson, a lecture with slides by A. Wasilewski, a concert of the old 'Radio Lwów' etc.

Whilst the visits of Polish governing bodies diminished to two only, there was a marked increase in visits by others not directly involved with school, such as the ones by Bishop McGuire from Dundee, Bishop Radonski and General Głuchowski. There were also visits by people involved in education, namely by Dr J. Mahay Thearson, General Secretary of the Scottish Education Department

DRIVE FOR LEARNING

In 1945, although the boys were no longer on the school register, the total number of students increased to 82 thus causing problems in already inadequate accommodation in dormitories. This resulted in suspending further admission of new students.

The newly arrived intake was very varied. A great number of girls came from schools from outside Great Britain, others came from Poland having in between, done compulsory work in Germany, and others were the ex - prisoners of war, after the fall of Warsaw Uprising. There were also others who had attended English schools and were now returning to us. In all the above cases, the girls had been deprived of education for long periods.

The greatest difficulties the girls encountered were in mastering Latin and English and extra classes were set up for them. This caused lack of time for other studies and made the girls tired and their attitude towards these classes became 'indifferent and disinclined,' resulting in further limitation in staging theatrical shows. The ones that were still carried on were the four festive celebrations in commemoration of 3rd May, 15th August and 11th and 20th November anniversaries, each with a topical lecture, recitation as well as songs performed by the school choir and regional dances performed by the students.

On the other hand the communal effort to overcome the previously mentioned difficulties resulted in the formation of friendships of the new and the old students as well as in cooperation and mutual support. This atmosphere of concern for each other and mutual help resulted in obtaining better examination results than had been anticipated. fivestudents failed to be promoted to a higher class and four students out of 18 gained Grammar School Certificates. Matriculation results were also encouraging as 14 out of 15 students gained the Certificates.

During that period there were only two visits by the Polish School Inspectors but the British visits continued frequently. For example, Dr W.A. Munro, Chief Inspector of School, J.S. Brunton, Inspector of Schools, David Howards, Director of Education Perth and Kinross Joint County Committee visited the School.

UNDER NEW MANAGEMENT

The school year of 1946/47 was started under the leadership of Helena Romiszowska MA, who deputized the ailing principal. On 1st of December 1946, Janina Płoska MA was appointed the new Principal of the School she continued to hold the office until 1951, the year when the school was closed down. Some major changes also took place in the teaching personnel, and three new members joined the staff, totalling now nine.

It was becoming very obvious that the school building was very inadequate and there was great shortage of accommodation. To accommodate a newly organized class, on 1st February 1947, one class was relocated to a dining room. There was no room either for the infirmary, handiwork nor gymnasium, (physical education was carried on in the hall or the courtyard). It was decided to hire an additional house in Kinloch to locate the teaching personnel.

These restrictions did not allow the total numbers of 86 students, to be exceeded. Composition of the existing students was still very varied. There were 28 students from German labour and concentration camps. After the year 1945, 21 students arrived from Poland, 20 from Russian prisons and camps, eight from prisons of war. The remaining students had lived in Great Britain since 1940. This total number included 23 students who were half-orphans and seven orphans.

In spite of the students' diversity and uneven degree of aptitude in classes and constant lack of suitable teaching material, especially relating to History and Literature as well as constant difficulties in mastering Latin and English, the students managed to achieve excellent results. These successes were contributed, in the opinion of a reporter, to girls' self-reliance, initiative, positive attitude to life, and their gaiety and above all, to their great effort and diligence. All nine two students in the lower classes failed to gain promotion to a higher class.

In order to raise the level of students' proficiency in English, it was decided to bring on a change in the methods of teaching the language. The girls were grouped together according to their ability and fluency in the language and were taught in smaller numbers, instead of big classes. This created some difficulties in organizing the timetables for individual classes, but it certainly brought on improved results.

On 1st April 1947 The Committee of Education for the Poles in Great Britain, took management over Polish Education in this country. The Committee responded positively; to the school's request for a larger subsidy enabling it to organize a 6-week summer course in the English language. This course was compulsory for all the teaching staff, former pupils and the students. There were four instructors, three of them were teachers from Edinburgh, Glasgow and Perth. Those taking part in the intensive course worked five hours daily for five days of each week. The course was very successful.

There was now a change in the extra curricular activities. More interest was put into the Guiding Movement and Self-government Unit. On 29th January 1947, a new cooperative group called "Jedność" came into being totalling 94 members. At the end of the year it accumulated £77.00 (in cash and merchandise). The surplus of £50.00 in income over expenditure was divided between some social funds and the rest to cover the cost of purchases.

A greater stress was put into sport activities and a "Sport's Day" with national dances, athletics, other sporting games was organized at the end of the summer's course. An exhibition of embroidery, dresses, negligee, exercise books, maps and other items of the girls' handiwork were of great interest not only to the parents, but also to the people in the neighbourhood.

Finally, the girls were invited to contribute to 'The Voice of Taymouth Castle' edited by Nr. 1 Military Hospital. The students filled 2 to 3 pages of the paper in the column entitled "Dunalastair has a Voice". This cooperation between the paper and the school lasted until the closure of the hospital. Later 'A Talking Gazette' replaced it.

It was precisely at this time in the school development, when the school was visited only once by director, Dr. Ignacy Wieniewski and inspector Dr H. Ruchalowski that military authorities started to show great interest in the school.

Further visits followed namely; 3 times by Women's Voluntary Services, twice by A.T.S. also by gen. Maczek, gen. Glabisz, gen. Sosabowski and gen. Monter-Chruściel. Bishop Dr. Scanlan from Dundee visited the school twice, once to minister the Sacrament of Confirmation to 19 people and the other time to participate in a school outing. In addition there were several other visits.

A reporter of Scottish Sunday Express and a representative of the Chief Guiding Headquarters, as well as many other guests came to visit the school.

It was the time when the school organized many sightseeing excursions and set out in small groups, often with their own programme, such as a dancing display at the Anglo-Polish Catholic Association in Perth, and to a Scottish concert at Fortingale. Most frequent visits were to Concert Hall to see superb performance of Tola Korian in Bonskied, a Polish concert in Edinburgh, a concert by J. 'Hamlet' and 'Midsummer's Night Dream.'

Members of the Sodality Group tried their own talents by staging their own production of 'Śluby Panieński' (Maidenhood Vows) by Fredro. Girl Guides took part in a Scottish Rangers camp in Crieff – gaining special praises from the leader of the camp and thus establishing a long lasting friendship with the Scottish Guides.

On the occasion of Princess Elizabeth's engagement, the girls offered her a beautifully embroidered set of afternoon tea-table cover with patterns from the district of Kaszuby. In return they received 'a thank you' letter with the Princess' hand-written signature.

GRENDON HALL

1948-1951

Circular for Parents and Carers of new pupils entering Grendon Hall

No. 1/2/43-9   August 1948

Mr. & Mrs. D.W. Leszczynski,
Polish Hostel Wheaton Aston,
Stafford.

1. The new academic year will commence on 01. 09. 48. Pupils are expected to be at School on 30th August by 7 p.m. the latest. At 2 p.m. and 6 p.m. there will be coaches waiting at the rail station. Non- arrival on time will be taken as resignation from the place at School.
2. Pupils must have their personal documents and ration books with them.
3. This year, pupils will be obliged to wear school uniform (navy blue skirt, jacket, beret, grey and white blouses).
4. Pupils will sew uniforms at School during handicraft lessons from material supplied by the School.
5. Pupils who are approved by the Committee to receive pocket money, have to give the School the appropriate number of coupons.
6. The remaining pupils have to pay for the material and beret around £3.10/-. and give in the coupons.
7. Material for the uniform should be paid for during the first week of the academic year so that sewing of the uniforms can start.
8. The pupils who are entitled to pocket money will also receive free uniform and so it is most important that they have with them the required number of coupons. Coupon books should be kept at School.
9. For everyday wear, pupils should have overalls with long sleeves, navy blue or sky blue in colour, which can be bought without coupons, price 14/- in demobilization shops.

10. We requests parents not to send valuable items, which are inappropriate to wear at School (high- heeled shoes, too fine stockings, colourful blouses and dresses).

11. Gymnastic kit is essential - navy blue shorts, white blouse, long training trousers and tennis shoes with rubber soles and heels also available in demobilisation shops

12. We are asking parents to provide girls with Mass books.

13. Every pupil should have her own cup with her name on it (no dishes can be taken out of the dining-room or kitchen).

14. Pupils may have their own bicycles at School. The School will allow pupils to use bicycles with written permission from their parents as follows:

    a. to learn to ride the bicycle in the vicinity of the School

    b. to ride on their own outside the School.

15. Parents may visit their daughters on Saturdays and Sundays, between 2.00 pm and 6.00pm. The School requests prior notification of the intended visit by writing or telephoning the School. There is no provision for overnight stay at School.

16. Pupils may travel home for mid-term on 30th Oct. after school and return on 2nd Nov. before 7.00 p.m. The next holiday will be at Christmas. As a rule applications for pupils' leave of absence from School at any other time will be refused.

17. In our school programme we anticipate several outings, e.g London, Oxford. To help the girls with saving the necessary money, management of the School will collect 3/-a month from each pupil for the outing fund. Orphans and pupils whose parents live in Assistance Board Camps will be exempt from payment

18. We are asking the parents and carers to notify us of any change of address.

19. The enclosed form should be filled in by parents and carers of girls over 18 in order to release them from insurance payments. The forms must be returned to School as soon as possible.

20. Parents and Carers who apply for release of their children from payments totally or partially and the right to receive pocket money, should fill in the enclosed questionnaire and send it to school together' with proof of their income. Parents and Carers are obliged to notify the School of any change in their financial circumstances.

21. As well as the articles mentioned above new pupils should bring with them: towels, warm underwear, a mackintosh, warm cardigans, toiletries and sewing box with needles and threads. Wellingtons or warm boots are also desirable

22. Bedding will be provided by School.

Mgr. Janina Ploska
Headmistress

GRENDON HALL

1948-1951

The most important event in the academic year 1947/48 was the transfer of the school to Grendon Hall in Buckinghamshire. It took place on 20th April 1948 and the school remained there until its closure in July 1951.

The newly acquired premises consisted of an impressive brick building, a Manor House, comprising 22 halls and rooms, 2 small brick houses with 8 rooms, a complex of minor dwellings suitable for living accommodation, some stables which were later converted into an integral part of students' dormitories, a few barracks, which became used as kitchen, dining hall, as well as a gymnasium with theatre facilities. There was an anti bomb shelter, which was later altered to become a library and further workrooms. Finally, there were some garages, which were converted into storage spaces and further dormitories. One of the huts, situated in pleasant gardens, became our school chapel. Its simplistic beauty was further enhanced by the altar with an ornamental pectoral plate of Our Lady of Ostra Brama (Wilno) mounted on a replica of the coronation sword of the kings of Poland with Hussar's wings on each side of it. The 12th Regiment of Podole Hussars donated this symbolic altar to the school. All this spacious accommodation differed greatly from the one in Scotland with its two-storey building, which housed all classrooms, students' dormitories rooms for the teaching personnel and all the domestic accommodations.

The new school with so much extra space could now grow and develop further. Two new members joined the teaching personnel and the number of students increased to 120.

However, the composition of the students was still very varied. The total number of 120 was made up of 30 girls from Lebanon, 10 from Africa, six from Palestine, 7 from other parts of USSR, 19 girls came from Poland after 1945, 26 girls from concentration camps and places of compulsory labour in Germany, five from prisoner-of-war camps. There were only siix original pupils who were the original 1940 intake. Considering that there were eight orphans further seven 'practically' orphans who had one of their surviving parent still living in Poland, and 33 half-orphans, it is not surprising that disposition of students showed signs of disturbing changes manifesting in such characteristics as lack of initiative. This was visible even in the students who had displayed it while living in Poland. On the positive side, this led to noticeable susceptibility of students towards educational values.

It was only natural, that improved facilities of working conditions demanded higher expectations of raised standards this resulted in 12 students below the expected level and 42 girls were to sit an extra examination after the summer break. Out of 14 students, 12 sat the Matriculation Examination and all gained the Certificate.

It was the time for school activities to flourish and enlarge. At the beginning of the school year, in addition to Students' Council, the Marian Sodality Group, Guides and a Co-op. Circle, an English Club came into existence, "The 33 Club" (the number of 33 denoted the number of its founders). In 1948, a 'Fire Brigade', a P.E. Circle as well as Sports Club, called 'The Vistula' were founded, which staged Volleyball Tournament as part of the end of year activities.

The new permanent librarian was prof. P. Szendzielorz and under his management the library prospered enormously. The number of books has greatly risen from 4122 volumes to 6679.

An exhibition of handiwork was staged for the end of the year, displaying 117 items. This exhibition was greatly admired by many. The school took part in Handiwork Exhibitions staged by Women's Institute by Air Force Association,and at the "White Eagle" Club.

The Committee of Education made numerous visits to the school.

While at Dunalastair House, the school was visited by Sir George Gaiter, a chairman of the committee together with Mr. F. Harrod and director S. Szydłowski and, a month later, by Dr. Ruchałowski.

Now at Grendon Hall, school was visited by Sir George Gaiter, director Szydłowski, twice by Mr. Bennett, dr. Wieniewski, and director Borowiecki. There were other visits made by representatives of a General Administrative Section of the Education Committee.

It was during the times of the school existence in Scotland, that first important friendly links were started with Scottish neighbours and with high-ranking dignitaries. A visit by Princess Athol, a chairman of Legion of Free Europe, must be regarded as one of the most interesting, also there were visits by representatives of W.V.S., and two of them were Indian ladies, who showed great interest in our culture. It must be noted that this kind of visits was continued at Grendon Hall. A bishop from Nottingham visited the school and Mr. Frank Savery, an ex-British Consul in Warsaw with Minister Romer. But above all, the school made valuable contacts with the local Education Authorities, with a High School in Aylesbury, the Convent School for Girls near Aylesbury, with the County Library, Women's Institute and with local Girl Guides Association.

CHANGE IN THE EDUCATIONAL PROGRAMME

In the year 1948/49 the School achieved stability and full development in all aspects of School life, which continued to the end of School's life. During that period the School's personnel grew to 16 and the number of pupils (incl. Domestic Science Course) grew to 211. The diversity of students remained undiminished. There were no longer students who lived in the U.K. since 1940 but 84 pupils arrived from Africa, 43 from Lebanon, 31 from India, 18 from Poland (who arrived in the U.K. after 1945), 14 from German concentration camps and work camps, four from German prison, 13 from Palestine and one from each of the following countries: Mexico, Portugal and France. Of these pupils 16 were total orphans and 49 half orphans.

In the year 1948/49 School faced the challenge of transition to the U.K. educational system. The lowest classes of the Grammar School and of Lyceum switched totally to the new system that year, with the rest of the School starting all educational programmes in English, except Religion, Polish History and, of course. Polish Language. Replacement of the mother tongue textbooks with English ones presented both the teachers and the pupils with great difficulties aggravated by the students' unequal level of knowledge and their gaps in general education.

The challenge of transition to the new system demanded hard work and dedication leaving less time for extracurricular activities. Yet, these activities continued at somewhat lower pace. There were Self-governing Association, Marian Sodality Group, Girl Guides, Club 33, Sports Circle "Wisla", Co-operative "Inicjatywa", and Needlework, Sowing and Mending sections

The number of books in the library grew to over 13,000 and the books were in constant demand by the girls. Discussions groups were organised in the evenings, which were well attended by the girls. But the main stress at that time was on outings to Oxford, St. Albans, London, Cambridge, Windsor and Canterbury.

Gradually visits to the theatres and concerts increased. "Displaced Persons" by Budzynski, "The Witness" by Bulicz, "School for Scandal" by Sheridan to mention but a few and the upper classes went to Shakespeare's "Winter's Tale" in Stratford-on-Avon. There was "An

Evening of Song, Humour and Music" with Jasinska, Sulikowski and Markowski, Polish Ballet performance and visits to cinema to see "Hamlet" and "HenryV" by Shakespeare and "Oliver Twist" by Dickens.

But the young people were not satisfied being just spectators. They organised several evening performances at School, such as "Santa Claus", "Fables" by Mickiewicz, radio drama "Grażyna" and an evening dedicated to Słowacki. The 3rd of May celebration academy was performed in Greenhill Hostel (Bicester) in front of 1500 people, and then repeated in Great Boverswood and Hodgemoor Hostels.

Members of the Committee of Education and people from other walks of life continued to visit the school. Secretary gen. Mr. Frank H.Harod, H.M.I. Marchand (twice), director Borowiecki, insp. Gemborek (twice), Mr. Newman from Department of Education in Bucks., Mrs.Warmington of W.V.S., Lady Coutown from Girl Guides Movement and Miss Saville with Miss Jones from Ministry of Labour in Reading.

The School continued to keep in touch and to make fresh contacts with the neighbouring English schools. As a result of these contacts, 33 pupils spent their summer holidays with English families.

In the academic year 1948/49 educational results of exams proved encouraging as out of 26 pupils taking Matriculation Exam. 24 passed with 11 pupils considered not sufficiently prepared to take the exam.

THE NEW SYSTEM

The next two years school life proceeded without major changes. In the year 1949/50 there were numerous visits by the Education Committee members such as Sir George Gater with Mr.Harrods, dyr. Wieniewski. dyr. Borowiecki (twice), inspector Gemberek (twice) and his successor Mr.Marchand-H.M.I. Pashley.

Mr. Harrod visited the school in 1950/51.

In 1950/51 the School was by, (several times), and dyr. Borowiecki (several times) and Mr.Pashley and his successor H.M.I. Collins. On two occasions the School was visited by inf. B.Michalski (first visit for ordination of priest Stanisław Borek, second visit to celebrate Mass at Corpus Christi, festively celebrated every year). The Bishop of the Orthodox Church also visited the School. Several English groups also visited the School, for example the pupils of theCounty School in Iver Heath which held a basketball tournament with Grendon Hall girls, pupils of the Grendon Underwood School for whom two comedy sketches "Girl Guides from Buckinghamshire" were acted out by Grendon guides.

Now and again the School participated in various activities outside School. For example on 25th of Sept. 1949 the School took part in the Nations Protest in Bicester, where School's choir was sung during Field Mass and in the show that followed. Celebrations of 3rd of May in Bedford in 1950, Theatre Circle's performance of "Wedding in Kurpie" (prepared for the end of 1949/50 academic year) performed in the Polish camps of Marsworth and Fairport, also in Bicester and Polish schools in Lilford, Bottisham and Stowell Park.

On three occasions representatives from the School visited Walsingham Shrine and pledged their loyalty to Our Lady of Walsingham. In 1951, 32 pupils, members of Marian Sodality Group, took part in the General Polish Marian Sodality meeting in London.

In the choice of entertainment for girls stress was not solely on enjoyment but also on the usefulness of the material and its suitability to facilitate further study. Thus in the year 1949/50 there were several piano concerts by prof. Dygat, violin performance by prof. Cetnar, Chopin's concert by Bielecki and Sulikowski, concert by Tola Korian, Jasińska, Sulikowski and Markowski. Numerous other performances took place such as "Letters to Mother," "Crossroads of Love", "Lodging by the Adriatic", "Three Springs" and "Large Fish" (acted out by an amateur group from Marsworth).

In the academic year 1950/51 there were also many cultural visits. There was a lecture about the 11th of November by Dr. Zygmunt Nowakowski. Prof. Glinski gave a lecture about music, prof. Koscialkowski about Polish culture of Vilnius and Lwow. Dr. K. Lanckoronska gave a series of lectures about Art, Beata Obertynska and Adolf Fierla, both authors, presented their own work. Maria Czapska gave a lecture on Norwid's works. There was also a concert given by Niemczyk and Sulikowski. The anniversary of the 3rd of May, was celebrated with a concert given by Sulikowski. Tola Korian and Jerzy Kropiwnicki, gave an evening of Polish carols. 'Chopin's' choir together with Mr. Pashley's pupils' orchestra called "Tiffin Band" played some Polish songs and fragments from "Steps on the Stairs" and "Man's Destiny."

Youth's contacts with Art were not limited to the school visits. In 1950 groups of pupils went to Stratford-on-Avon to see "Much Ado About Nothing", "Julius Caesar" and "Henry III" with John Gielgud in principal roles. Other groups of pupils went to Oxford to see "Pygmalion" by B. Shaw and to London to take part in "Actors Day" celebrations with numerous shows presented to the audience. Since 1948 when two coaches full of pupils arrived to see "Wedding" by Wyspiański visit to London on Actors Day became a yearly tradition.

Whenever possible the girls were encouraged to listen to Chopin's music and on several occasions went to Marsworth to concerts by prof. Dygat. Otherwise life at School proceeded along carefully planned, purposeful routine. The only novelty introduced at that time was evenings of literature readings.

During such sessions "Liberation" by Wyspiański and "Rose" by Zeromski were read for older students and for mixed age groups fragments from more recent poets such as Kasprowicz and Staff. Pupils were also familiarised with Slowacki's works such as "Lilla Weneda" and "Kordian", also Molier's "The Miser."

The demands made on the girls at that time and the examination results remained stable. In 1949/50 22 students completed Lyceum, some of these returned to take Polish matriculation exams as well. I5 pupils received the Certificate of Maturity, 14 got General School Certificate of London University, half of the latter reached Matriculation standard equivalent to the Polish examination.

In the autumn of 1950/51 academic year, 13 out of 15 pupils managed to achieve passes in the Polish Secondary School Examination, four passed Matriculation Examination and eight General School Certificate. It needs to be added that some of the candidates taking the Examination had only 2 months of work in the Lyceum Classes behind them. There were also considerable successes in the English language examinations of Lower Cambridge (44 passes) and Proficiency Certificate of University of Cambridge (2 passes).

In spite of the satisfactory examination results and general appreciation of School's achievements by English authorities and general public, the Committee of Education took the decision on 20th of March 1951 to close the School. This was an unexpected blow not only to the staff and pupils but also to every one connected with School particularly so in the face of all the praises by inspectors in their assessments of School's standard. Mr. Frank Harrod's, secretary wrote: "Will you be good enough to congratulate on my behalf yourself and your staff on the excellent work done."

H.M.I. Collins wrote, "The Committee can certainly be congratulated upon having sponsored a School which, while loyal to native Poland traditions, yet preserves ethos of an English Grammar School. The School's record of examination success is encouraging. The Headmistress and her colleagues have done a fine piece of work."

Mr. E.P. Bennett, Deputy Secretary wrote: "Your School has the good qualities of an English School, added to the delightful Polish atmosphere you have given it, I have a considerable acquaintance with English Grammar Schools and can only say that if all our English Grammar Schools reached the same level of efficiency as Grendon Hall we could be certain that our schools would have little to fear in comparison with any other school in any country.

School's aims and aspirations were greatly appreciated by the pupils' parents who wrote, "We are very grateful that out children were brought up in the atmosphere of living faith and attachment to mother country. With sadness and tears in our eyes we regret that our girls cannot complete their studies in Grendon.'

"I wish to state with pleasure that over several years at School my daughter not only gained book knowledge but also good character."

"My warm thank you for good bringing up of the pupils, for caring upbringing, for splendid management of the School, and your hard work".

"With pain in our hearts we are saying 'goodbye' to our School with wholehearted thank you. Remembrance of the School will be always with us".

"The fruitful work of the staff during the 10 years of School's existence will prevent young generation from denationalisation if they remain in the foreign countries."

In the 10 years of its existence the School exerted lasting influence on pupils' characters and outlook on life. For them closure of the School was particularly painful. Here are some of their expressions:

As always, as if in jest, we keep on repeating with Teresa-"going home or going to Grendon."

(From another school) "In spite of all the comfort here, I will never feel as satisfied here, as l was in Grendon - Grendon Hall was my second home."

(From Australia) "I yearn for the School; shortly there will be an end of the academic year. I wish to be in touch-with it as there will always be a piece of Poland for me".

Finally, there was also a tribute from the intimate friends of School who commented:
"Far from being futile was the important 10 yearly effort of the staff and management of school in Grendon for Polish cause, the whole generation of several hundred Polish girls who left Grendon, real Poles, represent winning of the battle to remain faithful to our Mother Country."

Summer 1951

BIOGRAPHIES OF OUR TEACHERS

MGR JANINA PLOSKA "URSZULA"

By *her sister Irena Ploska-Losiowa*

It may not be acceptable to write reminiscences about one's own sister, but when those who knew her and loved her departed and those who remember her had no communication with her due to her 10 years of grave illness I feel impelled to revive her profile.

Jasia was born in Plock in 1905. She was the oldest daughter of Janina of Betleyow and Eugieniusz Ploski. 17 year old Jasia surprised by the arrival of yet another sister (I was the youngest, there were 4 of us) willingly became her godmother and not infrequently my mother's substitute.

Her school years, grammar school named Reginy Zolkiewskiej in Plock, were years of regaining of Poland's independence, years of victorious war with Bolsheviks, years of enthusiasm of rebuilding of the nation.

Jasia, the top student at school, a girl guide, full of enthusiasm was surrounded by the group of bosom friends, three of which she met in London after years of separation, these were: Zofia Grabowska-Gergovicz, Halina Ploska-Batory and Regina Remiszewska-Oppmanowa.

Later, years of study in the University of Warsaw, where she gained Masters degree in Philosophy. Next she worked in the Krasinski Library, where as a lover of books she felt like being in a paradise. Later she worked as a teacher in Warsaw's girls schools (the longest time in Business School named after Julia Statkowska, where she was a deputy headmistress) .A teacher of Polish language also dedicated to bringing up girls by treating them with friendliness , calling them "my daughters". The girls showed her their attachment in the years to come.

She also was an enthusiastic sportswoman in skiing and rowing. After exhausting work during school year her vacations were spent visiting the most inaccessible parts of Poland by sailing or skiing delighting in nature and beauty of our land.

Zofia Zaleska in her book 'Eternal Watch', characterises Jankę of that time as follows: "+This is our teacher (of Polish language and literature) Jasia with her mop of hair cut short and shining like stars eyes. A strange mixture of argumentativeness and timidity, sensitive, retreats into herself like a snail into its shell when carelessly touched. A teacher in a grammar school, Master of Psychology and Art she was working with Zabawska over health problems of girls. Also passionately discussed educational programmes which were decided by men of the green table."

Year 1939 approached. Jasia with the group of befriended rowers saved the wounded in hospital of Infant Jesus in Warsaw. In Sept.1939 during heavy bombing perishes her best friend Dr.Zabawska, Jasia is slightly wounded on her head. Later she loses another friend Halina Kozuchowska, who did not allow herself to be caught alive by the Gestapo (look in 'Women' by Stanislawa Kuszelewska (Rayska). Jasia herself immersed in conspiratorial work under pseudonym of "Urszula" and "Rocket", she organises Military Service for Women in the centre of Warsaw. She leads a truly double life of a professional educator and a conspirator.

Her additional worry was how to feed her own family displaced from Plock. She not only fed us with daily bread and other items of food but also in her filled with food rucksack there were newspapers and magazines.

Then came the Warsaw Uprising. Jasia became the commanding Captain of WSK of Central Warsaw. She was decorated with Silver Cross of Merit for organisational work in AK under Polish army, organised to fight off the increasing in number German army.

In prison she disguised, like many others, her officer's status (rank), so that she could go together with her girls to Stalag. There she lived with her girls until the miraculous time when the Polish soldiers freed them.

At the end of the war, emigration, new stage of life. Jasia became a headmistress of the Polish school for girls first in Dunalastair House then in Grendon Hall. It was an unfamiliar environment, with only fair command of English; she made great effort driven by ambition to do justice to her duties.

In 1951 the School closed. Jasia worked several years in her professional capacity in an English school and dedicated the rest of her time to Polish educational organisations such as Macierz Szkolna and

'Studium' of Polish Underground. Then came the illness that destroyed not only body but also her mind- this bright and logical mind of Jasia, darkness cast its shadow of forgetfulness and lack of consciousness.

She lived for others, had a burning desire to help her family by sending parcels, letters, books, while living alone just as she died alone.

She was a rough diamond, far from displaying conventional parlour pleasantries. She was not an easy person in relationship as she could sound sharp, insensitive and used irony in answering, one could dislike her, but those who knew her deeper, could not resist loving her.

She died on the Feast of Resurrection during the night of 15/16 April.

I wish to take this opportunity to thank the Hospital in Penley for years of loving care, Mr.Puszkiewicz for visits and care, Matron S.R. Moorhouse and Matron C.Hughes, dr. Carter and Mr. H. Matuszak, the social worker and everyone who brought her relief in her suffering.

Irena Ploska-Losiowa

FATHER KAZIMIERZ KRZYŻANOWSKI

Mgr of Theology, Prelate of His Holiness the Pope,

Parish Priest in Nottingham, England, ex-prisoner of Buchenwald and Dachau.

Monsignor K. Krzyżanowski was born on 17th October 1906 in Żalem, district of Dobrzyń, Poland. He was the son of Felix and Marianna nee Gutkowska, who owned a farm. He attended the local Junior School then went to Brodnica to receive his Grammar School Education. He was a founder of a Scouting Group and a member of the Marian Sodality. On obtaining his Matriculation Certificate, he spent a year at Poznan University studying Law and Economy then interrupted his studies there and entered the Higher Seminary in Płock.

He had many interests. He organized and led a homiletic section; he was a member of a literary section and submitted his own poems for publication in his seminary gazette 'Sursum Corda'. His plays 'Towards the Summit' and 'St Paul' in Athens were performed there.

On 19th June 1932 Bishop Nowowiejski ordained him. His first Parish was in Dobrzyń. For the next four years he was a chaplain to a local Grammar School. In 1936 he was moved to Płock to become an assistant priest and also a chaplain at the school there. Soon he became an editor of a monthly magazine 'Religion in School'. He published 'Hymns for the Youth 'and a 'Catechism for Eucharistic Crusade'.

On 24th August 1939 he became a military chaplain to 7th Military Regiment in Brodnica. On 18th September he was captured and became a prisoner-of-war, first stationed at Łączyca, then Eichstadt and Rottenburg. On 18th May 1940, he was arrested by Gestapo and together with other groups of clergy, he was imprisoned in Buchenwald and then moved on to Dachau, both infamous concentration camps. He was given the number 31212.

While a prisoner in Buchenwald, he made the effort to write the Breviary Psalm in verse and in Dachau he produced some 'mystery plays' to uplift the hearts of fellow prisoners. He was always willing to discuss religious matters and gave lectures during religious and national events.

On 29th April 1945 he was liberated from Dachau and after a month's convalescence following typhus disease, he was moved to Italy to become the chaplain of the 12th Podole Uhlan of the 2nd Corps.

In 1946 the 2nd Corps was demobilized and Father K. Krzyżanowski came to England to become a Parish Priest at a transit camp in Shodon, near the Welsh border, also at Kidderminster, Summerfield and Harvinton. It was while ministering to his parishioners in their mother tongue, offering prayers, hymns traditions and organizing national events that, as he often said himself, he had realised the value of the Polish priest among his people.

On 6th December 1948, at the suggestion of Mitred Prelate B. Michalski Father, having had much experience in chaplainry Monsignor was appointed the chaplain and teacher at the Grammar and Lyceum School for 200 girls in Grendon Hall, Buckinghamshire, near London.

His work was greatly valued there both by the pupils and the teaching staff. Soon after his arrival at the school he organised a choir and produced 'Wesele na Kurpiach' a musical play written by Fr. W. Skierkowski touring with it all the neighbouring Polish transit camps. The girls were very appreciative of having such a devout and talented religious leader and gladly worked with him preparing themselves for concerts and shows. In November 1950 he left the school to continue his theological studies in Rome at the 'Angelicum College.' On 13th October 1951 he obtained a Licentiate in Theology.

After two years' stay in Rome, Monsignor returned to England. He was appointed an assistant at the Institute of the Polish Catholic Action and a chaplain for the students. He also broadcasted homilies to Poland.

In February 1961, Mgr K. Krzyżanowski came to Nottingham to become the Parish Priest for a very large Polish community including many ex airmen, who had founded there the nucleus of the Parish. Together with his parishioners he built a Parish Hall next to the already owned Victorian building where he celebrated Sunday Mass. He also bought the house next-door and added bar facilities in the new extension.

In recognition of his many achievements Monsignor was given various medals and decorations. Firstly he became His Holiness' Prelate, and then he was given a Gold Medal and a Polonia Restituta Awards. He was a Scoutmaster and the chaplain of the 'Wawel' Scout Troop. In 1973 he celebrated his 40th anniversary of priesthood. Mgr K. Krzyżanowski left a mark of greatness at every post he had ever served – young and old people worked with him willingly and benefited from his wisdom and his love of God.

80TH BIRTHDAY OF MONSIGNOR KAZIMIERZ KRZYŻANOWSKI

On Monsignor K. Krzyżanowski's 80th birthday, his ex-pupils from the Marie Curie Skłodowska's Grammar and Lyceum School in Grendon Hall organized a special reunion to celebrate his birthday and personally offer him their best wishes.

On Sunday, 12th October 1986, two prelates, Kazimierz Krzyżanowski and Józef Gołąb – both chaplains and teachers of the school, concelebrated a solemn Mass. Forty girls' their ex-pupils came from London, Leicester, Melton Mowbray and Sheffield. Mrs. Cz. Chrząstowska and Fr. J. Gołąb, who took over the role of the school's chaplain when Fr. K. Krzyżanowski left for Rome to further his theological studies, represented the teaching staff.

The parish choir of St. Cecilia, sang 'Under your protection oh Lord.' Fr. Prelate J. Gołąb in his moving homily talked about eighty years in the life of this great priest. Mass ended with the congregation singing 'Lord Protector of Poland' and 'Shine upon us Our Lady', words and music written by Fr. K. Krzyżanowski.

After Mass everybody followed into the dining room for a celebratory meal. As the finale to this moving reunion, Mila Knapczyk-Nowicka presented an ornamental 'ryngraf', which is a pectoral plate depicting Our Lady of Ostra Brama with Hussars' wings in the background. B. Brzozowski, a local engraver, beautifully made it. This 'Ryngraf' was based upon a picture of Our Lady of the Field altar belonging to 12th Regiment of Podole Uhlan. At the end of the war, Fr. K. Krzyżanowski became the altar's guardian and in 1948, on his appointment to the chaplainry of Grendon Hall School brought it with him to the school's Chapel. At the closure of the school in 1951 it was given to Marian Fathers in Fawley Court – where it can still be seen in the chapel of the Manor House.

Father's ex-pupils brought in a massive cake with 8 candles – one for each decade of his life. Father was greatly moved by this open affection shown to him and by the gifts of both the cake and the 'Ryngraf.

It was now the turn of Fr. Krzyżanowski to express his gratitude to each of his girls by giving them a folded card with a picture of Our Lady of Ostra Brama on the front page and a hand written invocation to 'Pan Tadeusz' at the back. Inside there was an especially composed prayer in the form of a poem, seeking the intercession of Maria Goretti. The prayer was composed by him during his studies in Rome and dedicated to his pupils in Grendon Hall, dated 25.XII. 1950! This was the first opportunity that Father had to hand the special gift to his girls!

Local artistic groups 'Podhale', 'Nasza Wieś' and 'Szare Szeregi' gave a lively display of songs, poems and dances. Finally bouquets of flowers were given to the distinguished 'solenizant.'

Mila Knapczyk-Nowicka the initiator, main organizer and compare was one of Father's grateful past pupils.

NOTTINGHAM POLISH PARISH SAYS 'GOODBYE'

TO MGR K. KRZYŻANOWSKI.

In 1961 Monsignor Kazimierz Krzyżanowski became the parish priest of the Polish community in Nottingham. Since then every 4th March, the feast of Saint Kazimierz (Casmir) has always been a special day in Nottingham. There were several reasons why this day was the day of celebrations. Firstly it was the priest's Name Day, the Supplementary School was under the Saint's patronage and also the local Circle of Polish Eastern Provinces had a tradition of holding a special bazaar on this day, called 'Kiermasz.' There one could buy traditional round cracknels, 'obwarzanki' and honey cakes, not made by the local English people.

This year, 4th March, was 501st anniversary of the death of St Kazimierz, the Royal Prince, who died on that day in 1484 in Grodno, also it was the day when mgr K. Krzyzanowski was retiring from his duties as the parish priest and passing them on to Fr. A. Kapuścinski.

Mila Nowicka-Knapczyk, a teacher and an ex-pupil of mgr. K. Krzyżanowski from Grendon Hall, where he was a chaplain, was the chief initiator and organizer of the celebrations. After Holy Mass on 3rd of March 1985, the Circle of the Eastern Provinces organized their annual 'Kaziuk'. In the afternoon, there were festive celebrations held in honour of the Monsignor, led by the 'Podhale', a folk choir and the 22nd group of Senior Scouts and Guides, followed by refreshments.

The 'Podhale' singers opened up the proceedings by singing 'Bogurodzica Dziewica', an ancient military hymn. Mr. S. Kujawinski gave a short talk about St Kazimierz, followed by more songs and poems. Mr. K. Dziadosz talked about the customs and traditions connected with 'Kaziuk' Then the Monsignor was presented with a Gold Medal for his services to the 'Skarb Narodowy'.

Mila Nowicka-Knapczyk compared the show and J. Gith, a Hungarian musician accompanied the singers. Natalia and Yvonne Giermer, dressed in national costumes presented the Monsignor with flowers. On behalf of the Monsignor's past pupils from Grendon Hall, numerously gathered in Nottingham for the celebrations, Mila Nowicka presented him with a souvenir copy of E. Wojtczak's 'Fotorama' magazine, telling the story of the pupils from Scone, Dunalastair and Grendon Hall. Leaders and representatives of the community came forward to say 'Thank you' and wish him a happy and healthy retirement.. Mila Nowicka prepared a souvenir programme of the celebrations.

MONSIGNOR JÓZEF GOŁĄB

A PERSON OF MERIT

After 27 years of being the Parish Priest of Redditch-Leamington Spa Parish, Monsignor Józef Gałab (ex prisoner of Buchenwald and Dachau concentration camps) intends to hand over his office to Father Marian Flis. After 50 years in the service of God, the Church and Poland, his achievements are great. He is a valued priest, teacher, educator, leader of social life and he is greatly loved by his parishioners. On his retirement he does not intend to leave, he will remain in Redditch amongst them.

Monsignor spent the first few years of his ministry in Włocławek working as an assistant priest and teacher. In 1939 he became a military chaplain and on 3rd September he was captured by the Germans and became a prisoner-of-war. First he was held at Kwidzyn where priests were forbidden to carry out their religious duties however the prisoners managed to say their rosary in secrecy.

In 1940, all the imprisoned priests were handed over to the Gestapo and transported as common criminals to the notorious camp at Buchenwald. Monsignor was made to do hard labour and he worked in a quarry. Soon he was moved to Dachau, the infamous extermination concentration camp. He was given number 31207.

On 29th April 1945 the American army liberated him and all the other prisoners. He could now resume his role as a chaplain and in 1946 he started to minister to the Polish military and civilians in transit camps.

In November 1950 he was sent to Grendon Hall to take over chaplainry and teaching duties made vacant by Mgr K. Krzyżanowski, who had left for Rome to continue his theological studies. The two priests were great friends; their lives were linked together by the same interests and the same dedication to the youth of Poland. Their paths had already crossed before the outbreak of the war. They broadcasted homilies to the nation, then they suffered pain and indignities being prisoners of war in Buchenwald and Dachau!

The girls were very happy with the new chaplain. He was kind, he loved music, he understood their needs and even joined them on the courts outside playing volleyball with them!

On 1st of November 1958 he became the parish priest of Redditch, near Birmingham. Very soon he captivated the hearts of his new parishioners by his wisdom, readiness to help and his good understanding of their needs. He took over the leadership of the Polish Supplementary School, fostered singing, dancing Polish culture, tradition and love of the Mother Country.

Under his leadership religious life in his new parish flourished.

He took over the patronage over the church choir and directed works in improving facilities in the newly bought Parish House. At the request of the Church Authorities he extended his Ministry to the Polish people in Leamington, Warwick, Southam and Ladbrokes. He also extended his spiritual care over Polish people in seven local hospitals. Monsignor's own health had been greatly undermined by years of hardship in concentration camps, yet regardless of the weather, often without needed rest, he selflessly served his people!

Thanks to Monsignor's financial help and good advise, the parishioners in Leamington Spa and district bought their own House, with a chapel there. Soon they became an example of generosity carrying help to people in Poland. At every stage of Monsignor's life he fully and selflessly carried out his priestly and patriotic duties to all who were lucky to meet him. All the parishioners wish him much deserved rest in his retirement and hope that Fr. Marian Flis' ministry would be that much easier knowing that Monsignor would be there to guide him.

PROF. HENRYK NOWACKI

by Krystyna Nowacka

Born in Łomża in 1906. When the first World War begun his parents moved to Petersburg where they lived to 1918. Henry spent his childhood in Petersburg, where he attended Russian school until he was 12. In 1918 his family returned to Poland (Łomża) where in 1925 Henryk successfully completed his Grammar school. To extend his education he became a student of the Faculty of Philosophy at the University of Warsaw. He completed his studies there and gained his Diploma in 1929.

A compulsory army service in Zambrowie (infantry) followed for a year during which Henryk gained the rank of a trainee officer.

He married in 1930 and worked as a teacher in the grammar school in Radomsk until the war broke out. At the beginning of the war he moved with his wife east to Slonim where he started to teach.

In 1940 he was arrested by Bolsheviks and taken to Siberia where he cut trees.

When Anders' army was organised, he volunteered to join and together with the Polish army travelled to the Middle East. In Israel he was promoted to the post of Educational Officer. From Israel, after a long voyage (Persia, South Africa, to the cost of Canada and back) at last he disembarked in Scotland. There he contacted the Committee of Education and was employed to teach in Polish schools (Dunalastair House, Grendon Hall, Stowell Park and Lilford). In 1953 in Stowell Park he remarried.

When the Polish schools closed down, he started teaching in an English school in Luton (Old Bedford Road – Stochwood). He retired in 1971 and moved with his wife to Malden, Bedfordshire.

He died suddenly in his sleep on 27th February, 1979.

Krystyna Nowacka

N.B. Prof. Nowacki lectured us in History, he was a home tutor for girls who took the exam in 1947 (the last in Dunalastair House). In 1977 he took part in the 30th anniversary of that exam meeting, attended by 2/3 of the previous pupils.

We are grateful to Mrs.Glowacki for writing this short life story of his life.

MISS AGNES MARTINET
& MRS. JEAN GWYNN

•

    After resigning from the staff at Grendon Hall, we both decided to go to London to teach there. We tried various types of teaching I in a Montessori school, Mrs. Gwynn in an independent day school for girls but eventually found teaching posts in a Further Education College, both in the evening and day classes. We taught mostly English as a foreign language to very mixed nationalities- 16+ students from different countries. I once had 16 different nationalities in a class of 30. After a few years of this, we decided to go to Spain to teach and were in Seville for about two years. We had private pupils and I also taught in a convent school and Mrs. Gwynn in British Council classes.

    It was in Spain that we thought of writing an English Grammar book. At that time, in the late fifties, there were remarkably few books of that kind. On leaving Seville we returned to London and got work in the same Further Education College as before and continued writing the grammar book which was eventually published by Oxford University Press in 1960. It became quite popular and was translated into French, German, Turkish and Japanese.

    We taught in Puteney College for another 20 years or so and were also examiners for the Cambridge Examinations for some years. We retired from teaching some years ago.

21st October, 2001

MRS. MARIA DĄBROWSKA.

Mrs. Maria Dąbrowska returned to Poland in 1947 and settled in Kartuzy.

"There appeared an elegant, black-haired lady, dressed in Scottish checks by the side of a handsome husband , a pre-war officer in battle dress with two frolicking ginger haired children- who shortly started to teach in the local Grammar School.

Now as a retired person , she organises exhibitions of her own needlework in brown-golden hues held in high esteem by Cepelia." (an extract from a letter written to Mrs. Romiszowska).

Mrs.Dabrowska herself writes: " After travelling from Siberia to the Middle East I made my way to Scotland in 1943 to the Polish High School named after Maria-Curie Sklodowska in Dunalastair House.

The classrooms and dormitories for girls and teachers' quarters were situated in the mediaeval hunting castle. Scottish ladies cleaned our rooms and lit the fires. In the kitchen ruled the ladies, Polish officers' wives, who fed us extremely well. Meat, butter, sugar, eggs and sweets were rationed, but they made a lot of dishes using rabbits, poultry and game which was not under control. The local farmers supplied us with eggs, butter and poultry. The area surrounding the school was most charming-as if in a dream. Big lakes, mountains with grazing sheep, woods full of blackberries and raspberries, and in the autumn wild mushrooms and hazelnuts that no one collected except Poles.

Together with teachers we made trips to the picturesque, almost wild neighbourhood. We crossed over the dangerous white bridge where MacGregor the hermit once lived in a stone cave.

The lecturers at school were all Polish, except a young Scottish teacher of English.

The star of the staff was prefect priest Lucian Bernacki, who immediately after the war was recalled to Poland by cardinal Hlond, then the Primate of Poland.

My subjects to teach were physical education and home economics. Games and plays I conducted in the afternoons. Soon after starting my work in Dunalastair House I organised a dancing group which took part in festivals and anniversaries of national events. During that time there was taking place in Dundee (Scotland) a Festival of choirs and national dances of various nationalities that were granted political asylum in the U.K. We were also invited to take part in the Festival. The girls prepared for that occasion conscientiously and over a long period.

We made our own national costumes, embroidered Krakow bodices, painted our ribbons and made our own flowers to decorate our garlands.

In Dundee gathered young people from Norway, Sweden, Russia, France, Greece, England and Scotland. Our show was acknowledged with loud burst of applause, the local press showered praises on us. They wrote that Polish national dances were full of charm and the girls looked like wild flowers.

At the end of my stay in Dunalastair House, Princess Elizabeth, heir to the throne was getting married. Our girls decided to embroider a large tablecloth and 24 serviettes and present these to her as a wedding gift. The girls managed to complete the work on time and posted their present to Princess in the Buckingham Palace.

In response came a letter with huge king's seal from the Palace. The Princess expressed her admiration at the "highly artistic and beautiful work" on her gift. She invited us to the exhibition of her wedding presents in London and ensured us that our table cloth and serviettes will be given prominence in the distinguished section of all her gifts.

The idyllic environment for me and my family could not last forever. The war ended. My husband came back from Continent with his victorious division. We had to come to a decision about our and our children's future. We decided to return to Poland. What was going on in our Mother Country filled us with horror and fear but our children were at that age when decisions had to be made of their future-either they would remain abroad forever and denationalise or return to Poland and in spite of the situation will remain Polish.

Soon we left for Poland.(To this day I treasure the telegram from the staff wishing us "Good luck and best wishes".

On our ship were also returning to Poland a great number of war invalids, Polish soldiers and officers who fought and were wounded in Tobruk, Narvik, Chambos and Monte Cassino. We arrived in Gdynia- the day was frosty but sunny and beautiful. The invalids and young people instead of seeing smiling and affectionate faces, they saw a line of Ubek soldiers with gloomy faces. According to the official press, these people were not citizens of merit in the battle for Poland but the enemies of

People, troublemakers, servants of imperialism, spies. The families waiting for us were not allowed to come down to us. They took us to the temporary camp in Grabowka for 3 days. During the night they took my husband for interrogation. He returned after 4 hours pale, changed and said "Where have we come? That is not Poland, I was interrogated by N.K.W.D."

We survived Stalin's period. In the meantime I supplemented gaps in my education. In 1953 I passed the exam in physical education in the Warsaw Academy and gained Teaching Diploma, entitling me to teach in High Schools.

My children: Janusz gained his degree of Magister in Ship Building, Hania completed Higher School of Art, Tomek born in Kartuzy-studied Roman Times in the University of Poznań and completed his studies in Madrid studying also germanism and iberizm.

My husband died a long time ago. I lived through the time of Gdansk Shipyard's Uprising and with my own eyes saw burning edifice of the Communist party. I witnessed birth of Solidarity, followed by the state of emergency, persecutions and imprisonments. I lived to see "the round table" victory of the Polish case and the election when the communist party suffered a shameful defeat.

Now at the head of our government is Mr. Mazowiecki, the country returned to its previous name of just Poland and again on the head of the eagle flashes the crown of Jagiełło.

I would have felt deprived if I had been far away from these events. For that reason I do not regret the decision made in 1947 to return to Poland.

1989/1990

AN ARTICLE BY MRS. ZAWACKA – MILUC
written for the magazine "VOICE OF WOMEN"

Nowadays one hears a lot of condemnations of children and youth because of their behaviour and difficult relationship with teachers and learning in general. It was not like that a long time ago. I am scanning my mind through the years of my work as a teacher. The first steps in pre-war period in Poland left me with very pleasant memories. Later, having left Russia, my work in Teheran and Lebanon, teaching was characterised by real co-operation between teachers and pupils. I can say the same about my work in the Polish schools in the United Kingdom.

Teachers are always delighted by the signs of attention and understanding shown by their pupils and are moved even more by their memories, particularly from many years back.

45 years passed from the time of setting up of Polish schools in the U.K., yet the past pupils remember those who taught them, brought them up and worked for them. And the most important thing is that they keep contact with each other, that they established friendships which have continued and developed to this day and pass on to the younger generation.

In London there was organised a Circle of past pupils of the Polish Lyceum and Grammar School named after Maria Curie-Skłodowska. The School was founded in Feb., 1941 in Scotland in Scone Palace near Perth and the first headmistress was Mrs. A. Maluska. There were only 56 pupils at school in 3 forms of Grammar School and 2 Lyceum classes. There were also several boys in the Grammar School section who later were moved to the Grammar School in Glasgow.

In 1942 Polish Committee for Education of Poles, a branch of the Ministry of General Education in U.K. moved the school to Dunalastair House near Pitlochry. Pupils started to arrive there from different parts of the world. Numerous "Pestki" from the army, girls from A.K. (Secret Army), from German work camps, Portugal and France. Also arrived the girls who having left Russia after so called amnesty lived in Africa, India, Lebanon, Palestine and Mexico.

In 1947 the pupils of the Dunalastair House took the last examination according to the Polish programme and in April 1948 the school was again moved to Grendon Hall, near Aylesbury, Buckinghamshire where it functioned till 1951. Over 300 pupils passed through the grammar school.

At first teaching was conducted in Polish language according to the pre-war programme. Later British system was gradually introduced and all the teaching conducted in English. However, to the very end of school's existence remained so called Polish subjects (Polish language and history). This kind of system allowed our children to be well prepared when they joined the English schools or went to study in Universities.

For some pupils School became the first 'home' since the outbreak of the war. They felt like being in Poland although they were in a foreign land. It was not surprising that they had felt that way, as they found themselves surrounded by Polish way of life. The school resounded with the Polish language and songs. The students prayed in the chapel of Our Lady of Ostrobrama. The altar was a gift from the 12th regiment of Podole to the school and its chaplain, Fr. K. Krzyżanowski. The school soon became known as 'Small Poland,' which it truly represented.

The school brought up a generation of brave girls, exemplary wives and mothers. It is not my opinion only, their husbands subscribe to that opinion too.

There are no roses without thorns-there must have been some, shortcomings in our communal life at school, but no one seems to remember them, on the contrary, the memories that remained are full of warmth and gratitude for the care, knowledge and Polish culture.

From the beginning of school's existence flourished extracurricular activities such as girl guides, Marian Sodality, cooperative, choir, sport and theatre circle. During home economics lessons, pupils learned how to cook, housekeeping, needlework and sewing. Our guide girls paraded in self-made uniforms, there were no problems with national costumes as these were made by the girls.

To teach at that time was a sheer delight because the pupils were self-motivated, trying to make up for the lost time. They listened to our suggestions and tried to comply with them. They were full of life and joy. Even visits of the inspectors from the Ministry of Education for example Mr. Frank Harrod did not bother them as they frolicked and commented, "Beware, Herod is coming, there will be slaughter of the innocents". But there were no reasons for anxiety as the English inspectors appreciated our achievements and were full of praise for the standard of the school.

Now the organisation of the past pupils of the school holds annual meetings in the dining-room of St. Andrzej Bobola place and a world meeting every few years. This year, after 5 years was the 3rd world gathering in the Polish Club in Balham.

On 1st of June arrived in great numbers of past pupils of the school arrived for the meeting, they came from all over the world, from U.S.A., Canada, Switzerland, France and one at the request of the organisation, from Poland.

The number of teachers attending our meetings shrinks gradually. Some have already deceased and some are unable to come because of their state of health, such is the case with Miss Janina Ploska, the last headmistress in Grendon Hall. This time Mrs. Niedzwiecka-Michalik, the previous headmistress came as well as Mrs. Romiszowska, Cz. Chrząstowska and Mrs.I. Zawacka-Miluć.

After the solemn Mass with an uplifting sermon by Father Wyszowacki in the church of Christ the King in Balham, the participants gathered in the club for a cup of coffee, and cakes. It was not always possible to recognise each other as after so many years everyone must have changed considerably. Faces often remained the same but the figures appeared to be taller and a bit wider.

Proceedings took place in a pleasant atmosphere. New governing body was elected- D.Nowacka from Switzerland became the leader (chairperson) of the Association and plans were made about the future work of the Association.

General interest of the participants centred on the issue of "Fotorama" by the Association with short history of the school and many beautiful photographs-an outstanding achievement of the Association.

The meeting was followed by a dinner. Now the participants of the meeting had an opportunity to resume their conversations, to look at family photos, proudly show the photos of their children and occasionally of the first grandchildren. But most important of all they remembered the old times. A lot of photographs were taken which no doubt will be decorating the next chronicle.

All the teachers and past pupils were leaving the meeting refreshed and feeling younger, they were full of anticipation of the future meetings and social gatherings.

CHAPTER II

In Polish only – see page 80

CHAPTER III

AUTOGRAPHIES OF SOME OF OUR PUPILS

Akerman-Sadowska K
Gorgolewska-Wąsowska H
Karpińska-Kamiński K
Lifszyc-Klein M
Łucek-Chruszcz W
Macander-Wiernicki J

Orechwa-Nowobilska K
Sawicka-Kądzielą-Yon B
Sołtysik-Lipińska A
Stefaniszyn-Haczkiewicz O
Świda-Wawroska M
Świetlik J

KRYSTYNA AKERMAN-SADOWSKA

Grendon Hall. Even after 52 years, those two words spell magic to me.

I arrived at the school a frightened 11-year old; the school loomed huge and mysterious. Yet even at that tender age, I was awed by the physical beauty of the surroundings and the spirit of solidarity that was palpable throughout.

These were some of the school's strengths:

The standard of education was extremely high (studying Greek and Roman mythology, plus the history of Church at the age of 12!), yet we took pride in the tough curriculum.

Discipline was subtle but effective. We behaved because that was the thing to do.

Pride in being Polish was front and centre yet it was impressed upon us to be good citizens of the country we lived in.

We were treated with respect and that breeds more than good manners; it breeds gentleness and bonhomie.

I love Grendon Hall to this day. Besides the values imparted by my Mother, the school was the greatest influence in my life.

My children and grandchildren may not realize it but they have inherited the values I acquired at that school. I only wish they had had the luck and privilege to attend such a school as Grendon Hall.

My life after Grendon Hall (in Canada) has not been easy. In fact, I have had to start a new life several times, from almost zero. However, the values and character developed at school have stood me in good stead and helped make it a happy and successful life.

Thank you, Grendon Hall.

SECOND WORLD WAR AUGUST 1939-AUGUST 1945

Halina Gorgolewska-Wasowska

It was August 1939. We just came back to Warsaw from our summer vacation and were getting ready for school. Basia, the oldest was pressing her uniform. At 16 it was important for her to look smart. Włodek did not care, he was not a scholar but second year in high school was no joke, so he was fingering through his history book. Danusia and I, still in grade school, our satchels and pencil boxes ready, were playing with Minka-a small black Manchester terrier dog, a recent addition to the family. Mummy was keeping close to the radio so that she could hear the latest news reports. Dad, a Major in the Polish Army was on the staff of High Military Command. His task was to monitor the movements of the Nazi-German divisions close to the borders of Poland. Mummy jumped when she heard the telephone ringing. It was Dad, his voice calm but firm gave an order loud enough so that we could all hear. "Start packing, you are going on a short trip to visit aunt Mary in the country". "What?" was my brother's comment, "another vacation at the end of August?" But we realized there was no cause for joy. The adults were too tense to conceal their anxiety. We were going to travel by car, a tiny Czech Scoda which had to accommodate a driver, Mummy and the four of us in the back seat. "How about Minka?" I cried. "Surely I can keep her on my lap". Włodek took a map of Poland and was checking the road leading to Mary's country estate. Before we could leave the next day bombs were already falling on Warsaw. There was no time to say goodbye to Dad. The war has already begun. Frightened by the whining of the falling bombs we crammed into the car. I grabbed Minka and we were off still

225

unaware of what was in store for us, for Warsaw and for our country. We never saw our apartment again.

Włodek's map of Poland was very helpful. It also had a lot of useful information on the side. In September 1939 the country of about 35 million population was wedged between Germany with over 78 million and the Soviet Union of over 138 million people in its European section alone, up to the Ural mountains. Poland's history was marked by frequent invasions from one or the other of her powerful neighbours. The Polish people, however, developed a culture of their own, different from any other in Central or Eastern Europe. They were strongly drawn to the French and Italian cultures. Their eyes turned West their builders were influenced by the Italian architecture; they laced their language with words and phrases borrowed from Latin or French. Intensely religious they were loyal to the Catholic church, yet tolerant to people of other religious persuasions. They built hundreds of churches, synagogues and monasteries. Occupied mostly in agriculture the Poles developed a colorful folklore culture and beautiful music, which inspired composers the stature of Chopin, Paderewski, Wieniawski and others.

In September 1939 when we reached aunt Mary's country house a message was waiting from Dad telling us to keep going. The Nazi German army was unfolding its blitzkrieg strategy of waging war using technologically advanced tanks, guns, armoured cars and planes against a much smaller Polish defence force. The Poles had only 180 tanks and the Germans 3,000; The Polish Air Force had a total of 392 combat planes and the Germans 1,941. Defeated by an overwhelming force the Poles, who were not killed, or taken prisoner, were retreating East. Hundreds of people, soldiers and civilians were moving slowly along crowded roads. We were travelling South with other military families. There were three Czech Scodas now trying to stay together until the gasoline ran out. Stuck in a small town we experienced a most terrifying air raid. A bomb exploded very close to us and later we watched the damage it caused, thanking God we were not hit. Mummy with few military wives rented an old bus that still had some fuel in it, and we pushed on. Suddenly I realized that Minka was missing and started to cry. Fortunately we were not far from the village square, where we last stopped and we soon found her running around the fountain, where she last saw us.

The High Military Command column with Dad in it was also moving South in an orderly retreat still trying to control by radio the disintegrating forces of the Polish defence. Another blow, however, hit the Polish forces from the East. On September 17th 1939 the Soviet armies crossed the border moving in to occupy what was left of Poland. By then we were at the furthest southern tip of the country still reluctant to cross over to Rumania. The officers of the High Military Command were in danger of being shot by the first Russian patrol to reach us. Obeying his orders Dad decided that we were all going to Rumania and we watched in horror as in his military uniform, his rank of an officer obvious from the star and stripes on his shoulders, he had to hand over his gun to the Rumanian border guard. We were unable to cry, or to pray, we felt utterly crushed with emotion realizing, children as we were, that history is slamming a gate behind us, blocking us from so much that we cherished.

Calimanesti, a winter resort town was soon filled with refugees and army internees. The Rumanians were kind, we enjoyed the scenery of the gently rolling hills taking long walks and getting acquainted with other children. Dad was busy preparing to move on to France, where Polish army units were trying to assemble. The plan was to organize on the French soil a Polish army which would join the allied forces defending Holland, Belgium, Luxemburg and France.

We were on the move again driving through Yugoslavia and Northern Italy with Minka in my lap. We reached Venice by Christmas 1939 and celebrated as best we could in a small hotel room overlooking the canal. We did some sightseeing, walking along the picturesque canals and crossing them by the narrow bridges. I still have a photograph of us feeding the pigeons on the main town square in front of St. Mark's Cathedral.

By January 1940 we reached France and were driving along the beautiful Mediterranean Sea shore towards a small resort town of Juan-les-Pins. Dad had orders to meet with his superiors at a rallying point near Paris. Mom volunteered to help in an army hospital, which was being organized in Juan-les-Pins. We stayed in a small hotel run by a Polish family. We loved the beautiful seashore resort running bare footed on the beach and visiting the historic castle of Cassis.

But soon it was time to flee again. The French people were unprepared to defend their country, Hitler's armies were soon at the gates of Paris, which they occupied on June the 15th, 1940. The recently organized Polish army units were told to move south while the French were negotiating an armistice with their invaders. Dad joined us and we boarded a train crossing southern France all the way to the Atlantic where two ocean liners called after two most famous Polish kings "Sobieski" and "Batory" were waiting. The train was comfortable, but food was scarce. We spent most of our time glued to the windows admiring the scenery of the French southern countryside. I saw from a distance the grotto of Our Lady of Lourdes, but the train would not stop to give us a chance to pray at the foot of Her statue. When we reached the Atlantic port of St. Jean de Luz "Batory" was almost filled to capacity with troops. There was no question that Dad would go, but would they also take us? Being separated from Dad under those circumstances was unthinkable. Fortunately we were ushered in with other military families. It was getting dark and no one noticed the bundle I was cradling in my arms. The dog was tired, hungry and fortunately asleep. Hundreds of people were crowding around us, the boat was filled with 2,500 soldiers and refugees. The families with children were directed to the cabins below while the others, mostly soldiers, occupied the grand salon, the dinning room as well as the spacious decks. We were still hungry but as we felt the giant structure moving we run up to the deck to say goodbye to France and to the Continent of Europe. As we watched the waves closing ranks behind the departing giant, "Batory", we were painfully aware that a more prodigious obstacle than the Polish-Rumanian border was now separating us from our beloved country. Finally as the night set in, my craving for milk satisfied, the dog fed and the family settled in its small cabin we finally fell asleep. Fortunately the three days of journey were uneventful. The crew sounded an alarm once a day to teach the passengers what to do if a torpedo from a German U-boat were to hit us. It kept us on our toes, but did not prevent us from enjoying the spectacle of the heaving and churning waves of the Atlantic. When we were approaching Plymouth, a port city in Devonshire, England, a dense fog was blocking it from our view and it started to drizzle. It was June 25th, 1940.

    So much has happened since we left Warsaw only ten months ago. Hitler's fast moving panzer divisions occupied Poland, Denmark, Belgium, Holland, Norway and France. Feeling isolated and vulnerable the English people welcomed the Polish soldiers who were still ready to fight for their country wherever they were needed. Many of them fought side by side with the allied forces in Belgium and were in May 1940 evacuated from Dunkirk by the British. Many took part in the Norwegian and African campaigns, but whether it was Narwik, Tobruk or the Battle of Britain the Poles were fighting for Poland. They wore the Polish eagle on their caps and the word Poland was sewn into the shoulders of their uniforms. The Polish flag was raised every morning at their campsites. Under the orders of the Polish High Military Command they were staunchly loyal to their allies. Disappointed by the French in June 1940 they focused their hopes on the British and strived to reach England as best they could. About 10,000 strong army, 8,200 strong air force and a number of warships of the Polish navy reached the British Isles. The High Military Command as well as the civilian authorities were evacuated from Angers and Paris through Bordeaux, La Verdun, St. Jean de Luz. When President Raczkiewicz, head of the Polish Government-in Exile arrived at Paddington Station in London on June 21st His Royal Highness, King George the VI was there to greet him.

Since most of the national gold reserves were removed from Poland in 1939 the Polish exiles were able to preserve a lot of their independence. Later the American Lend-Lease programme added 12.5 million dollars a year, while the British aid over the five and a half years of the war added up to 120 million pounds sterling.

At first the civilian refugees were taken to resettlement camps, while for the soldiers tent towns sprung up almost overnight in England and Scotland. Our English hosts impressed us with their efficiency and kindness, but somehow we had to overcome the language barrier. None of us spoke a word of English. Interpreters were few and far between. My Dad, was fluent in German and knew some English. He was soon assigned the job of liaison officer helping the authorities to sort out people's identities to make sure that spies and criminals would not pass undetected. Families were first to be released and housed with English families, which volunteered to accept them. Minka, however, could not be with us. She was taken away directly from the boat to spend six months at a quarantine farm to make sure she was not infected by rabies. We were grateful to the English family, which volunteered to share their small suburban town house with us, and tried to be as helpful as we could. Soon father rented a house for us. We enjoyed several weeks of semi-normal family life, playing and shopping while father left every day for his office and came home at night.

By September the 7th 1940, the German Luftwaffe launched a massive offensive by air known as the Battle of Britain. Three hundred

229

bombers escorted by 648 fighter planes flew over London and dropped its cargoes of explosives and kept coming night and day until the end of October. Families with children were encouraged to leave, schools were evacuated. To avoid casualties people spent nights at underground metro stations. The British spitfires fought fiercely to prevent the bombers from reaching their targets. It was time for the Polish pilots to prove their mettle. After months of retraining they were eager to confront the enemy. As squadron 303 was scoring up to 14 German planes shot down in one sortie, its fame began to spread. The pilots were very much in demand to patrol the sky above Southern England. Stories about their bravery circulated in the press. Some were miraculously rescued after parachuting from burning Spitfires. Their legend grew and they were especially appreciated by the people of London.

Dad again saved our lives by sending us off to Scotland. Tucked away in a beautiful small town, Peebles, on the river Tweed we were too worried to enjoy its charm. The frequent pouring rains did not help. I remember walking along the river drenched and utterly depressed. Dad had to stay in London. Fortunately he was not at home when bomb hit the house he was renting. How glad he must have felt that we were not there either.

In late October my Dad was transferred to a small town, Falkirk in Scotland. We could be together again. It was close to Christmas when we saw him in his military uniform, walking from the railway station with Minka in tow. We were overjoyed. We laughed and we cried. Minka was jumping all over us obviously recognizing us all.

Most of the Polish Army was now in Scotland, learning to speak English, getting acquainted with King's Regulations concerning military behaviour and handling the equipment produced in England. They were assigned patrolling the beaches in Scotland, to make sure the Germans would not surprise the British with an assault launched from Norway. It was an important but a boring assignment, so the Poles decided to do something about it. One army unit trained an excellent army choir which performed for its Scottish neighbours, and later became famous and sang for many army units in Scotland. Others devised a set of courses on different levels, which later developed into Polish University in Exile. Clinics and hospitals sprung up to look after the Polish sick and wounded. Polish language newspapers and books were published. Two Polish high schools were organized so that the teenagers who did not yet speak

English would not miss too many years of education. Everyone expected to go back to Poland as soon as the Allies won the war against the Nazis.

The Maria Curie-Sklodowska High School for Girls opened its doors in February 1941. The location was spectacular. A school of English children evacuated from London shared with us the spacious premises of the castle of the Kings of Scotland, Scone Palace, in Perthshire. According to a local legend a ghost of a lady in white was still roaming the castle corridors at night. It took a while to reach the castle from the road walking along the tree lined winding driveway. From the back the park descended towards the river Tay providing a sweeping panorama of the meadows where sheep were grazing.

Basia and I were in the first group of 56 girls enrolled. Basia was with the oldest eight girls who were preparing for a final exam to obtain a "Certificate of Matriculation ", which would open in Poland the way to university education. I was the youngest of six girls cramming to digest, in one year, a syllabus planned for two. Studying, however, did not take all of our time. We enjoyed the park immensely. By spring, fields of yellow daffodils burst into bloom. Trees and bushes started a new life, exposing their young green leaves to the sun. It did not take us long to burst into song and dance. We all knew the Polish folk songs and dance rhythms. Some girls took out their books and studied outdoors. For a while General Maczek's Division was stationed in the neighbourhood of the park and the men tried to observe the activities of the boarding school students. Soon contacts were made and Cupid's arrows began to fly across the fence. Captain Zygmunt could not take his eyes of my sister Basia. Obviously smitten he did not try to win her until the war was over, but did visit often the house in Edinburgh where Basia lived with our parents. Dana was at that time attending a local Primary School fast outrunning us all in her knowledge of the English language.

Living in Edinburgh my parents became hosts to several young men, in need of a friendly family atmosphere. A prewar friend of my parents, fighter pilot Ksawery, came several times to spend the holidays with us. Basia's girlfriend knew several naval officers from the warships stationed in Rosyth. One of them, a pleasant young man focused his attention on me. Zygmunt was a frequent visitor and spent a lot of time discussing politics with my father. A young merchant marine cadet, a distant cousin, recently arrived from exile in Russia, Andrzej, joined the group of regular visitors. My brother Wlodek would invite some of his friends from the boys' high school in Glasgow where Polish teenagers, fast becoming of age to join the military, studied to earn their Matriculation Certificates. Minka, very much a member of the household, announced the arrival of each visitor barking loudly at the door.

The apartment my parents rented, close to the castle hill in the old town, was large and close to many haunts of great historical interest, as well as concert halls, cinemas and restaurants. Easter vacation was lots of fun. Basia was having a ball, Dana too young, too shy to fully appreciate such company consoled herself with Minka.

After the holidays, the fun days over, I went back to school by myself. It was not Scone Palace any more. In 1942 the school was relocated to Dunalastair House, a handsome hunting lodge hidden in the mountains of central Scotland, near Pitlochry. It was a fairy story like location. The lodge sat in an enormous park overlooking a lake, on one side end facing Schiehallion, the tallest mountain in that mountain range. Most days I followed the school routine but on Sundays we took long walks on the lakeshore or across the bridge, over a rapid stream, and climbed up the mountain to MacGregor's cave, which according to local legend was used to hide stolen guns of Scottish rebels. I spent three years at Dunalastair House in complete seclusion from the outside world except when we went home for holidays. In June 1943 my sister Dana, then aged 12, joined me. We played volleyball and ping-pong, we practiced our singing and our dance routines. We celebrated every national or religious feast day with morning Mass, then Polish songs and dances and patriotic poems. We also listened to the radio and followed the events of the war with great interest, knowing that our future depends on its outcome.

The year 1943 brought to Dunalastair House a group of girls in uniform. To explain their war experiences we must go back in time to July 1941. When the Soviet Union attacked by Hitler's armies joined the Alliance against Nazi Germany, the Poles negotiated an Amnesty in July 1941 for the thousands of people who were deported from Poland after September 1939. The plan was to organize an army of 300,000 from the deportees who survived the inhuman conditions of a Siberian exile. As the news burst throughout the Soviet Union thousands of Poles tried to reach the railroad stations and travel south where the army units were being formed. Men, women and children pushed south on crowded trains suffering from cold and hunger. Among them was a 14 year boy, Janusz, who later became Dana's husband. Only a small percentage succeeded. Malnutrition, infectious diseases decimated the refugees. Many children lost their parents, many parents lost their children.

Those orphaned or lost children tugged at the heartstrings of adult exiles who witnessed their tragedy. In Turkestan 70,000 men were training to form General Anders' Army on very meagre diets, but they sheared their food supplies with civilians, many of them children, arriving at the rate of 1,000-1,5000 daily. General Anders negotiated again with Stalin for increased food supplies. Some arrived from a charity source in India. By 1942 the numbers of needy children grew to about 100,000. Nurseries and orphanages were organized by volunteers. In March the Soviet authorities approved the evacuation of 30,000 troops along with 10,000 civilians. Soon the British forces fighting against Rommel's divisions in Egypt requested General Anders Army's support. As a result 77,200 soldiers and 37,300 civilians including 15,000 orphans were evacuated from Krasnovodsk on the Caspian Sea. As the Polish divisions joined the Allied effort to defeat the German forces, from the pay they earned a percentage was allotted for the upkeep and care of Polish schools and orphanages. A network of schools and orphanages evolved in camp like conditions in Palestine, India, Iraq, Iran and Africa. Military cadet schools were set up for teenagers wishing to prepare for army, navy and air force. Supported by the military budgets the schools provided better care and nutrition. The children wore military uniforms and soon showed signs of recovering. There was no lack of talent among them. Their youthful exuberance restored, they organized choirs and dancing groups. One army cadet school produced a performance of the opera "Halka" by Moniuszko in which, Janusz sang one of the leading roles. Printing presses were set up to produce textbooks. Many orphanages were far from the Polish Army in Kenya, Tanzania, Zambia and Zimbabwe, some as far as New Zealand and Mexico. They were cared for by religious sisters, Felicjanki supported by volunteers. (The saga of these war children was documented by Fr. Lucjan Krolikowski O.F.M. Conv. in his book "Stolen Childhood" copyright 1983, Franciscan Fathers Minor Conv., St. Anthony of Padua Province, Buffalo N.Y. U.S.A.)

The girls in uniform who arrived at Dunalastair House in late 1943 were much more mature for their age than I. Having experienced the exile in Russia, and being rescued by the Polish network of schools and orphanages they had faced challenges difficult for us to imagine.

They did not like to talk about their past, they could sing and dance better than we could. Their Polish language skills far surpassed our own. They were lively, vivacious and lots of fun, leaving the "hell" they witnessed far behind.

In 1944 I was only one year away from the final exam, the "Matura". The older girls were already cramming for the exams. Although very sheltered and away from the theatre of war, we were keenly interested and listened to the radio every day. The Allies were preparing for D-day invasion of France. General Maczek's division was training to take part in the first assault. While the Soviet Union severed, in April 1943, its diplomatic relations with the Polish Government-in-Exile, the Polish armies in Great Britain, as well as in Italy were still faithful to their Allies and would remain faithful to their cause. Whether liberating Italy or France they were still fighting for Poland.

One of our girls Hania left the school soon after Christmas to marry her officer fiancé hoping to snatch some weeks or months of married happiness before the D-day invasion of France. She had our good wishes and later sympathy when she returned eight months later, a widow. Her husband was killed in action in the battle of Falaise in August 1944. Also killed was Jozef Wasowski. His three-year-old son, living with his mother in Poland never knew his father and regretted it throughout his life. Zygmunt, however, of the same regiment survived. Hania by now out of her uniform and dressed in black came back to Dunalastair House to prepare for her "Matura" examination.

The news of the Warsaw Uprising in August 1944 electrified our emotions again. At night everyone at school stayed in the dining hall after dinner listening to the news on the radio. I did not know, at the time, that my future husband Stanislaw Wasowski was part of that desperate effort to liberate Warsaw, but the terrible frustration over the Allies doing little to help hung heavily on our hearts. There was nothing we could do but pray. We also knew that Poland was "liberated" from the East by the Red Army. Our girls in uniform understood very well what that meant having experienced the previous "liberation" in 1939. The chapel was filled to capacity every morning for Mass. Raising their hearts and souls to God the girls sang the familiar Polish hymns, taking comfort in the beauty of the liturgy while praying for the safety or the eternal salvation of their loved ones.

When in May 1945 we heard that the war was over we were overjoyed, but not for long. While Allies were celebrating, the Poles were again in mourning. The Polish Armed Forces who fought the war at the side of their Allies were not even invited to join the victory parade staged on the streets of London. The Allies decided to recognize the puppet communist regime in Poland, thereby withdrawing their recognition of the Polish-Government-in-Exile. This was unacceptable to most of the Poles in the West who fought for free Poland, and were not prepared to live under communist regime. Almost overnight the 200,000 strong Polish Army in the West became stateless and an embarrassment to the West. My Dad was devastated. He devoted his life to the cause of a free, independent Poland, a cause which was now abandoned by the Allies under the overwhelming pressures of the Communist, Stalin's Soviet Union. Going back to Poland for him would have been tantamount to suicide. He would have been tried or simply destroyed one way or another. Many of his compatriots were in the same position. Fortunately dad recovered from depression thanks to my Mom who reminded him of his artistic hobby of painting. She also helped by supplementing Dad's severance compensation by sewing, and selling Polish costume dolls. They both followed with interest the exploits of their four children who needed to find their place under the new circumstances.

My brother, Włodek was still with the Polish Air Force, which he recently joined after graduating from the Polish high school for boys in Glasgow. In October 1945 I left Dunalastair House, Matriculation Certificate in hand, and went back to Edinburgh to my parents and to my sister Basia who was then a student of Edinburgh University. Soon captain Zygmunt showed up on leave from active duty. When he first came to the flat Basia was not at home. My Dad entertained him in the living room. As Minka's loud barking announced her at the door father went to let her in. She saw the captain's uniform and beret in the hallway and run in coat and hat to the living room. Only Minka witnessed their reunion and she wouldn't tell. But Zygmunt did not lose much time proposing in summer of 1946 and we were soon preparing for the wedding. It was a happy event for us all.

For Włodek, Dana and myself it was time to continue our education. Dana went back to Dunalastair House, the third Gorgolewski sister to attend this high school. All four of us benefited greatly from the

235

Committee for the Education of Poles in Great Britain, which subsidized the schools but also offered scholarships for Polish students willing to learn subjects and skills needed for further development of technology, which the Second World War pushed to such prominence. The Polish University College organized by the soldiers and refugees spending their war years on the British Isles offered courses leading to degrees or diplomas in the Sciences, Medicine, Architecture, Engineering and Economics. Hundreds of young people gained expertise in fields of great demand in Britain as well as in many other English speaking countries in the world. Each eligible student was granted a scholarship of 15 pounds per month to live on. Włodek jumped at this opportunity and enrolled at the PUC School of Architecture. Dana would also benefit when her time came in 1949 to study at the prestigious London School of Economics.

But the sciences were beyond my possibilities. I was interested in History and Literature. "Veritas" Polish Catholic Students Organization came to my rescue in the person of Mr. Wojciech Dłużewski who was recruiting candidates for Catholic University in Belgium, Holland and Ireland. Eight Polish students were admitted to the University College, Cork on the southern tip of Ireland and granted scholarships of 12 pounds a month. I entered the emerald isle with a historic document a Polish passport of pre war vintage issued by a Polish Consul in Dublin in 1946 after most governments in Europe and America have withdrawn their recognition to the Polish Government in Exile still functioning in London and still considered by most Polish refugees and veterans as their own. My passport was valid until October 1948. Until then I was a citizen of Poland, a legal status, which I soon lost and willy-nilly had to become "stateless". As much as I loved Ireland and appreciated helpful attitude of the British government my emotional roots were still in Poland.

MY MEMORIES OF WORLD WAR II AND SUBSEQUENT TRAVELOGUE TO CHICAGO, USA.

Krystyna Karpinska-Kaminski   October 15th, 1999

First of September of 1939, the beginning of WW II, I was living in Deblin, not far from Warsaw. Deblin was a relatively small town, however there were many branches of the military, where my father was stationed. On the third day of the war my father, an officer in the army, left the town with his unit, and the families were evacuated to neighbouring villages. After few days my father found my mother and me, and since he had orders to report elsewhere, he decided to take us to Warsaw, to stay with our relatives, while he discharged his orders. Because of heavy bombardment of Warsaw by the Germans and changed orders to report to Lwów he took us with him. As we came close to Lwów, father left us in a hotel and went to report to his commanding officer, who in the meantime left town. While we were searching for his unit the officers also on the road told us the units were moving towards the boarder with Rumania and Hungary. Despite the unfriendly attitude of the Ukrainian peasants who were shooting at us we somehow managed to reach the Rumanian border. On September 17th we crossed the Rumanian border together with members of the Polish government and other members of the military.

The Rumanians were very friendly to us and pointed us in the direction of Bucharest, the capital of Rumania, where we were to report at the Polish Embassy. We found accommodation on the outskirts of Bucharest, which was convenient for my father to communicate with the Polish Consulate. We soon found out that General Sikorski was forming Polish government in exile in France with President Raczkiewicz at the head. We found out also that General Sikorski was forming a Polish army in France and that all interned members of the Polish army could apply for a visa to France to join the Polish army. After many months of waiting for a visa, we were able to travel to France in the middle of April of 1940. Mother and I found accommodation in Paris and father reported to his unit, which was billeted outside of Paris. Our stay in Paris lasted only a few weeks because of successful German invasion of France in the end of May of 1940. The only way open to us to escape the Germans was to travel individually to Bordeaux and try to get a place on the Polish ship, Batory, which would attempt to evacuate us to Liverpool, England. Indeed this was the last transport out from France.

My Mother and I travelled to London and my Father was sent to Peebles, Scotland. Soon after we obtained accommodation on the outskirts of London, the aerial battle of Britain began and life was not very pleasant because of almost nightly bombardment. After six months of sleepless nights we were happy to leave London for Scotland and live together with father.

In Peebles I met Kristine Garlicka-Messinger and shortly thereafter Danka and Joan Koperski. After few months the Polish Government began organizing Polish Gymnasium (High School) outside Perth at Scone Palace where we applied in the spring of 1941. Scone Palace was a very nice Castle with large grounds. There we were assigned adequate classrooms and dormitories and the remaining quarters of the Castle which were nicely furnished, were occupied by the Scottish "housekeeper". Unfortunately we did not stay there very long, because of greater number of girls applying to the school, they moved the school to Dunalastair House. Dunalastair House was also a large Castle with extensive grounds and it was not occupied by any one at that time. It was rearranged into larger classes and dormitories. There were approximately ten students in each class. In the second year of school existence the administration opened first grade to seven boys who were however moved elsewhere. We felt in the school like a happy family.

In 1944 the government administration of schools opened a high school with a business major in Glasgow, Scotland. Several students from our school asked to be transferred to the business high school. I remained in the Dunalastair school until graduation in 1946 (i.e. matriculation-matura), then I went to Edinburgh where my parents were living at that time.

For the first two years I was working in the laboratory of the Royal Infirmary in Edinburgh and then I was for two years working as a nurse in the Polish section of the hospital in Ballochmyle, until November 1949 when the Polish section of the hospital was closed. I again returned to Edinburgh where I met shortly my future husband. We were married in September 1951 and we moved to London where my husband began working at the Royal Marsden (Cancer) Hospital as a researcher in

Radiobiological Research Unit of the Radiotherapy Department. After two years we decided to move to Toronto, Canada and three years later we moved to Chicago where my husband had opportunity to continue his studies at Northwestern University. After many years of study and work my husband received Ph.D. in Chemistry as a major and Medical Sciences minor. Upon graduation he was offered a faculty appointment where he remained until 1996 asProfessor Emeritus. In the mean time in 1956 I gave birth to a son and in 1963 a daughter. While my husband was mostly career orientated I was responsible for bringing up my children. I must have done good job because my son chose the same profession as my husband's and is now full professor at Michigan State University. My daughter after completing studies in criminal justice received training in the FBI and currently is a drug enforcement agent as part of the Federal Justice system. My son is married and is the father of a three year old girl and my daughter is married to a federal prosecutor and they have two girls.

Looking back, I was very fortunate that I did not have to go through the terrible odyssey so many of my friends had to go through during the war to reach peace.

DUNALASTAIR 1945

Mira Lifszyc-Klein

My name is Mira but officially I am Mira Lifszyc-Klein. I was born in Warsaw in 1925 and lived there until May of 1940. I was there during the blitz and several months of the occupation. The blitz was horrendous. The incendiary bombs caused lots of fires and the city was ravaged. I lost many school friends.

After the bombardment was over my high school organized secret classes since the Germans closed all schools in early October 1939. The students were divided into small groups and we met in different homes each time. There were lots of secret schools in Warsaw but there were also incidents in which whole groups of students, including their teachers were discovered by the Nazis and thrown into jail. My group was lucky, although one time the Nazis came in and searched the house while we held class. Somehow we were not arrested. We pretended that we were just gossiping at a birthday party.

Life under the occupation was very difficult and dangerous. As Jews our food rations were very modest but our former maid gave us some of her own food, just for me. There was so much hunger in Warsaw that people resorted to eating horse meat.

At the beginning of September 1939 my father and brother left Warsaw on foot and headed for Eastern Poland, where a new Polish army was supposed to form. Nothing came of this army and they eventually (although separately) found themselves in Wilno. My mother, grandmother and I were left to ourselves.

Being an oral surgeon, my father opened an office in Wilno. One of his patients – Mrs. Dąbrowska was secretly working for the underground. Her job was to help Polish officers interned in camps in Lithuania, escape and come back to Warsaw. She offered to bring me to Kaunas, Lithuania on her trip back from Warsaw.

The trip was of course dangerous since we had to cross borders illegally. In May of 1940 I left Warsaw as Maria Dąbrowska – daughter of Mrs. Dąbrowska. We travelled through East Prussia by train and got to the part of Eastern Poland occupied by the Germans. The next 20 kilometres (the "demarcation zone") we travelled by foot and we spent the night in the hut of a peasant. For breakfast, the next day we ate eggs and 'kiełbasa', something I have not seen since the beginning of the war.

Mrs. Dąbrowska started looking for a guide who could take us across the Polish (in German hands) – Lithuanian border. It turned out that the Germans started to watch the border very closely, because they had recently found out that lots of people were escaping that way. It was hard to get a guide but finally a little boy offered to help us. There were 5 minutes during the day, when the border guards were changing and the border was not watched very closely. It was during these 5 minutes that our guide led us through. We agreed to look out only for ourselves and not to look back. We had to run fast because we had to cover 200 meters of open field. I fell at one point but somehow we got to Lithuania. The next step was to get to Kaunas. A farmer offered to take us in his cart, but only if I hid myself under the straw. Mrs. Dąbrowska had some documents for herself but not for me. This way I got to Kaunas and Mrs. Dąbrowska took me to my father's cousin's house. My cousin took me to Wilno by train, across the Lithuanian border. It was an artificial border since Wilno was occupied by Lithuania. I was supposed to be her daughter and on the train I had to pretend to sleep because, of course I didn't know the language. I was supposed to be Lithuanian. Thus I got across the border and in Wilno was reunited with my father and brother. I was 14 years and 11 months old.

I started going to school and writing letters to my mother. The news from Warsaw was very tragic but somehow life went on.

In June of 1940 the Soviet army marched in to Wilno and occupied all of Lithuania. Life began to be insecure for my father and for my brother. My father was a socialist and a well known anti-communist, he was also a professional. My brother was 19 years old and of military age. Around the 15th of July 1940 my father was arrested and was put in jail. My brother went into hiding. Every Wednesday I used to stand in line in front of the prison delivering packages of sweets (that was all that was permitted), which, as I found out later, my father never got. Once the Soviet secret police told me to come to their office at 8 o'clock in the morning on a certain day. I sat in the waiting room until midnight when they finally called me in. The inspector started asking me questions about my father's friends. I told him nothing and he finally let me go.

In Kaunas there was a Japanese consul Chiune Sugihara who decided to save as many lives as he could. He started issuing travel visas to anybody who asked for them. In order to get the visa though, we had to show a destination visa. The Dutch consul in Riga, Latvia, started giving out certificates stating that visas are not needed to land in a Dutch colony-Curacao. (It was also stated that a permission by the Governor was needed, but the consul crossed that part out.) None of the refugees knew where Curacao was but with the help of the Dutch consul (unfortunately I don't remember his name)people got the Japanese visas. My brother and I decided to take advantage of these events, especially since we knew that our father was in a camp in Siberia and there was nothing we could do for him. We got all documents and at the end of January 1941 we left Wilno.

In Moscow we boarded the Trans-Siberian express and travelled to Vladivostock. The train trip lasted 11 days after which we boarded a small Japanese vessel where the living conditions were terrible. After one and half days we found ourselves in Japan. Although our visas were only good for 14 days, we spent 9 months there with the permission of the authorities. About 3,000 people were saved that way. We were finally ordered to leave and we went to Shanghai, where we lived for 11 months under very poor conditions. While there I attended a school for refugees.

When the Japanese-American war started our circumstances got worse but that was also the way we found our salvation. The embassies and consulates of the Allied Nations were allowed to leave for the West and take a certain number of their citizens with them. The Polish ambassador in Tokyo-Mr. Romer agreed to take my brother and me along. After a 2 months journey through mined waters we arrived in England. The Polish consul in Scotland told me about our school and thus I found myself in Dunalastair, where I spent two and half happy years. I am still in contact with my very dear friends.

Thanks to a treaty between Stalin, Churchill and Roosevelt Soviet political prisoners who were citizens of the allied countries were freed. My father walked from Siberia to the Middle East where he joined the Polish army. He heard that I was in Scotland and wrote to me. That was when I found out that he was alive. By now my brother was a navigator in the Polish air force. Shortly afterwards his plane was lost. My mother died in Buchenwald. My grandmother died of natural causes.

After finishing high school I studied chemistry at the University of Edinburgh and now I am a citizen of The United States. I have a husband, 2 sons, 2 granddaughters and 2 grandsons.

The Japanese consul, Sugihara paid for his humanitarian deeds since he acted against the orders of his government. He lost his job in the diplomatic service-a promising career he was planning to pursue for the rest of his life.

LAST SNIPPETS FROM GRENDON

Wiesława Łucek (Chruszcz)

I came to Grendon Hall in 1950, wearing a Stowell Park uniform. My mother was very pleased when I passed examination to a Polish Grammar School. There were only few weeks left to the start of the school year and no news, from the Polish Education Committee, which school I was to attend, so I had my uniform made up to Stowell Park pattern. This was as it turned out the last year of "Maria Sklodowska-Curie grammar school"; the following year it was Stowell Park.

I am glad that I started my boarding school career in this small and friendly school, with relaxed atmosphere and not too strenuous duties. The older girls liked us and looked after us; we looked up to them. The sixth form girls were particularly attractive and good-looking. They surpassed Stowell Park girls, who arrived for "studniówka".

There were only few of us: Wanda Stefanowicz, Basia Kibilska, Danka Tudek, Bola Todryk, Lucia Dyrda, Marysia Paszko, Basia Skrzeczkowska, Freda Antosiak and myself, Wiesia Chruszcz. Soon other girls joined us from Stowell Park. Most of them just arrived from Africa and Lebanon. I was pleasantly surprised to see a pretty girl, smaller than myself: Lala Choroszewska. During "Corpus Christi" procession we scattered flower petals in front of the Blessed Sacrament, carried by infułat Michalski. We were dressed in our first communion dresses. We fashioned our baskets out of Wedel boxes, decorated with white hair ribbons. My dress was made out of nylon parachute material.

We had a lovely chapel with a field altar of a Polish Regiment. Sunday Mass started with "Boga Rodzico", an ancient Polish hymn sang before a battle. The Headmistress Mrs. Płoska sang in tremolo. Our charismatic priest Rev. Krzyżanowski taught us how to serve at Mass. He also gave us singing lessons. We learned a lullaby "Sleep my little prince" which came back to me when my second son was born. Rev. Krzyżanowski left for Rome to study for a doctorate. We formed a cordon to stop him going while the taxi was waiting to take him to the station. Rev. Gołąb took his place. During lessons he liked to perch himself on our desks. To prevent it I used to smudge my desk with chalk.

Maths started from scratch since the new arrivals did not know the Imperial Measures. Our teacher was Mr. Karpiński, who after serving in R.A.F. obtained a M. Sc. At the beginning of each lesson we greeted him "Good morning Master of Science". All these long divisions of £.s.d. were boringly familiar to me. One day it took so long that I run out of my desk and wrote the result on the blackboard. I had a bad habit of taking my shoes off under the desk and one day Mr. Karpinski picked them up and passed them over the desk to me. Another time I was reading the notice board and someone lifted me up by my elbows. That was Mr.Karpiński. He did not have, however any teaching experience so we gave him a hard time, especially during science lessons. These took place in science laboratory; a hut in the grounds. Once someone shouted "Gas" and we run over the desks outside. One side of the hut was in a deep so

243

we ended up on the flat roof. It took Mr. Karpiński a long time to get us to come down. Another amusement was rubbing mercury on the inside lids of metal boxes, creating mirrors.

The food was very poor. Every morning we got a dollop of porridge with milk, on enamelled plates and a mug of milky coffee. I did not like coffee and only had a sip. In sixth form in Lilford I managed half a cup. I distinctly remember digging meat out of bones; probably neck of mutton. At weekends we stood outside the dinning room before it was opened singing "We want to eat", to the tune of Blue Danube. Surprisingly we had lots of lovely Polish rye bread.

On our yearly excursion our class visited St. Albans, the beautiful Abbey and Roman Mosaics. We had our coffee in an urn. When it was emptied Mrs. Skorupska sent Danka Tudek and myself to a hotel, where it was washed for us and filled with water. I was painfully shy and yet I was chosen for the task because my English was good. On arrival from Poland, I went to an English primary school. That was before my father organized Polish school in Five Oaks. Danka also went to an English primary. The most amazing thing was that our sandwiches made with the lovely Polish bread where filled with lard! It was a very hot day. Mrs. Wanda Skorupska taught us English. Sometimes she invited us to her room to hear "Listen with mother" on the radio. Her son Jacek, then about three, listened with us. He already knew Polish and French.

"March of times" was our history book. Full of pictures of characters from Greek antiquity and in large print, it was clearly meant for younger children. I remember helping my friend with her homework by underlining words in the book, so that she could write simple sentences. We also copied pictures of Achilles, Hermes etc.

Mrs. Zawadzka taught us History and also Polish. We all learned the whole of "Marathon" and recited it with great gusto. Polish, however, was my Achilles Heel.

Left to our own devices, we improvised plays. The costumes were usually flowery long dressing gowns for women and for men trousers or shorts with an opened pleated skirt thrown over the shoulders as a cape. One of our "productions" was very reminiscent of "Balladyna", which I read in the holidays. Mrs. Domańska who was invited to it was scandalized at the liberties we took with the great poet. News must have spread to other teachers because soon a proper play was put on the stage. Mrs. Zawadzka wrote it. It was a sketch depicting girls waiting for

St. Nicholas. Only a few could take part in it and it was not very exciting. Before Christmas we fashioned miniature Christmas trees out of fir-tree branches. Instead of going to Saturday benediction some of us sang carols, in the dark around Szczutek's tree. Coming to the dinning room from the wrong direction, we were caught by Mrs. Płoska the headmistress and banned from seeing the next film. This was a great consternation for me since the film was "Little Women" and I already wrote home about it. My mother,who knew the literature and fiction of the whole world, and read to us books like "Les Miserables" and "The Railway Children", when we were very little girls in Lwów, was bound to ask me questions. Some of us sneaked in and viewed it through a narrow slit between double doors. Apart from films, known writers like Zygmunt Nowakowski, Beata Obertyńska, Józef Czapski, visited us and gave talks and lectures. Their autographs are still in my possession.

Our class presented a gymnastic display choreographed by Mrs. Żydkowicz as part of end of school year celebrations.

In spite of real advantages in Maths and English my end of the year report was only satisfactory and a disappointment to my parents. Sadly this became an annual occurrence until I sat incognito for "0" levels in Lilford. I obtained the best average out of all girls and in a few subjects the highest percentage out of the whole class, including boys. I also got a good Polish Matriculation and was praised on my oral Polish literature and Polish history examination by headmaster Bornholtz and Ks. Przybysz. Later I gained B.Sc. Honours in Botany with Chemistry from London University.

MY JOURNEY TO DUNALASTAIR HOUSE AND GRENDON HALL

by Jadwiga Macander Wiernicki

The tragic end of the Warsaw Uprising in October 1944, brought about the ruthless expulsion of civilians from the city and suburbs. Our deportation journey led through the infamous Pruszków camp, where thousands of uprooted civilians from burning Warsaw were forced by the Germans to live in inhumane conditions. Day and night, the SS guards were assigning people to transports and loading them into cattle cars.

Trains full of prisoners were leaving Pruszków station around the clock to unknown destinations.

Finally our turn came. In the middle of the night, my family and I were also loaded into cattle cars and our train left Pruszków. After a long journey, without food, water and sanitary facilities, we arrived in Breslau (Wroclaw). Our train rolled on to the siding and we were ordered to disembark. Amidst the screaming and shouting of SS guards, the barking of their dogs and the faint crying of children, we formed column and marched to our camp which was located in a small town on the Oder river called Maltz (Malczyce). All adults were immediately forced to work on the railroad. From dawn to dusk, seven days a week, they repaired the rail tracks that were continuously damaged by the allied bombs, while older children, regardless of cold weather, were herded daily into the nearby woods and ordered to gather red berries.

The end of the war found us in the Alps on the border between Austria and Italy. Liberated by the Americans, we soon found shelter with the Polish Red Cross. In Italy, my father joined the Polish 2nd Corps. My mother, two younger brothers and I spent a few months in Cinnecitta refugee camp on the outskirts of Rome.

Towards the end of summer of 1945, we were transferred south to a camp for the Polish civilians in Trani. In the of fall of 1945, I enrolled in the elementary boarding school for girls in Barletta. For me it was the beginning of formal education. I worked very hard and in less than a year I completed fifth and sixth grades. I also became an avid girl scout and spent a wonderful summer in 1946 in the camp on the Adriatic sea.

As my life was finally beginning to be more organized, we received news that the Polish Army with all its civilian dependants was going to be transferred to England. The transfer began immediately and by the end of September 1946 we were on the train travelling north, through Switzerland and France, to England.

Living conditions in the English camps were miserable. Schools for children were not organized and no attempt was made by the camp officials to send the children to the local English schools.

The real breakthrough for me came after Christmas of 1946. My parents found out that the secondary Polish boarding school for girls in Scotland, called "Gimnazjum and Liceum imienia Marii Skłodowskiej-Curie", was forming a first class for girls that completed elementary school. I applied and was immediately admitted. On the 1st of January

1947, my father and I boarded an overnight train in Chester for my journey to Dunalastair House.

It was early morning when we arrived in Pitlochry, a small town in northern Scotland. From Pitlochry we took a half an hour bus drive to Dunalastair House, a picturesque hunting castle located at the foot of Schiehallion Mountain where the school was housed. I was excited and overwhelmed with the beauty of the castle and its surroundings. The principal of the school, Ms. Janina Ploska, warmly welcomed both of us. My first class was very small; there were about eight girls. Most of us were thirteen years old, except for the two older girls who joined us from the army.

After years of horrible war experiences and living in the refugee camps, this was the first time that my life started to resemble normality. Academic discipline, with a lot of compassionate support from professors and other staff members, plus new friendships with my schoolmates began to change my life for better. The curriculum at Dunalastair House followed that of a pre-war Polish "gimnazjum and liceum" and was preparing students to pass the Polish Matriculation Certificate (duża matura). All subjects were taught in the Polish language and English was taught as a foreign language.

The first six months passed quickly. Before we knew it, the end of the school year arrived and graduation ceremonies took place in June. We were all promoted to the second class and some of us were recognized for good work with special awards. I was among the lucky ones and received a book, "Monte Cassino" by Melchior Wankowicz, signed by the principal and all of my professors. I still have the book and cherish it as a special memento.

We all looked forward to going home during the first summer vacation to see our families. However, to our disappointment we were asked to stay at Dunalastair House for extra six weeks and participate in the specially organized English language immersion programme. Native English language teachers arrived and took over our school.

It was hard work to absorb the complex grammar, phonetics and intricacies of the English language idioms in such a short time. However, the benefits of the program were great and Miss Agnes Martinet, our regular English teacher, was very proud of our progress.

Student life at Dunalastair House was rich in Polish culture, customs and Christian moral values. The caring group of professors created wonderful learning environment and helped us to grow and develop into disciplined, responsible and independent young women.

We were also very proud of our school and never missed an opportunity to show it. On the occasion of Princess Elizabeth's marriage to Prince Philip, we embroidered a beautiful tablecloth and twelve napkins with regional "Kaszub" motifs and sent it as a wedding present to Buckingham Palace. The school received a nice thank you letter from then princess and now Queen Elizabeth.

Unfortunately, our life in Dunalastair House had to come to an end. In April of 1948, the school was moved from Dunalastair House to Grendon Hall near Aylesbury in Buckinghamshire. The classrooms were housed in a large country house but student dormitories were in the barracks, which were built, behind the house, for military personnel during the war. With that move, a lot of changes occurred at the school. The student body considerably increased in numbers. New friends from schools in Africa, India and Egypt joined us. Our curriculum was drastically changed from the pre-war Polish system to the British system with English examinations such as General School Certificates at Ordinary and Advanced levels. All subjects, except for Polish language, literature and religion, were taught in the English language. From now on, the examinations for Polish "duża matura" were optional. However, most of the matriculating students, like myself, volunteered to take the exams even if the effort was only for sentimental reasons.

Academic work was very intense but we were also deeply immersed in the Polish culture, dance, songs, plays and sports, such as our endless game of volleyball. At the same time, our school also maintained cultural and social exchanges with local English grammar schools and we achieved a considerable recognition from the English Ministry of Education.

The spring of 1951 was a very memorable time for me personally. I took my examinations for the General School Certificate at Ordinary and Advanced Levels and looked forward to study psychology and education in the fall at the University of London.

At the same time it was also a very sad moment for all of us because we learned that our school at Grendon Hall was going to close its doors forever.

Although the school has been closed for more than half a century it is still alive in the hearts of its former students through the strong ties of friendships that we formed and maintain to present.

The school also prepared us well academically and provided a good foundation for our future educational growth and life in general. After receiving my teaching degree from the University of London, my husband John and I immigrated to the United States. While raising our two sons, Christopher and Peter, I continued my education in the U.S.A. and received Bachelor of Arts (BA) and Master of Arts (MA) degrees in geography and Russian language from the American University in Washington D.C. For the last twenty-five years, I had a successful professional career as a geographer with the United States Government.

Today, I cherish memories of my High School days and pass the love and appreciation of the Polish culture, history and customs to my five American grandchildren.

THE GRENDON HALL STORY

by Czesia Nalewajko (Lombard)

I was born in Barbusz, Polesie, in 1939. Almost exactly a year later my parents, my grandmother, and my 2 uncles were deported to Siberia. I do not recall the name of the settlement to which we were taken. My grandfather was very ill and was not included in the transport and neither was my aunt, presumably because she and her husband were not landowners. They were obliged to remove my grandfather from the farm, and take him to their house in a nearby town. Our livestock, and later all household possessions, were removed by the Belarus neighbours. My parents were allowed to kill a pig which they salted and took with us. Apparently the meat saved us from starvation on the long journey to Siberia.

Of course I was too young to remember anything about the deportation or the journey to Siberia or the subsequent move south after the amnesty. My father worked as a logger in the spruce forest, and my mother worked in the communal kitchen. They had a small garden where they grew cabbages and potatoes, and managed to exchange a watch and some clothes for a goat. About a year later my father joined the Polish

Army as did my 2 uncles, even the younger one who was barely 16 years old. My grandmother had been suffering from a stomach ulcer and died during the train journey south. Her body was left at the railway station because the train schedule was unpredictable, and my parents did not want to risk being left behind.

My own memories begin at about 4 years of age. My sister was born in Teheran in 1942, and my mother barely survived typhus. While she was in hospital I was placed in an orphanage, and I believed that my mother had died. To this day I recall my joy when she came one day with my new sister to take me away from the orphanage.

From Persia (modern Iran) we were taken to Africa, to refugee camps administered by the British. The first camp, Morogoro, was in a wet location with a serious mosquito problem. I caught a bad case of malaria in spite of the bitter medication we had to take daily. Many children as well as adults had tapeworms. After about a year we were moved to Ifunda, located on rather flat land and surrounded by tall grassland. Both camps were in Tanganyika. The camps were well run but quite primitive. Each family had one room in a thatched-roofed mud hut, there was no running water or electricity, and toilets were outside privies. But there was a communal kitchen, bath houses, a school, a church, and a hospital. This was a happy time for me, with exotic plants and animals to see, and plenty of food. With mother's help I planted a flower and vegetable garden, and found many plants for my garden at the local dump. I remember the red soil which cracked in the dry season, and made lovely red mud after the rainy season. Giant Agaricus-like mushrooms came out just in front of our hut after the rains. They were very tasty. Mother bought milk from the local black farmers, always testing the freshness beforehand by heating small amounts of the milk on a spoon over a match flame. We kept a few hens which came into our hut to lay eggs in baskets on the bed.

In April 1948 we sailed from Mombasa to England, on the Orbita where I experienced for the first time the joys of electric lights, flush toilets, hot and cold running water, ice cream and other delicacies. We landed in Liverpool where my father met us, and after 2 weeks in a transition camp, took us to Hazlemere Park, a refugee camp near High Wycombe, Bucks. My father had arrived in England 2 years before we did and worked as a caretaker in a National Defence Offices building near the camp. The camp already had a church, and quite soon a teacher started giving crash courses in English to children who had been to school in Africa. In the meantime we were sent to an English school where, needless to say, we floundered. I felt like a real dummy at first but began to catch on after a few months.

In 1949 my parents applied to have me enrolled at Grendon Hall. In the application form they stated that I was 11 years old (I was 10) as apparently 10 was too young an age for admission. At the interview in London I did not manage to impress the interviewer because I went to pieces at the questions regarding my age and date of birth. Apparently I could not lie. I was assigned to the Saint Jadwiga School in Stowell Park but the authorities changed their decision after a friend of the family intervened, and I went to Grendon Hall. This was satisfactory for several reasons. Grendon Hall was a smaller school, it had a better academic reputation, and was a short bus-ride from Hazlemere. I had been an excellent student in Africa, and my parents were determined to get the best education possible for me.

Life in boarding school was not easy for a 10 year-old who had never been away from home, and could not fix her hair or wash her clothes. Later I realized that life at Grendon Hall was much easier than in Stowell Park. Classes were held in a mansion with central heating. Our dormitories also had central heating, and also provided some privacy because partitions screened the 4-bed sections to some extent. Food seemed inadequate compared to my mother's home cooking. My father cultivated a very large garden so our rationed food was supplemented with vegetables from the garden, as well as eggs and meat from several dozen chickens. Possibly the school administration and the kitchen staff did their best given the food rationing after the war but I remember being often hungry. We filled up with toast and jam that looked like strawberry jam but was made from beets, or at least that is what we discovered many years later.

Immediately after arrival at Grendon Hall we were given tests in English comprehension and conversation, and sorted on the basis of the results into A and B streams. I made it into the A stream probably because I attended some intensive English classes back in Hazlemere before setting off to Grendon Hall. I remember fondly our English teacher, Wanda Skorupska, who frequently relieved our English grammar classes by inviting the entire class to her room where we sat anywhere there was room, on the chairs, on the bed, or even on the floor, and listened to the Childrens' Hour on the BBC along with her young son in order to improve our accents. I also recall the geography classes which took place in a gloomy and frigid concrete air-raid shelter/bunker. I had my first glimpse through a microscope which sparked an interest in science and biology in particular. Other subjects and teachers are somewhat of a blur after all these years. I still have my year-end certificates, and I see I did well in mathematics, religious knowledge, and conduct in my first year, and so well overall in the second year that I received a prize (second place) in 1951. I still have the book, "Syzyfowe Prace" by Stefan Żeromski. I recall being afraid of the headmistress, Mgr Płoska, possibly because she was such a formidable-looking woman.

I indulged in a number of extracurricular activities: I cultivated a small flower garden, joined the Girl Guides on an informal basis as I was too young, and often went for solitary walks in the woods or to a nearby village to shop for treats. My father cycled over from Hazlemere a few times. All in all I liked school very much and was very sad when we moved to Stowell Park in 1951. We were not given any reasons for the move, and to this day I don't know why the school was closed.

The final product: I graduated from Lilford in 1956 and was lucky to be accepted by University College London, considered one of the 4 top schools in London. I received an Honours B.Sc. in Botany in 1959, and then a Ph.D. in 1962. I then emigrated with my first husband to Canada where initially I was a Post-Doctoral Fellow in the Botany Department at the University of Toronto, and in 1966 was appointed Assistant Professor in the Division of Life Sciences at the Scarborough Campus. I rose to the rank of Professor and took early retirement in 1999. My research field was limnology (the ecology of lakes). By the end of my career I had over 80 scientific publications, and had supervised 20 post-graduate students towards M. Sc. and Ph. D. degrees.

Overall strengths and weaknesses of the Polish Schools: I consider it very important that there was no gender bias at the school. Girls were encouraged to think that a university education was within reach and all professions open to anyone with the right academic qualifications. This was not done explicitly but rather by example. We had highly educated female teachers and a female doctor at one of the schools, and there was no expectation that a woman's role should be restricted to marriage and motherhood.

But there were several weaknesses in the system. We were very isolated from the English population and generally unaware of their lifestyle or religion. Our accents were clearly foreign which led to instances of discrimination once we left school. I must admit that these incidents helped me acquire a passable English accent rather quickly. On leaving school we were not prepared for life among the English population, and the first year at university in London was a big shock. With Hela Kucharska I stayed for the first year in a boarding house run by nuns in Knightsbridge which was a good transition between the supervision and isolation of school and the freedom of London but the price was high, the entire scholarship of £16 per month was spent on room and board. Books, transportation, and lunches were subsidized by money from my parents. After a year we moved to cheaper accommodation and cooked our own meals on a gas ring on the floor in front of the fireplace.

I regret losing touch with my teachers so soon after leaving school but the new life with new challenges became the priority, and the time and interest to seek them out happened many years too late, when most had passed away.

by KRYSTYNA ORECHWA NOWOBILSKA

I come from the Grodno province, an area of eastern Poland that now finds itself in Belarus. I was born in Żydomla, not far from Grodno. Both of my parents, Rufina nee Czerniewska and Kazimierz Orechwa, were born in Jeziory. My father, a member of the Cavalry during the Bolshevik War in 1920 was decorated with the order of *Virtuti Militari* by Marshall Piłsudski. After that war, he was granted property in the area his forefathers had lived.

At the outbreak of WWII, September 1939, my father as an officer was called back to active military duty. My mother, my three sisters, and I remained at home. At this time, I was 7 years old my memory of these times is very clear. Early morning, on 10 February 1940, Russian soldiers, escorted by Byelorussian militia, ordered us to quickly pack our belongings. They took us to a nearby train station, where a freight train was awaiting our arrival. Along with a multitude of other families, we were deported to the Ural Mountains. In a labour camp, far from cities and Russian villages, in a virgin forest, we spent the next two harsh winters in barracks made of logs and moss. My mother and other deported women worked in the forest, cutting lumber.

Our father, in the meantime, was detained in a Lithuanian internment camp, and transferred to Kozielsk, Russia, 6 months later. Because of this delay in transfer, he was spared from the Katyn Massacre. After the Soviet-Allied amnesty, my father joined the Polish Army of Gen. Anders forming on Russian soil. At his first opportunity, he found us, and took us from the Ural labour camp. We lived in Kazakhstan for a few months, near Tashkent, until my father arranged to have us join a refugee transport to Persia. In Teheran, I celebrated my First Holy Communion, and our family was briefly reunited with my father. My father left for Palestine with the Polish Army, while we joined a civilian transport through Karachi and Mombassa to Uganda. We settled in the refugee village of Masindi, far from the city and far from native villages.

About 500 Polish families lived in this settlement, consisting mostly of children and their mothers. There was also an orphanage. There were about 21 Polish refugee settlements in eastern Africa, scattered among the British colonies. We lived in Africa for over 6 years. The tropical environment had its effects on our health. We all suffered from malaria. Repeated bouts of the illness escalated during each rainy season.

Life in Africa was very primitive. Our huts' walls were made of woven branches and gray clay. The roof was covered with elephant grass, while the floor was made of compressed clay. A ditch was dug around the hut, which protected us from flooding during frequent tropical rainstorms. The rainy season lasted 6 months, during which time we were plagued with malaria. The dry season lasted the other 6 months, during which time, vegetation died as if in our northern winter. The heat during this season was unbearable.

We watered the floors of our huts, to allow steam condensation to cool our room. In time, we became accustomed to this climate, and to our life in Africa. For us, it was the "Small Polish Oasis" in the depth of the "Black Continent". We had Polish schools, a Polish hospital staffed by three Polish physicians, and a Polish church. In the beginning, our parish was staffed by a single priest. His extraordinary effort provided our community with three daily masses. Later, we had three priests, and built a splendid church. This church continues to serve the faithful of the area to this day.

We left Africa for England in 1948. After two weeks at sea, crossing the Red Sea, the Suez Canal, the Mediterranean, and sailing through the Straight of Gibraltar, we docked at Southampton, where our father was awaiting our arrival. At this time, many Polish families came to England. We all thought that we would return to Poland shortly. Polish youth enrolled into Polish-language high schools, for which entrance exams were required.

We settled in Wales, in a camp near Aberport, where our father was stationed. After a few weeks, Father took me and my sister Stefania to a girls' Polish boarding school north of London.

This boarding school was Grendon Hall. Here, we met young women from many parts of Poland, whose stories were as unusual as ours. There were girls that came here through Hungary and Romania, and later through France to England. There were army volunteers, young women from the Home Army, who fought in the Warsaw Uprising. Others were deported to labour camps in Germany, and still others, like us, were deported to Russia. We all had different experiences, and it took a little time for us to mutually understand and appreciate each other.

The faculty found themselves at our school through similar experiences. They lectured in Polish. English was taught by English teachers. We all had academic difficulties, as most of us had attended school intermittently, and those schools were of varied caliber. Despite these difficulties, we bonded, and quickly started tutoring each other. Lectures were held in the main building, that is, in the manor. Chemistry, physics, and biology labs were held in a bunker placed at a distance from the barracks and the manor. The barracks formed the girls' dormitories; each class had a separate barrack.

As we became accustomed to school life, our studies became less difficult. In time, the academic language was changed from Polish to English, and that threw us back into academic struggle. This transition was also difficult for our professors. The school brought us closer together. We are left with pleasant memories of school ties. Fifty years have passed, and many of us continue our friendships by visiting each other and by organizing reunions.

Upon graduating from High School, I was accepted to the Camberwell School of Art in London. There, after four years of study, I was awarded the National Diploma in Design.

In 1955, I married Leszek Nowobilski, a mechanical engineer. Our first daughter, Anna, was born in 1956. In 1957 we left England for Chicago, to join my two older sisters. In 1959, our son Peter was born, and in 1962, our younger daughter, Irene. All our children attended Polish Saturday school and they were scout leaders in Chicago Polish Scout Organization. My husband and I are active members of Friends of Polish Scouts.

Each of our children has a university education. Anna, a Doctor of Pharmacy, is a director at Option Care, and is married to an architect. Peter, a Doctor of Philosophy in Chemical Engineering, lives in Houston with his wife, son, and three daughters. He works at the Texas City refinery of British Petroleum (formerly Amoco). Irene completed her degree in business administration, married, and owns a graphic design business in Glenview.

Despite our war experiences, I am fortunate, and thankful to God's guardianship, that my family was reunited. My parents, despite life's hardships, lived to a wise old age. Mother lived 93 years, and Father, 94.

Presently, we are happy with our retirement. Thanks to my son-in-law's interest, and my daughters' encouragement, I returned to a project that I had started while in college. With more time on my hands, I had many ideas as to how to improve my technique and to compose additional projects. Thus began my passion to create pictures using a special appliqué technique. I use primarily transparent materials, since they provide depth to my work. I also use bark, wire, and thread of various thickness, pine cones, nut shells, plastics, beads, and embroidery. Each picture takes several months to complete. Three of my projects were shown at the Polish Museum in Chicago, as part of an exhibit sponsored by the Polish Arts Club. My work can also be viewed on the Internet at http://www.nowobilski.net.

We both enjoy our small home with its large yard and garden. We travel extensively, often to Poland and three to four times yearly to visit our grandchildren (Tommy, Renata, Jola, and Marzena) in Houston.

BOGUSIA SAWICKA-KĄDZIELA-YON
I
WANDA SAWICKA-KANIASTY
February,25,2002

My sister and I were born in Eastern Poland at Huta Stepanska Volhynia.

On September 1st, Germany invaded Poland from the West and on September 17th, Soviet forces invaded Poland from the East. Soon after, my father Henryk Sawicki was arrested on the street and sent to Kolyma, the worst labour camp in Russia.

On February 10th, 1940, Stalin ordered massive deportation of Poles to Siberia. They knocked at the door of our home at 5 am and ordered my mother and her three children (I was 6 years old, Wanda was 5 years old and my brother Wiesław was 13 months old) to get ready. We only had 20 minutes. They put us on a horse cart and then loaded us on a train used to transport animals. We travelled for days until we reached Siberia. We were there about two years.

My mother, who I consider a heroine, eventually found out about an amnesty for the Poles in Siberia, and managed to get us to the Polish army being organized by General Anders. We were moved into refugee camps in Persia and in India. In a camp near Teheran, I was walking with my mother on a street when we met my father walking in the opposite direction. The army encouraged soldiers to check the civilian camps in case their families were there.

In India, my second brother Mario was born. My father was now in General Anders' Polish army which was now fighting the Germans, alongside the British in Egypt and Italy. After the war, the army came to England and the family was reunited in an army camp near Melton Mowbray.

In 1949, after exams, Wanda and I were accepted to Grendon Hall for high school. It was a big mansion away from the town. There were classrooms, recreation rooms and spacious dormitories. The teachers were nice and very gracious toward us. This was the time I started to have confidence in myself and was proud to be Polish. I felt that I was no longer an exile and all those camps, were behind me. I was finally free to be the best I could be. Eventually, I became a pharmacist and practiced as a pharmacist in London for 10 years.

At school, we were studying in Polish and English, so we could attend English colleges. I remember one of our English teachers giving us good advice. She told us to read English books all the time, but only rarely look up words in the dictionary, in order to gain an all over good understanding of the English language. I still like to read in English.

Our teachers were usually Polish and worked hard to teach us manners as well as the Polish and English language. They told us that as foreigners we had to be better than our English colleagues at everything we did in order to be appreciated. They were right.

In 1961, I married Zbigniew Kądziela and in 1962, my son Marek was born. In 1965, I lost my husband to encephalomyelitis. It was difficult to understand how a beautiful man could die so young. He was 31 years old.

In 1969, I emigrated to Chicago to join my family. In order to practice pharmacy I went to the University of Illinois for a couple of years to obtain a Bachelor of Science degree in Pharmacy.

I did not work for long, because I married Dr. Kemal Yon in 1975 and the next year, in 1976, my second son Turan was born. Both my sons live in Chicago. Marek has a Bachelor of Arts in Political Science from Loyola University, and Turan has a Bachelor of Arts in Sound Engineering from Columbia College in Chicago. He hopes to become a famous rock star. My marriage to Dr. Yon ended in divorce in 1984.

I have to say a few words about my sister Wanda. After graduating from Grendon Hall, she attended the Teacher Training College in Hereford. After graduating, she joined our family in Chicago. She married Kazimierz Kaniasty, a chemical engineer. Eventually, they moved and lived in Akron, Ohio. Unfortunately, after terrible suffering due to complications of diabetes, she lost her fight for life in May 1999, leaving behind a husband, three sons, a daughter-in-law, and two granddaughters.

I love to travel and visit my family and friends in Poland and England. My favourite visits are with my Grendon Hall friends -Halina Rudkowska Kłosowska and Zosia Ruczkowska Berdych in Montreal, and Irena Król Rut in London. These were my closest friends in school. We were known as the "czwórka" which means the "four" in English.

Currently, my home is in Chicago, although I think of myself as being Polish, British and American.

I take pride in all three of these cultures.

MEMORIES

of Anna Sołtysik-Lipińska

September 1946, having obtained our secondary education leaving certificates, seen the end of the war and the disillusionment that followed, with the tragedy suffered by so many Poles who had been dreaming of a return to their country, we decided to stay in Britain.

Former soldiers returned to civilian life, taking advantage of various courses preparing them for life after demobilization. Recalling our school in Dunalastair, I regret that so little emphasis was placed on learning English, because it would have been so useful to us in those very difficult early years at the beginning of our settling here.

In the same year of 1946 I was married and left pretty, warm Sussex to move to Huddersfield and later to Leeds.

My husband qualified as an architect in the North. He obtained work and was able to support a family. We eventually had five sons and a daughter. My mother arrived from Africa, where she had been the head teacher of the camp school in Tengeru, to give me help in bringing up the family.

She continued to teach in the Polish Saturday School in Huddersfield and in Leeds.

My husband was also active in the Polish community, on parish committees, teaching in Saturday School and directing amateur dramatics. As the years passed, our children went away to study and the family home became empty, and then an opportunity arose to go to Fawley Court in Henley-on-Thames. The building housed Divine Mercy College, which was run by the Congregation of Marian Fathers and had been founded in 1953 by Rev. J. Jarzębowski, aided by Rev. Paweł Jasiński, Rev. Jan Przybysz and others. Father Jarzębowski was a fine priest, a teacher, poet and writer, his particular interest being the January Uprising. He had written books on this period in Poland's history and especially on Romuald Traugutt.

In 1979 we began to work in Divine Mercy College. My husband taught History and I became the school librarian. I loved my work, because as the mother of five boys it was easier for me to deal with any awkward youngsters. I became fond of the pupils and they trusted me. The youngest would be homesick for their families and often wept in "my" library, hoping for a few words of comfort. The older boys had discussions, it was impossible not to join in, and when the voices rose, the Rector would appear (the walls between his office and the library were so thin that he could not help hearing) and the group would fall silent. Of course I knew that a library should be a place of silence, so quite rightly there was some disapproval. However, I felt that the boys had no other suitable place to exchange opinions and chat, and that they needed to share their problems with someone. The boys were far from home and one of their school fellows was not always suitable as a confidant.

We were employed at Divine Mercy College for seven years, until the closure of the school in 1986. We remained at Fawley Court, however, in the Museum where my husband was Curator and I worked in the library. I should mention that Mr. A. Jacewicz had worked there previously in charge of both the Museum and Library. It was he who had put the exhibits and library in order and had catalogued part of the documents, but alas, he had left. He had also written a Guide to Fawley Court, which was most useful to us.

At first the Museum consisted of the Library, housed in the Pillared Salon, and then also of a room called the Museum Room, crowded with glass cases, tables and exhibits. The Knight's Chamber, the gift of Col. Buchowski, was situated in the oldest part of Fawley Court. It had been decided to move the exhibits from the overcrowded Museum room to a new area in the basement, where a room was devoted to the Polish Army. At this time the Superior of Fawley Court was Fr. P.Jasiński, and it was thanks to him that the Museum was enlarged and increased its number of paintings and objects of art.

Unfortunately we still had too few glass cases. Plastic covered tables had to serve as cabinets, unglazed and unframed, because there simply was not enough money for them. Nevertheless, once the Museum was opened to the public and had been advertised in the press, it attracted many visitors interested in the exhibits rather than in the presence or absence of display cabinets.

At present the Museum has greatly improved, with new display cabinets, suitably lit. Two museum rooms have moved from the basement up to the dry rooms on the first floor. Rev. Provincial W. Duda obtained funding enabling the bringing in of a team of experts from the Polish National Library, who have put documents and incunabula in order and entered them on a computer index, while preserving them in special file boxes. Books of the eighteenth and nineteenth centuries are also on the computer index, thanks to the students of the librarianship and students of the history of art. We were delighted that at last these valuable donations and collections are documented and suitably conserved.

Our employment gave us much pleasure, especially when showing round groups of young people and teachers from Poland. They are particularly interested in the history of World War II and our experiences in exile, which had often been represented in a false light to them. The Marian Fathers' Museum is a window through which this host country can learn of our country and its history, of which they know so little. In addition to the British, we have been visited by Japanese, Chinese, and even by Australians, all of whom had the opportunity of learning something about Polish culture. They are amazed at the number of exhibits, collected outside Poland. They learn about our tragic history, the short 20 year period of sovereignty between Two World Wars, and the invasion in September 1939, followed by deportations to the Soviet Union, the tragedy that befell Polish mothers, the establishment of a Polish army within the Soviet Union and its subsequent battles in Italy and Normandy. We can remind them about the Polish airmen, sailors, parachutists at Arnhem, and Poland's underground Home Army. All this opens visitors' eyes about Poland, our history, and our part in the eventual victory over Nazi Germany. As the people leave, they thank us for showing them something of history of Poles living in their neighbourhood of whom they had known little or nothing.

To return to our family, we now have seven grandchildren who are frequent visitors. I once asked Hania, the daughter of my youngest son Jacek, what should I give her as a birthday present. Her answer was "Pierogi", and her brothers Henryk and Konrad are also fond of Polish food. Krzysio who is 19 is a student at Reading University; his sister Antonia is 15 and preparing for GCSE, and another granddaughter Joasia is preparing for A-Levels. The youngest grandchild, Robert, amuses us with his knowledge of Polish vocabulary, for which credit is due to his mother, who comes from Cracow.

While in Canada, I met Krysia Sicińska-Zacios and Jadzia Mączyńska-Friedberg. They invited us to a delightful lunch, and as we had not seen each other since 1946, we had plenty of news to exchange. In Poland I met Basia Jagielska-Dobrzycka, whose son is a scenographer known abroad as well as in Poland. In London I often meet Jasia Baranowska, the well-known painter, who is very active in artistic circles. I often chat on the telephone with Hela Józwiak-Szatkowska, and with Halina Kellar-Lubelska. I hope to meet them at the next Reunion!

MY GRENDON HALL

Olga Stefaniszyn Haczkiewicz

I always think of Grendon Hall as an oasis, which I reached by the same route as most of us. After the cataclysmic experiences of Syberia, Kazakhstan, then Persia, India and Tanzania being shunted from one D.P. camp to another in England, I arrived in Grendon Hall after the term had already started.

On my arrival I was put in with the older girls, as by then there was no room in the block where the first year girls lived. They were very kind to me, very maternal, and made sure that I survived the first few months without too many tears and homesickness. After the Christmas recess I joined the first year girls and from then on I began to appreciate and love Grendon more, and this fondness for it has lasted for more than half a century.

Grendon Hall School opened my eyes and showed me a different world to the one I had known. It was a world full of sunshine, warmth and adventure and both the young and older girls were always happy, smiling, ambitious and above all, very pretty – yes, the prettiest girls did come from Grendon Hall. They stood out because of their serenity and good manners.

Grendon Hall was a Boarding Grammar School and it suited us. We had spent our early years on the move, and although intelligent, we knew no English, and therefore our style of education had, in the first instance, to be adjusted accordingly. Apart from preparing us for Polish and English matriculation, the programme accentuated the knowledge of Polish Literature, History, Geography and Language as well as strict Religious Education. Further details of the curriculum were of no interest to me at the age of eleven.

My life was beginning to fill with wonderful experiences. The teachers made sure we had plenty of work, which satisfied the eager and encouraged the less keen, but it was after school and completed homework, that for me life began.

Weekends were especially enjoyable. Saturday morning cleaning of dormitories was fun and often led to hair raising exploits. Sometimes in the afternoon we filled the hall and would learn to dance while one of the girls played the piano. Then there was sport, walks, national dances and cinema (Oh! Nelson Eddy and Jeanette McDonald!)

My most beautiful memories are linked with the various activities that were organized by Fr. Krzyżanowski. One of them was playing rounders on a nearby field. Father Krzyżanowski was full of energy and enthusiasm for the game, and this was catching! He was a fast runner and we all wanted him to be in our team. He shouted his encouragements as loud, if not louder than us. We had such fun, and we missed him very much when he left for Rome to further his studies.

Father Krzyżanowski had a lovely singing voice and liked to sing with us. His choice of music and songs met with our approval and the choir enjoyed many successes outside the school.

During his short stay in Grendon he produced a folk musical (he loved folk music) called "Wesele na Kurpiach". I took the part of a young boy called Teas and from that time onwards he always called me Teas.

I have warm memories of many of my teachers and one which particularly comes to mind is Mrs. Skorupska. She was so good looking, young and full of life. She bewitched us on one occasion when she arrived for a graduation dance dressed in a most gorgeous 'new look' skirt. She looked fantastic. I met her again many years later in different circumstances and the tragedy of her life was so apparent.

We all had some problems with our school work at times and my was coming to grips with the English language, but it was slowly improving. The beauty of Grendon lay in the fact that no one was made to feel a failure and every small success was praised and appreciated. Life was full of little successes and in Grendon we enjoyed so many of them.

LIFE FLOWS BY QUICKLY

Maria Świda-Wawroska

The Tummel flowed calmly out of Loch Rannoch and the park trees whispered gently. Dunalastair House, that old Scottish castle, supported the life of a boarding house as the Senior class went through its days of trial.

It was judgment day—final examinations. Torn from everyday life, taught and tutored and prodded to a degree of senselessness, we suddenly found ourselves in the role of heroines of the season.

During the first week we worked on written tests; the next week, we stood for our verbal exams.

The classroom, familiar after three years of daily acquaintance appeared somehow different. Ah! In front a long table, covered in green felt and to one side a small buffet. We arrived after breakfast, but here we had fancy canapes, petit fours, coffee.

Madam Rector personally measured drops of valerian to any takers—to calm frayed nerves. Professors stepped down from their lecterns, their pedestals, and humbly offered cups of coffee, perhaps in the hope of dispelling mental dullness. We took our valerian meekly, chased it down with coffee.

Our severe priest-prefect was no longer the avenging Archangel armed with shiny cruel sword, but a gentle, nurturing guardian angel. In his thoughts, he must have been summoning the Holy Ghost to our aid-but would even such divine help suffice? Wasn't it too late?

The ominous figure of the delegate from the Ministry, the Chief Examiner, rose above everyone.

We sat down to our tables. Everything seemed submerged in fog—we had attained complete mental denseness.

Only after receiving our assignments did our minds clear as though we had been struck by an electric current. Everything else became unimportant. Concentration awakened consciousness and brought back our balance and ability to develop our subjects.

During graduation, we sang,
>"*Life flows by quickly*
>*and our years of youth will quickly ebb away...*"

How quickly they went!

It was difficult to enter a university after our graduation in 1945. The English were no longer thrilled with a Polish presence now that the flow of blood had been stemmed.

They did their best to rid their island of foreigners and showed no intention of helping us start new lives in England.

The Maria Curie-Sklodowska Polish Gymnasium and Lyceum in Scotland was created so as to educate at least a portion of the youngsters in exile in preparation for a post-war return to Poland. Instead, life meandering along its own path dictated otherwise. Only an insignificant percentage returned to the oppressed country. And the rest of us were destined to spread our 'Polishness,' our sense of country, across the world to nurture it like a vestal flame and to pass it on to following generations.

In 1949, we left for Argentina. There we found a vital well-organized community composed of numerous Poles.

After the children grew out of infancy, I immersed myself in this community in exile. I started working in the editorial offices of Polish Voice, a weekly paper. I also contributed to other publications including the Polish Courier, Young Forest, and God and Country. I produced plays, taught Polish School, participated in summer camps and was fully engaged in a rich, rewarding social life.

I was very active in a cultural/educational organization first established by novelist Henryk Sienkiewicz in the 19th century: the Polish Maternal Schooling Society (Polska Macierz Szkolna)- so much so that when asked to explain the meaning of the society's acronym which happens to match my initials, a youngster explained that it stood for Pani Maria Swida. So it was that my identity had merged with my social activism; I took it as a heart- warming compliment.

In 1963, just before we migrated to the USA, I won first place in a literary contest in Belgium for a play I titled "Clavichord".

I still have a number of assorted mementos, including thank-you notes, congratulations, reviews and so on, dating from my days in Argentina.

I do not write about these minor successes as a boast but merely wish to show what I was able to achieve with what I carried away from our school; it is meant as a testimonial and an act of gratitude to our teachers and educators.

It also gives me a great satisfaction that my children are able to speak fluently and without an accent in Polish, that they are able to read Polish books, and that their hearts are open to things Polish.

Things have not developed as well with my grandchildren-- their grammar can take some interesting twists— but at least they are aware of their identity and interested in Poland and in their background. And how will it be with my great- grandchildren?

I tried to become somewhat engaged in Polish matters after arriving in California, but my job at Bank of America took too much of my time and energy.

Now my husband and I, both retired, live cocooned in our own crystal ball, surrounded by our favourite books, with our music on old albums and with a collection of our favourite films. We gladly peek out of it from time to time to see our children and friends.

It was with sadness in my heart that I saw recent photographs of Dunalastair House. The old castle is but a ruin and the park neglected. But do not rhododendrons still bloom as beautifully? Do they remember us? Because I do remember them. That idyllic corner of the world is firmly engraved in my heart. Sometimes I dream of it.

Fragment from a tale entitled:
"So Spoke the Rhododendrons "
Marytka Wawroska - Maria Świda
Los Angeles, 2001

ARCTIC MEMORIES

'MISSION CANADA' *magazine photo contest winner* Janina Świetlik *recounts NORTHERN DAYS.*

No one expressed more surprise than Janina Świetlik when told that she had won the first and second prizes in the 1996 Mission Canada Magazine Photo Contest.

Janina Świetlik, an unassuming photographer and teacher from Winnipeg, Man., is a regular photo contributor to the magazine. She has donated slides and photographs to the magazine from her own 10,000-slide collection.

As a young teacher, Miss Świetlik first came in contact with the children of the Salish Indian Band in Lilooet, B.C., from 1961 to 1963, the first of the schools for developmentally disabled children she helped establish in the North. In the following account, she recaptures those pioneering days of teaching children up in the Arctic.

"I was privileged to open the first kindergarten school in Lilooet, B.C., in the "modernized" old and abandoned Lilooet school-house. I felt in seventh heaven, seeing little students jumping down straight from horseback, right to the classroom, full of bright lights, toys and new "buddies". They came from different reserves surrounding the Lilooet area. The class grew year after year, the children blossomed, and the parents were happy and developed a special trust and friendship towards us.

After I finished my course at McGill in 1965, I looked at the map of Canada and was immediately fascinated by the enormous area of the Canadian Arctic, inhabited by the Inuit. Their culture was not exactly foreign to me, since by that time I had already read many books on the subject. To my delight, I was accepted for a teaching position in 1966 and again, allowed to open the first kindergarden in Frobisher Bay, as Iqaluit was called then. This time the little mites came out straight from their mothers' amautiks (sleds), warm and cuddly, some a little frightened, extremely shy, but ready to listen, learn and respond to our first questions in Inuktitut: "Kinauvit?" "Imona uvanga",came the answer, with a big and happy grin. We grinned back in relief, we had been understood"! We were lucky that in those days, it was compulsory for a teacher to attend Inuktitut classes almost from the day of arrival to settling in the area. The children were relaxed and soon became our teachers of their own language.

But I dreamt of going up North, to the top of the world, to Pond Inlet or Grise Fiord. I was lucky again in 1969 to find that a few Catholic children would attend my classroom. Permission was finally given, but not without a fight! Support for me came from friends, the radio, newspaper, and various articles on the subject of religion. The area was not predominantly Catholic, so I was not wanted. But we won. The years which followed were truly unforgettable: the children were unspoild, very keen to learn, and soon the parents adopted me as one of their own, shared many meals with me, took me hunting for caribou and seal, often for several weeks, when the school was not in session.

Our season usually started in early February when the sun makes its first appearance after a long, dusky winter. I spent many summers there too, either in Pond Inlet or Bylot Island, working with scientists from the University of Toronto, or from Ottawa and the Maritimes, interested in Canada geese, snowy owls or just permafrost! Bylot Island was then a famous bird sanctuary. I almost totally lost interest in the South, and the beauty of the tundra in summer really overwhelmed me. I became obsessed with the flora and fauna of the tundra and took numerous photos of plants at all times and seasons, spending many hours poring over books. Did you know that the North has almost every kind of plant growing down in the South, only in miniature form because of the permafrost? It was heaven, but after a while I began to feel that my blissful state needed to end soon and that I should seek greater challenge.

By this time, my main field of interest became obvious: I wanted to teach children with learning difficulties, mainly children with different handicaps or slow developers. I applied for a transfer and was moved to Rankin Inlet; with a broken heart, though. I was crying all the way from Pond Inlet to Montreal. My Inuit friends cried, too, bringing me last-minute gifts, which presently are being returned to the museum: some carvings, a harpoon, a kudlik. The treasures might be very old and they all belong to Pond Inlet(Mittimatalik).

Rankin Inlet or Kangaqliniq, where I taught and lived for the last 15 years, presented all the challenge that I was looking for, and the children captivated my heart from the very beginning. I was given a chance to study Special Education in greater depth through courses in McGill, and to develop my own working techniques. The children and the parents appreciated the continuity which is so important in teaching.

The difference I encountered there drew me steadily, as time passed by, to Church and our faith. I became close to many remarkable people, the priests and religious sisters. I started to understand their work which appeared endless. They befriended me too, giving me courage through their prayers. They often shared their meals with me and I felt my personal life enriched and fulfilled.

Time passed by quickly.

In 1988 I decided to retire at 60, to see once again the lights of the big city .

But the 22 years in the North changed my life entirely. I discovered a different lifestyle, different values and priorities. The meaning of many things obviously grew within me during the solitary and often lonely life in the Arctic. Somehow, the lights of the city didn't appear as bright or as tempting, and I felt lost and lonesome, longing for my years spent up there.

Till one day I was reunited with a remarkable person, a Sister of the Holy Names of Jesus and Mary, Anne Onhaiser, a friend who also taught and worked in Rankin Inlet for several years. She took me under her wing, introduced me to her work among the poor on the skid row district on North Main St. of Winnipeg.

Nowadays I trot behind this tiny "Mother Teresa" as she brings solace, prayers and friendship to the needy. I am a bag lady, and carry the food, feeling important, like a bodyguard to a little sister, as we visit the small, dilapidated hotels. "Here they come, bar-hop-ping again!" yell our friends- but that's another story- Sister Anne's story.

(Aside from working with the poor on the skid row district, Janina Świetlik volunteers at St. Amant, a centre for developmentally disabled children in Winnipeg, Man.)

Mission Canada.